尹小芳（2007年）

小芳女士

德艺双馨

费孝通
二〇〇〇年十月
九十岁

费孝通题字（2000年）

尹小芳与费孝通（2000年）

尹小芳与尹桂芳（1986年）

小芳：爱徒

承上启下

桂芳
1995.4.7

尹桂芳题字（1995年）

过去我对尹小芳同志的演出有看过。有一次我和有个朋友，硬拉去看她的演出，在看演出之后，认为小芳同志的舞台艺术，不但继承了尹派表演，更难能可贵的她吸收了昆曲和京剧传统艺术，加以改革和创新，尤其她的吸收其它剧种的东西，不是硬搬，而是艺术的溶化。她的抬手，动脚，一招一式都是为塑造人物，绝不是生搬硬套。从这种表演艺术，说明她在文艺方面有一定的修养，不是滥竽而能在滥竽充数的。

由于这样，后来她每次演出，我就自动要去欣赏她的演出，俗语说得好，不怕不识货，就怕货比货。总的来说，小芳同志在艺术上的成就，在当前越剧小生之中，是一位不可多得的人材。

俞振飞
一九八七年十二月四日

俞振飞题字（1987年）

尹小芳与俞振飞（1984年）

德艺双馨 桃李满园

尹小芳老师
二零零八年岁在戊子春正月 张西华题 时年九十又五

张西华题字（2008年）

尹小芳与张西华（2005年）

史行、沈祖安题赠对联（2007年）

芳华越剧团的套碗和团徽　　华东军区赠给全国人民慰问解放军代表团
（20世纪50年代初）　　　　　成员的纪念章（1954年）

国家文化部艺术局颁发的"突出贡献艺术家"荣誉证书（1994年）

《国魂》剧照（1948年，饰鲁鸣岐）

《秋江》剧照（1953年，饰进安）

《英雄与美人》剧照（1950年，饰卡洛王）

《血洒孤城》剧照（1951年，饰华国强）

《红梅阁》剧照（1953年，饰裴舜卿）

《花亭会》剧照（1955年，饰高文举）

《御河桥》剧照（1958年，饰宣登鳌）

《何文秀》剧照（1980年，饰何文秀）

《沙漠王子》剧照（1982年，饰罗兰）

《张羽煮海》剧照（1983年，饰张羽）

《浪子成龙》剧照（1984年，饰韦英）

《天山雪莲》剧照（1963年，饰帕洛哈特）

《盘妻索妻》剧照（1983年，饰梁玉书）

《毛遂自荐》剧照（1985年，饰毛遂）

《舞台姐妹情》剧照（2013年，饰魏师伯）

尹小芳（中）与郑传鉴、尹桂芳（1983年）

尹小芳与谢晋（1998年）

尹小芳与茅威涛（1998年）

尹小芳与赵志刚、王君安（2006年）

尹小芳(二排居中)受聘为复旦越剧团艺术顾问(1999年)

尹小芳在越剧百年庆典活动中(2006年)
左起为吕瑞英、尹小芳、傅全香、时任上海市副市长杨晓渡、袁雪芬、徐玉兰、王文娟、金采风

尹小芳与到场祝贺的浙江省老领导薛驹、陈法文、史行，时任浙江省文化厅副厅长齐有为、广电集团总编薛东、文联书记处书记黄先钢等及专场参演演员合影（2007年）

尹小芳（后排居中）与参演《舞台姐妹情》的其他老艺术家合影（2013年）
前排坐者为周宝奎、徐玉兰，后排左起为秦光耀、孟莉英、张国华、王文娟、孙正阳、尹小芳、毕春芳、筱月英、金采风、吕瑞英、郑采君、曹银娣、史济华

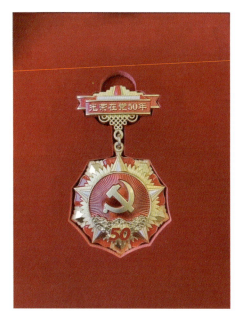

尹小芳荣获"光荣在党50年"纪念章(2021年)

尹小芳出席电影《何文秀》全国首映礼(2019年)

高山流水情无限

尹小芳从艺八十周年纪念文集

李声凤　主编

复旦大学出版社

指导单位

中国戏剧家协会

主　编

李声凤

编委会成员

（以姓氏笔画为序）

张　勇　张　巍　宋思聪　陈超宇　顾学风　楼佳维

封面题字

胡宗孝

序

中国文艺评论家协会副主席 傅 谨

越剧诞生至今不过一百多年历史，却涌现出许多著名表演艺术家，产生了广泛的艺术影响。尽管尹派是越剧最受欢迎的流派之一，尹派在越剧唱腔和表演方面所取得的成就，也超过大多数流派创始人，但是尹小芳受到的关注并不算太多，本书的编撰与出版是对这种疏漏的补正，因此有特殊意义。

越剧在20世纪40年代迅速崛起，围绕"十姐妹"这个中心涌现出众多流派，成为戏曲大家族中声名最为卓著的大剧种之一，改革开放之后，越剧仍然保持了这一地位和势头。在一般的印象中，尹派就如同其他重要的越剧流派一样，从尹桂芳一下子就跳到了茅威涛、赵志刚、王君安、萧雅一代。越剧大多数重要流派的发展历程都十分相似，20世纪40年代越剧全盛时期涌现出的众多流派创始人，她们的艺术生命跨越了"文革"而一直延续到改革开放之初，在这个万物复苏的年代培养出新一代越剧名家，在新时期续写了越剧的辉煌。因此，改革开放之后成长起来的新一代越剧名家，直接受到各位流派创始人的艺术教诲与滋养，也因之相对完好地传承了她们风格独特的艺术表达。

但是假如细究起来，尹派的传承历程却并非如此。正如这本书所揭示的那样，由于尹桂芳在"文革"中遭受非人待遇，她已经很难像其他流派创始人那样亲力亲为地向弟子们传授技艺，新一代尹派传人的成长过程中，是尹小芳在起着至关重要的承前启后的作用。她不仅代师传艺，更重要的是，由于大量尹派剧目此前并没有留下完整的演出版本，目前广泛流传的尹派经典剧目，多数都经过尹小芳的加工整理。所以，改革开放之后崭露头角的尹派传人们习惯于把尹桂芳叫作"太先生"，我就是听茅威涛这样称呼尹桂芳的，这个曾经令我迷惑不解的称呼，源于她们和尹桂芳之间在艺术上其实隔了一代，虽然有尹桂芳把舵，但毕竟要传授尹派艺术的唱腔身段，已经不能依赖尹桂芳本人，所以说她们是通过尹小芳间接地学尹派的并不为过。在这个意义上，尹派的传承是一条比其他越剧流派更长一点的链条，其中经过了尹小芳这个关键性的环节。尹桂芳为尹小芳专门写过"承上启下"的题词，最好不过地说明了尹桂芳自己对这一现象的认知。

但尹小芳的这些贡献，很少出现在越剧史著里。艺术史的书写有时很是无情，我们并不能责怪越剧史家们漏掉了尹小芳。无论从哪个角度看，尹小芳的艺术知名度不只是比不上恩师尹桂芳，甚至也比不上晚辈。1946年拜师尹桂芳并获改名尹小芳时，她其实已经小有名气；1948年被评为"越剧后起之秀冠军"，她距成为头牌演员只有一步之遥，但她的艺术上升之路无数次被不同的因素打断，其中一个主要原因，就是她经常要以尹桂芳替身的身份出现在观众面前，对喜爱甚至痴迷尹派艺术的观众而言，欣赏她与尹桂芳惟妙惟肖的演出，几乎就如同尹桂芳亲自在场，因此也就替代性地满足了观众欣赏尹派艺术的渴望。以她的艺术积累论,并不是完全没有成为新的流派创始人的可能性,但是这样的经历妨碍了她形成个人的独特风格。只不过,如果在更大的时间尺度上看,尹小芳没有独立成派未必不是越剧的幸事。恰恰是多年学习模仿并且创造性地继承乃师尹桂芳的经历,让她拥有了特殊的禀赋,改革开放之后,在尹桂芳出于身体原因无法像她同时代的姐妹那样为学生示范时,她再次挺身而出,成为传承尹派的大替身,转而成为尹派艺术的传承者,厥功至伟。她也并不限于机械地模仿和学习尹派艺术,她对尹派艺术有藏在骨子里的理解,说她"青出于蓝而胜于蓝",可能会引起不必要的争议,但仅仅"出于蓝"并不能成"青",这个道理也并不深奥。

尹小芳的独特经历和突出贡献,是可以启发我们深化对戏曲发展规律的认识与把握的。戏曲表演艺术是身体的艺术,又是一种"在场"的艺术。戏曲的传承与其他以文字为媒介的精神活动最重要的区别,就在于它只能以人的肉身为载体,这是包括戏曲在内的诸多"非物质文化遗产"的重要特点。尹小芳的存在让我们更深切地领悟了这个道理,戏曲精彩的艺术表达要成为民族文化的有机组成部分,要想恒久流传,离不开一代又一代的艺人薪火相传,而在某些特定的场合,必须要有某个人或某些人——无论是主动还是被动——勇敢地站出来担任传承者的角色。如果不是由于尹小芳毕生致力于尹派表演艺术的学习、模仿与再现,尤其是她在多年的演出实践中独具心得,对尹派表演艺术有重要的丰富提升,她就很难成为代尹桂芳传艺的不二人选,尹派艺术是否依然能如此完好地传承至今就很值得怀疑。戏曲当代发展的历程几经坎坷,曾经遭遇传承危机的流派并非只有尹派,某些流派的传承只能无奈地依靠前辈留下的录音资料,戏曲行业的人们经常讥笑用这种方式学戏是向"录老师"学,其中就包含了对这种传承方式毫不掩饰的否定。假如尹派没有尹小芳,传承只能主要依赖"录老师",恐怕难有今天的水平和成绩。更何况尹小芳的作用还远不止于此,通过本书收录的多篇文章我们都可以明白,尹小芳不仅是师父最佳的替身,还通过她对尹派艺术的深刻领悟与理解以及她的艺术经验,如同技艺精湛的文物修复大师一样修旧如旧,成为再现尹派经典剧目并且使之再经典化的功臣。尹桂芳当年创作的许多影响广泛的剧目都缺少详尽资料,是尹小芳在尹桂芳留下的声音资料基础上,通过众人的回忆,将它们重新搬上舞台,才让观众得见全貌。而很少有人知道,近几十年里各越剧团的尹派保留剧目未必是尹桂芳当年演唱的原版,而是尹小芳再造的尹派经典。

  尹小芳的存在和对尹小芳的研究,几乎是在逼迫我们调整与更新似乎早就成为常识的戏曲艺术评价体系。多年来,戏曲理论家在表演艺术领域突出地强调创新的重要性时,几乎总是伴随着对表演艺术领域模仿前辈艺术大师的现象的批评甚至歧视。许多戏曲理论家在鼓励演员致力于独创性的表演时会说,只有独特的创造才能成就艺术家,而模仿,即使是模仿梅兰芳,最多也只能成为"梅兰芳第二"。且不说要成为"梅兰芳第二"有多困难,表演艺术是累积型的艺术,个人的创新只有汇入艺术渐进的洪流中才有意义。而千千万万的戏曲演员,他们存在并投身艺术行业的方式与作用并不完全相同,不能简单地用一个标准去衡量,更不能草率和轻薄地否定在这个群体里占据绝大多数的传承者的文化意义。我并不是不明白艺术的独创性和鲜明的个性有多重要，只是说，我们亟须重新建构一个衡量与评价戏曲演员之成就和优劣的新坐标，在这个坐标上是可以充分体现尹小芳的历史地位与艺术贡献的，这样才对得起尹小芳和戏曲史上无数像她一样的传承者。

在某种意义上，尹小芳就是越剧界公认的"尹桂芳第二"，并且正由于她是当之无愧的"尹桂芳第二"，尹派的传承脉络才有可能持续至今。我相信尹小芳此生不会因自己成了"尹桂芳第二"而产生丝毫愧意，相反，她会无比自豪。我也是这样，我要向这位"尹桂芳第二"致以崇高的敬意，并且坚定不移地相信，戏曲的传承，不能只有第一，而需要无数这样的第二、第三……第N。

所以，面对尹小芳，我们不能止于崇敬而放弃重要的理论努力，要通过价值坐标的重建找到新的历史书写模式，不要让尹小芳被埋没。我们要鼓励创新者，同时还要鼓励更多人致力于传承，尤其是像尹小芳这样的创造性传承，而且正因为传承者及其贡献很难为社会媒体的聚光灯照亮，所以更要给予关注与补偿。

感谢该书的主编李声凤和所有参与写作、编撰者，因为他们所做的就是这样的重要工作，要让今人和后人都记得尹小芳，并且懂得尹小芳。

目录

一 心声篇

艺精品高　芳溢越坛
　　——记我的老师尹桂芳 / 尹小芳　口述　陈　曼
　　记录整理　3
学习·继承·发展 / 尹小芳　口述　何贤芬　整理　10
我与"芳华" / 尹小芳　36
美的耕耘者
　　——郑传鉴老师 / 尹小芳　40
难忘观众情 / 尹小芳　44

二 人生篇

发展流派　承上启下
　　——越剧表演艺术家尹小芳的艺术人生 / 薛宝根　51
忠实的艺术承继：
"承上启下——一代传人尹小芳艺术专场"观感 /
　　胡宇锦　66
回忆尹小芳老师的两件往事 / 沈祖安　73

1

"二传手" / 何占豪　77

亭子间飞出金凤凰 / 张国华　口述　李声凤　整理　81

尹小芳和尹派弟子们 / 郑采君　84

回忆尹小芳的浙越岁月 / 高　佩　何贤芬　口述

　　　李声凤　整理　87

我和尹小芳演出《天山雪莲》/ 王颐玲　口述　陈超宇采访

　　　李声凤整理　93

跨越一甲子的友情

　　　——我与尹小芳的点滴往事 /

　　　　筱月英　口述　李声凤　整理　96

艺术的真　生活的忍 / 杨　锐　99

师恩 / 哲　艺　103

老师身上总有学不完的东西 / 茅威涛　107

小芳老师是我学习"尹派"的引路人 / 赵志刚　111

记忆随笔

　　　——小芳老师 / 王君安　114

尹小芳老师的人格魅力 / 张学芬　口述

　　李声凤　整理　122

我与小芳老师因"芳华"结缘 / 陈丽宇　127

我所了解的尹小芳 / 颜南海　132

写在小芳老师九十寿辰之际 / 王　斌　137

我和我的老师

　　　——写在老师尹小芳先生从艺八十周年之际 /

　　　　顾学凤　140

我与尹小芳老师 / 李声凤　145

目录

三 掠影篇

两个突破
　　——写在《浪子成龙》公演之时 / 尹桂芳　157

尹小芳演《浪子成龙》 / 叶　涛　159

观众没有忘记她
　　——记尹小芳 / 潘祖德　161

待到山花烂漫时，她在丛中笑
　　——访著名越剧表演艺术家尹小芳 / 谢　骏　166

又见尹小芳 / 王继东　170

承前启后　桂艺常馨 / 孙正阳　筱月英　174

三生路上有约定：
　　记"承上启下——一代传人尹小芳艺术专场" /
　　　　曾　嵘　177

高山流水真情在
　　——《尹小芳艺术人生》画册观 / 杨蕊敏　181

观《舞台姐妹情》七日归来 / 李声凤　184

四 艺韵篇

喜见尹派有传人
　　——介绍越剧演员尹小芳和她的几个唱段 /
　　　　周　捷　193

尹小芳"尹派"唱腔艺术特色 / 杜秀珍　199

简述尹小芳表演艺术
　　——兼贺尹小芳系列VCD出版 / 张璐瑾　207

尹小芳表演艺术浅析 / 叶秋依　213

淡妆浓彩正相宜 / 陈秀芝　217

艺术感与真实感的水乳交融

　　——以《何文秀》为例谈谈尹小芳的表演艺术 /

　　李声凤　220

如泣如诉话身世

　　——谈《沙漠王子·算命》的唱腔 / 张　巍　234

寂寥月夜惆怅人

　　——听《沙漠王子·叹月》/ 宋思聪　242

最终极的幸福

　　——谈谈《沙漠王子·访旧》/ 宋思聪　248

但开风气不开宗

　　——以《张羽煮海·听琴》和《舞台姐妹情·风萧萧》

　　为例 / 张　巍　253

温柔书卷尹小芳

　　——从《张羽煮海》说起 / 楼佳维　258

赤心孤胆奋吾身

　　——谈《张羽煮海·求仙》的唱腔 / 张　巍　263

灾难中的成长与反思

　　——重看越剧《浪子成龙》/ 李声凤　272

侠骨柔情寄夜空

　　——谈《月夜辞行》的唱腔 / 张　巍　284

体贴深情梁玉书

　　——听尹小芳版《盘妻索妻·赏月》/ 周　恬　292

几根弦索绾两心

——我看《张羽煮海·听琴》/ 王梦鱼 295

附录
一 尹小芳早期报刊戏考资料选摘 298
二 部分尹小芳主演剧目演出说明书 306
三 尹小芳部分音像出版物 318
四 尹小芳艺术活动年表 336

编后记

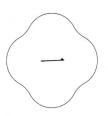

一

心声篇

艺精品高　芳溢越坛
——记我的老师尹桂芳[①]

尹小芳　口述
陈　曼　记录整理

书桌上放着尹桂芳老师给我的信。年前我去福州参加芳华越剧团成立四十周年纪念活动，回沪不过一个多月，老师已给我寄来七八封信了。每封信里她总是事事关心，处处叮咛，并诚挚地向我倾诉她对发展越剧艺术的壮志和对青年一代健康成长的关注。读着这一封封信，我心中无比温暖，我有个多么好的老师啊！

四十年前，我能成为尹门弟子，可说三生有幸。记得我13虚岁时，因生活所迫，被送到龙门戏院学戏，师父是花旦演员。当时的台柱小生就是尹桂芳，她精湛优美的表演和洒脱隽永的唱腔，将我这个不懂戏的穷苦孩子吸引住了。一次，她演出《家花哪有野花香》，戏中大段"叹五更"好听极了，我求人设法抄到了这段唱词，偷偷地一字一句学着唱，终于学会了这段整整一百

---

① 原载于《上海戏剧》1987年第2期。

尹桂芳与尹小芳（1983年）

句的唱腔。现在回想起来真有意思：我第一次看懂的越剧就是老师的演出，第一次学到的就是尹派唱腔。此后，老师所演新戏中的重要唱段，我基本上都用心学会了，并经常上电台一段一段地唱，结果竟得到了老师的认可，欣然同意收我为徒。旧社会拜师都得请酒席，备上馒头、印糕，点燃大的蜡烛等。可我家里穷，连馒头、印糕也买不起，只能买了一副小蜡烛，在后台供奉的唐明皇菩萨前点上，向老师行了个礼，改取艺名尹小芳。从此，我随侍老师，亲聆教诲。

老师先学花旦，后改小生，是以儒雅小生驰名于越坛的。但有时需要她扮演其他行当的角色，甚至没有多少戏的角色，她都乐于接受，认真对待。除了大家所熟知的老师曾演过挂胡子的屈原之外，她还演过《武则天》中的武则天、现代戏《社长的女儿》

中的老社长、《抢伞》中的老爷爷、《风雪摆渡》中的三小子、《江姐》中的江姐、《山乡风云》中的林校长B角等,真是男女老少、红花绿叶,无所不演。老师有个潜心好学的特点,以演《屈原》为例:老师没有上过学,平时演惯了翩翩书生,要扮演屈原这样一位修养高深的爱国诗人,谁都为她捏一把汗。老师却沉着不慌,请编剧同志为她讲解屈原的生平、著作等;抽空拜访一些学者、专家,甚至在生活中常注意观察那些近似角色的人物形象。通过异常的努力,终于成功地在越剧舞台上塑造出了屈原这个光辉形象。

老师长期不懈地坚持练功,芳华越剧团的练功场上,到得最早的经常是老师。为了锻炼形体,她还每天在宿舍周围的空地、人行道上跑步,即使巡回演出、外出开会也不间断。有一次,她从福州到上海开会,住在一幢大楼里,找不到合适的跑步场地,她就沿着楼梯从底层到顶楼上下来回地跑。

老师自己对艺术十分严谨,也如此要求学生。我从师第二年,老师就介绍我去刘金玉科班,让我加强基础训练。在那里,每天练功、练唱、跑龙套,什么行当都要学。所以不管生、旦、净、末、丑,我都演过。这为我以后开拓戏路,能比较自如地塑造各种不同类型的角色打下了良好的基础。老师还教育我对艺术必须一丝不苟。记得在《鲁男子》一剧中,我被分配演一个家丁,只有一场戏,导演安排我始终背对观众,没有一句台词(实际就是龙套)。当时我在观众中已小有名气,对演这样的角色感到委屈,要求换人。老师非要我演不可,她说:"角色无大小,上舞台就是背对观众也应该演出戏来,这才是艺术。"以后我总是遵照老师的教诲,认真对待。如《卖油郎》中的酒保、《宝玉与黛玉》中的贾环,一个是丑角行当,一个是上台三分钟、只有三句说白的小角色,我也用心钻研、认真化妆,每场都博得观众的掌声。

"文革"后,我身心遭受摧残,体弱多病,心灰意冷,根本不想再当演员。可是当我看到老师拖着比我更为严重的病体,仍以振兴越剧为己任,克服一切困难组织"尹桂芳越剧流派演唱会"时,受到了震动。已经久别舞台的我终于被点燃了深埋在心底的艺术火花,不顾身体有病,重新走上了舞台,在万名观众的文化广场演唱了《浪荡子》中的"叹钟点"和《屈原》中的"天问"片段。接着,老师又命我赴芳华越剧团排演了《何文秀》,再一次扩大了尹派的影响,使越剧舞台上已经十几年少见、濒于枯萎的尹派艺术重新焕发了光彩。当虹口越剧团准备以尹派艺术作为办团的特色,再三邀请我参加时,老师为虹口越剧团和我个人考虑得十分周到。1981年8月中旬,剧团领导急于要宣布我的进团时间,老师了解到剧团的体制、经济情况和剧本还未有着落后,郑重地对他们说:"宣布小芳进团很方便,但是现在剧本还没定下,你们剧团目前的经济又紧,若宣布小芳进团,她空待几个月拿工资,群众岂不要有意见?"她提议在开排前一个星期宣布就可以了。我进虹口越剧团后,老师经常关心剧团的艺术质量,不顾酷暑严寒,亲临排练场指导,又不止一次地上剧场看我演出,鼓励我的成功,指出我的不足,找我探讨演唱上的一些新问题。为了艺术,为了事业,老师以病残之身搀领着我前进。

这些年来,上海和各地不少学尹派的中青年演员来向老师学艺,不论是登门求教,还是请出传艺,老师总是热情地加以指导,还经常把我叫去,让我将她的意图转达出来,或者代她做示范辅导。例如对上越的赵志刚、浙江小百花的茅威涛等,老师曾亲自将剧本交到我手中,命我一定要帮助他们组织唱腔,辅导表演。当青年们通过努力取得了可喜的成绩时,老师总是高兴地庆贺越剧事业后继有人。

老师在艺术上是我的严父,在生活上又不啻我的慈母。老师知道我因"文革"留下后遗症,身体十分衰弱,因此非常关心我的健康。每当她自己找到了比较满意的医生,总要介绍给我,有时怕我不去,故意命我陪她去看病,随后请医生也给我诊治。我早年丧父,只与老母相依为命,老师对我母亲也十分尊重和关怀,在她病残之后,有时还艰难地登上我家高楼来探望我母亲。在我母亲九十寿辰时,她特地登门祝寿,同我家尽情而欢。当我老母病故开追悼会时,老师不但亲临吊唁,还久久伴在我的身边,就如伴慰女儿一般,所以在有人误以为我们师生是母女关系时,我也不予否认。

尹桂芳与尹小芳(1986年)

老师一贯平易近人，急公好义，是越剧界极有威望的好"大姐"。她虽然孑然一身，家里却经常宾朋满座，欢声溢于门外。她是芳华越剧团的老团长，当她知道哪位职工有什么心事或困难，她总是尽力帮助解决。如：老师早年的师姐妹，经济比较拮据，她常给资助，至今不断；还有个长期患病的同行，生活又遭波折，老师也不时援助她。其他如沪剧、滑稽戏、川剧等个别演员，都得到过老师的慷慨解囊。可是她自己非常节俭：她有优先叫轿车的方便，却常拄着拐杖去挤乘公交车；她为了工作方便，家里装有电话，但有时她宁可拖着病残的身躯下七楼去打公用电话，为的是可以节省一分钱。更感人的是，在20世纪40年代时，老师已受某电影厂之约，正在筹备拍摄电影，袁雪芬邀她一起参加义演《山河恋》，老师为了越剧事业的发展，为了越剧界同人的利益，毫不犹豫地放弃了拍电影传世的机会，不辞辛劳地与袁雪芬老师一起为义演奔走呼号，促成了越剧界的那次壮举。最难能可贵的是，老师几十年如一日，在顺境时如此，当身处逆境时，也始终未改她的一片赤诚之心。"文革"中，老师被关在"牛棚"，每天劳动，吃的是极为简陋的伙食，后期才有难得的"放风"机会。有次老师买了不少糕点带回"牛棚"，分送给难友们，要知道那时老师每月能领到的生活费仅有25元钱啊！至今福建省文化系统的老同志提起此事，还是激动得热泪盈眶。

我脑海中闪现出了著名表演艺术大师俞振飞和著名电影导演谢晋为芳华越剧团成立四十周年所写的贺词，俞老写道："桂芳同志艺精品高，迥异凡俦。"谢晋写道："她为越剧事业献出了毕生的青春年华，她贡献了很多、很多，她获得的却很少、很少。"

我以有这样的好老师为荣！我虽然已是五十多岁的人，但我愿做一个老师门下永不毕业的学生，学习老师的艺德、品德。同时我希望年轻的一代将老师的这些宝贵精神财富代代相传，发扬光大，成为无愧于时代的人民艺术家。

学习·继承·发展[1]

尹小芳　口述
何贤芬　整理

著名越剧表演艺术家、尹派创始人、我的老师尹桂芳，她从艺至今已六十余年，而今年逾古稀，半身不遂，依然为振兴越剧事业呕心沥血，不遗余力，可谓艺精品高，芳溢越坛。

五十年来，我能作为尹门弟子，可说三生有幸。1943年，我年仅12岁，因生活所迫，被送进龙门戏院投师从艺。当时的台柱小生就是尹桂芳，她那俊美的扮相，迷人的眼神，精湛的表演，悦耳的唱功，将我这个不懂戏的穷孩子吸引住了。我第一次看懂的越剧是尹桂芳老师的演出，第一句学到的是尹桂芳老师的唱腔，在我心底里最为敬佩的就是尹桂芳老师的艺术。此后，老师所演新戏中的重要唱段，我基本上都用心学会了，经常上电台播唱，受到越剧听众的欢迎与推崇。1946年，我正式师从尹桂芳，改取艺名尹小芳，从此随侍老师，亲聆教诲。我们师徒就此结下了不解之缘。

---

[1] 原载于李惠康编：《一代风流尹桂芳》，上海文艺出版社，1995年。后以《学习恩师尹桂芳》为题，节录刊登于《戏文》1996年第2期。

一

创立"芳华",是老师与"雪声"在20世纪40年代前期共同进行的越剧改革的继续。由于剧团有了比较健全的艺术创作班子,老师得以在编导、作曲、舞美的通力协作下,更充分地施展她的才华,到解放后的50年代,更通过上演诸如《西厢记》《梁祝》《浪荡子》《屈原》《红楼梦》等剧目,使尹派艺术更趋成熟、完美。老师醇厚委婉、洒脱深沉和刚柔相济的唱腔,使广大观众入迷;老师的台风、气质、优美的身段和细腻刻画人物的表演让无数观众倾倒。我钦慕老师的艺术,用心模仿她的一腔一调、一招一式,深受老师的艺术熏陶。通过各方面的学习与感悟,尤其是在老师的亲自指点下,我逐渐认识到:临帖描红式的硬搬死学,在艺术上是不可能得到长足进步的。必须从形似到神似,才能实现真正的继承,做一个有出息的演员。就这样,我对老师的手眼身法步加以琢磨,每一招每一腔

尹桂芳《梁祝》剧照(1952年)

都力求弄懂为什么,由此在学习尹派艺术上有了明显的提高。

我有幸待在老师身边,除了直接受到尹派艺术的熏陶外,老师的戏德、钻劲,都给了我极其深刻的教育。譬如,老师是以儒雅小生驰名越坛的,但一旦需要,她就主动扮演其他行当甚至没有多少戏的角色,只要能够博得观众喜爱,她都乐于接受,认真对待。如《武则天》中的武则天、折子戏《抢伞》中的老爷爷、《风雪摆渡》中的三小子和《江姐》中的江姐等,真是男女老少、红花绿叶,无所不演。老师早已成为表演艺术家,但她始终不懈地坚持练功,即使巡回演出、外出开会,也不间断。再以演《屈原》为例,老师没有上过学,平时较多扮演翩翩书生,要挂胡子扮演一位修养高深的爱国诗人,实非易事。老师却沉着不慌,请编剧同志为她讲解屈原的生平、著作等;抽空拜访一些学者、专家;在生活中随时注意观察那些近似角色的人物形象,通过异常的努力,终于成功地在越剧舞台上塑造出了伟大的爱国诗人屈原这个光辉形象。

老师自己对待艺术十分严谨,也如此要求学生。记得我从师第二年,老师就介绍我到刘金玉科班,让我加强基础训练。在那里,每天练功、练唱、跑龙套,什么行当都要学,所以生、旦、净、末、丑,我都演过,这为我以后开拓戏路,能比较自如地塑造各种不同类型的角色打下了良好的基础。老师还教育我对艺术必须一丝不苟,记得有一次,我被分配演一个没有一句台词、整场背对观众的角色,当时我在观众中已小有名气,对担任这样的角色感到有点委屈,要求换人。老师却非要我上场不可,她说:"角色无大小。上舞台就是背对观众也应演出戏来,这才是艺术。"以后我总是遵照老师的教诲,认真对待。如《卖油郎》中的酒保和

《宝玉与黛玉》中的贾环,前一个是丑角行当,后一个则是上台三分钟、只有三句说白的小角色,我也用心钻研,认真化妆,果然每场都能博得观众的掌声。尹派艺术对我的陶冶是非常深的,自1951年春节起,每逢老师突然倒嗓或外出活动时,我就沉着顶替,代师演出,获得同行一致好评和观众的赞扬。这是老师对我的绝对信任和精心培养的结果。

随着自己艺龄的增长,在解放后的五六十年代,我结合演出与教学,进一步探索尹派艺术的精髓,融入自己的演唱之中,进行不断的尝试,这使我在认识与掌握尹派演唱艺术上有了很大的长进。我为弘扬尹派艺术所做的承上启下的工作,都是老师亲切教诲、从严要求的结果。长期以来,我都为有这样一位好老师而感到自豪。

二

尹派艺术独具魅力,深受广大观众的喜爱,文艺界对老师所塑造的艺术形象评价也极高。艺术大师俞振飞在《尹桂芳唱腔选》的序中写道:"尹桂芳同志是杰出的越剧表演艺术家,幼年学戏,先习花旦,后改小生。戏路之宽,于同行中甚为少见。其表演艺术之最大特色:既非常讲究手眼身法步之戏曲传统基本功底,又极其注意戏情戏理,集中力量于塑造人物形象。"俞振飞大师的评价,对老师所创立的尹派特色做了精辟的概括。

尹派唱腔的基本特点是淳朴隽永、洒脱高雅,低回流畅、柔中带刚,委婉上口、自然悦耳,使听众入情入美,怡然共鸣。我从下面几个方面谈谈自己的学习和体会。

一是起腔。

起腔是一个唱段的引子,能对展现人物特定心情起到引发、点化作用。尹派起腔是尹派唱腔中特别脍炙人口的,一般多数落到低音"3",旋律线通常由滑架音"3561653"起伏构成。它因唱词、运腔、情绪结合得妥帖,使观众听后即能领悟到人物的心声,从而意识到人物在整个唱段中的精神面貌。尹派起腔的形成不是一帆风顺的。她18岁那年,有一次演出《绣鸳鸯》,当小生向旦角表露感情时,有一句"妹子啊"的起腔,开始她照原来越剧老的起腔很直地叫了一声,又感到无法表达人物当时的深情,应该更柔和一点,于是就在传统起腔程式基础上做了灵活变化。可是别人却指责她是在唱"懒惰调"。她没有因此泄气,认为唱腔是抒发人物感情的重要手段,而且应力求形成自己的演唱特色。所以她坚持唱自己的所谓"懒惰调",在实践中不断丰富润腔,改进提高,终于形成了韵味醇厚、感情真切、别具一格、百听不厌、风靡观众的尹派起腔。

尹老师使用起腔,总是在人物内心蕴含着相当丰富的情感、喷薄欲出之时,而且随着人物感情的不同,恰到好处地变化运用,因而能收到强烈的效果。她一再告诫我们,这个起腔不能随便乱用,一定要服从人物的需要,不同心情就得使用不同的唱法,旋律上要有所变化。例如:《盘妻索妻》的《洞房》和《赏月》两场戏中,剧中人梁玉书的两次起腔,虽然都是落到"3"音,但人物心情不同,在旋律和节奏上也就各有不同处理。《洞房》中一句"娘子啊",是梁玉书于新婚之夜在意中人面前第一次以夫妻相称,显得既羞涩又喜悦,是柔情脉脉地轻轻叫出来的;《赏月》

中的一句"请娘子听了",是在百思难猜妻子心事,欲推心置腹倾吐衷肠。心态不同,因此两个起腔就各不相同:

《洞房》：3 5̇ 6̇ 1̇2̇1̇6̇5̇ 5̇6̇1̇5̇6̇5̇ ³²͞3 —
　　　　娘　子　　　　啊

《赏月》：0.5̇ ⁵3̇ 3̇·5̇3̇2̇3̇5̇2̇3̇2̇1̇2̇1̇6̇5̇ 5̇6̇1̇ 5̇·6̇5̇3̇2̇3̇· 3̇ —
　　　　请娘 子听　　　　　　　　　　　了

再如《何文秀》中《算命》这场的一个起腔"妈妈听道",又表现了另外一种情绪：何文秀假扮算命先生,安慰妻子王兰英,必须要瞒过杨妈妈母女,又要弦外有音地宽慰隔壁房内的王兰英,因此尹老师的演唱既带江湖味道,又带喜剧色彩,这里的起腔旋律和唱法就又有所变化:

　　　　3 5̇3̇ 1̇ ⁶5̇ — ⁵⁶5̇ — ³²͞3 —
　　　　妈　妈听　　道

尹派起腔不一定都落"3"音,如人物感情需要,也有落"1"音或其他音的。例如梁玉书在《赏月》一场,最后一段唱的起腔"世上哪有你这种女子呀"就是落"1"音的。这时梁玉书一再盘问妻子,掏尽肺腑,妻子却无动于衷,并且转身就走了,他觉得妻子太不近情理,不禁生起气来,于是就运用了比较符合情绪的落"1"起腔:

　　　　　　6̇ 3̇5̇ 2̇1̇ 1̇6̇1̇
　　(白)世上哪有你这种女　子　　呀!

再如《红楼梦·宝玉哭灵》中的起腔"妹妹呀",是贾宝玉在极度沉痛哀伤时冲到黛玉灵前的悲愤疾呼,是带着哭声叫出来的,这句既不落"3"音,也不落"1"音,却落在"5"音的起腔,听来令人声泪俱下:

$$(5\ 6\ 6\ \cdots\cdots)$$
$$\widehat{6\ 5}\ \ \dot{\widehat{6}}\ -\ \ \widehat{1\ 2\ 7\ 1\ 6\ 5}\ \widehat{\dot{5}\ \dot{6}}\ \ ^{35}_{\overline{\pi}}\ 3\ 0\ \dot{5}\ -$$
妹　妹　　　　（哎）　　　（呀）　　　　呀!

在《盘妻索妻·露真》中,梁玉书听到谢云霞痛骂自己时极度气愤的起腔"好气、好气也",则落音在"3":

$$\widehat{1\ 6}\ \ \widehat{5\ 6\ 5}\ \ 3\ \overset{5}{\overline{3}}\ 1\ 2\ \ 3\ 5\ 4\ \ \widehat{3\ 2}\ \ 3\ -\ 0\ 0$$
(白)好气　好　　气　　　　　　也!

这些起腔的高低长短,都恰到好处地抒发了不同人物的不同感情。

二是落调。

落调是一段唱词的结束句。尹派落调拖腔特色鲜明,富有韵味,听来余音袅袅,回味无穷。在整句落调拖腔中,末尾通常以"$\overline{7\ 6\ 7\ 2}\ \ \overline{7\ 6}\ \ \dot{5}$"收束,前半句进行多种变化。这种独具一格的特征音调,鲜明地区别于其他流派的风格特色。例如:

(1)《屈原·诬陷》中"望大王再莫信谗少主张"

$$\widehat{6\ 1\ 5\ 6}\ 1\ |\ \overset{3}{\overline{6}}\ \widehat{3\ 6\ 1}\ \ \widehat{1\ 6\ 1\ 2\ \overset{1}{1}}\ |\ \widehat{\dot{6}\ 2\ 7\ 2\ 7\ \overset{.}{.}\ \overset{.}{.}}\ \ \dot{5}\ -\ 0$$
望　大　王　　再莫　　信　谗　　少主　张

学习·继承·发展

(2)《盘妻索妻·洞房》中"见娘子比初见之时更俊秀"

見 娘子比初见 之时 更 俊

秀

(3)《红楼梦·哭灵》中"死不能扶一扶你七尺棺"

死不能扶一扶你七 尺 棺

(4)《沙漠王子·算命》中"公主的芳名叫伊丽"

公主的芳 名 叫 伊 丽

(5)《何文秀·算命》中"送给小儿买糕饼"

倒贴铜钿廿四文， 送给小儿

买 糕 饼。

以上这些落调拖腔,变化是多种多样的。它与起腔一样,都

17

是根据不同剧目中不同人物的不同心情,进行了相应的变化和处理。

三是掼调。

掼调是越剧丝弦伴唱转为清板唱的转折句。通常用落音"6"。唯独尹派的清板掼调与众不同,往往将上句尾音节奏推延到末小节的第二拍,以"6"音作打腔装饰,使尾音落到"5"音($\overset{6}{5}$)。如《浪荡子·叹钟点》:

[乐谱]

尹派唱腔另一个很大的特色是善用清板。在尹老师的演出中,常常安排几十句乃至一百多句的大段叙述性清板。如《家花哪有野花香》的《叹五更》、《浪荡子》的《叹钟点》、《梁祝》的《回十八》等,都有大段的清板演唱。它的特点可归结为以下几点:

(1) 自由摧撒,柔中有刚

它通过速度、节奏的频繁变化,逐层推进,取得不厌冗长、引人入胜的完美的艺术效果。如《浪荡子·叹钟点》的一百十多句清板,根据人物内心感情的起伏发展,速度和节奏的慢、快、松、紧而变化,洒脱自如。这种灵活生动、多姿多彩的艺术处理,使人物感情步步深化,使剧情层层向纵深推进。而大段的清板,又为最后唱出尹派典型的落调拖腔做了绝妙的铺垫,让观众于屏息中得到舒展,于期待中获得美的享受。

(2) 吐字清晰,字字珠玑

清板没有乐器伴奏,比混板演唱难度高。没有深厚的功力就不容易唱好。尹老师具有吐字清晰、喷口有力的功底,唱起来既口语化,又富乐感,始终有丰满的尹派润腔装饰,《回十八》《叹钟点》等大段清板,尽都如吟如诉,娓娓动听,韵味十足,令人回肠荡气,回味无穷,层次分明地表达了人物的内心世界。

(3) 抑扬顿挫,情深意切

为了准确深刻地表达人物感情,尹老师在大段清板中,总是该拖则拖,该断则断,处理得非常细致精巧。而且她特别讲究戏曲演唱字重腔轻的规律,善于运用力度的轻重变化,突出重点字,如《叹钟点》中"抢钞票为的是孩子病"的"抢"字,《宝玉哭灵》中"你被逼死我被骗"的"逼死""骗"等。由于有了上述速度、节奏的层次性结构布局,再加抑扬顿挫的精妙处理与高度的演唱技巧,就突破了越剧唱腔四平八稳的状态。尹派清板的这种独到功力,同样体现在其他唱腔之中。所以看尹老师的演出,观众可以不看字幕,依然字字入耳,句句传情。

(4) 垫字巧妙,深化感情

为了强调抒发人物心情,尹老师还善于恰当地运用垫字的艺术手段,即在唱句间衬上"呀""唉""啊呀"等语助词。如《盘妻索妻·洞房》中,梁玉书挑起新娘的红巾,发现新娘子越发地美了,不由得惊喜地抒发出:"呀!见娘子比初见之时更俊秀。"《浪荡子·叹钟点》中回忆起一家共享天伦之乐的无限幸福,发出对自己竟然堕落变坏的感叹："唉！谁知道我变得快……"《何文秀·访妻》唱段中三次垫字"啊呀"，都是很好的例子。

这种垫字就在旋律上运行，促使人物情绪得到了更加充分的表达。

越剧流派的特点，集中体现在其代表剧目所塑造的典型艺术形象中。不妨将尹老师代表作中的某些选场做些剖析。

(1)《盘妻索妻·洞房》

《盘妻索妻》是尹老师的优秀保留剧目之一，说的是奸臣之子梁玉书与跟梁府有杀父之仇的忠臣之女谢云霞结为夫妇的故事。剧中情与仇、爱与恨、是与非的矛盾冲突迭起，通过盘妻、索妻等曲折情节，一对善良夫妻最终远走高飞，得到幸福。尹老师所塑造的梁玉书一角，风度翩翩，温柔善良，对妻子的爱慕、尊重、同情，刻画得十分传神。在《洞房》这场，从唱腔到表演，丝丝入扣，细腻熨帖地展现了人物的内心感情。

在喜乐声中，闹完洞房的亲朋尽兴而去，洞房花烛，满堂生春。坐在新娘一旁的梁玉书，此时刚被闹洞房羞红了脸，低着头。当他感到房内已寂静无声时，才慢慢抬起眼睑偷视了一下前方，心想：亲朋们都走了吧？继而又扫视左右，微微摇了一下头，表示没有外人了，同时深呼了一口气，这才羞怯地望着遮盖红头巾的新娘子，脸上浮现出抑制不住的喜悦：她已真的嫁给我了。他满怀幸福，徐徐地舒了一口气，在幽雅的乐器过门声中，慢慢地抖下双袖，缓缓地立起身来，情不自禁而又喜滋滋地唱出了"洞房悄悄静幽幽，花烛高烧暖心头。喜气阵阵难抑制，这姻缘百折千磨方成就"这四句借景生情的唱词，曲调采用缓慢的〔尺调〕清板，生动地体现了梁玉书求到佳偶后无限喜悦的心情。第一句是慢清板的掼调,"静悠悠"三字的行腔唱得颇有时空意境,把观众带入规定的情境中。第四句为了抒发人物感情,在"方成就"的"成"字后面衬上"呀"字,气息控制使吐字行腔轻声细气,委婉舒缓,准确地表达了人物感慨万端的心情。接下来从"三月来,屡托刘兄把亲求",到"一病相思命几休",这是人物对婚姻波折的回想:多次求亲遭到拒绝,刻骨相思,几乎送命,想到这里不觉感到害羞。所以尹老师唱到"命几休"时,在"几"字后面衬上"呀"字,随后带出一个低声低回的小腔,并在"休"字一出口就偷偷收进,表演上也在"休"字出口的同时,两只眼睑因自羞而立即下垂,双手边摇边遮脸,头与身体随之向左侧转,手眼身法步配合紧密,把人物羞涩、痴情、善良的内心世界刻画得淋漓尽致。在"四书五经无心看"的"心看"、"日卧书斋愁脉脉"的"脉脉"、"夜对冷月恨悠悠"的"悠悠"几个字上,吐字行腔都处理成轻声婉转,体现出人物的缠绵悱恻、自怨自艾之情。接下来是四句"好容易盼得菩提杨枝水,洒作了人间鸳鸯俦。今日洞房成夫妻,花朝月夕永不愁",这是梁玉书感到幸运的抒怀,情绪大转。在唱"今日洞房"后面,插入跳动的丝弦伴奏过门（1 2 7 6　5 6 1）,更加显示出人物幸福欢快的心情。最后"永不愁"三字,用了尹派代表性拖腔:

6. 1　2 3 1　3. 5 3 5　7 2 7 6 ｜ 5 - 0 0
永　　不　　　　愁

这时的表演,两只水袖从里挖出,再潇洒自如地飘向两边,表现出梁玉书在洞房花烛夜的极度喜悦。这节唱词是叙事体,唱腔速度比前稍快;以情带声,又运用了气息的收放、吐字的强弱、行腔的抑扬等演唱手法,贴切地体现出了人物美的艺术处理。

当刘师兄提醒梁玉书要遵守婚前的约法三章,即要等新娘子守孝三年后才能正式洞房的协定时,人物情绪略有转折。梁玉书是个知书达理的至诚君子,于是他认真地思考起来,进入了第二段从"刘兄提起约法言"到"结一个闺中知友我心愿已遂喜万千"的演唱。这段是表现梁玉书对妻子的由衷赞慕和敬爱,为自己得到一个"闺中知友"深感心满意足。在喜不胜收的情绪催促下,他急于想和新娘子倾诉衷情,唱腔速度转为[尺调·中板],"挑起红巾诉衷由"句,把"诉衷由"的腔上扬,使唱腔平中有奇;当挑开红巾看到了如花似玉的新娘子时,梁玉书不由惊喜地轻柔呼出一个"呀"字,紧接着唱出他感受到的"见娘子比初见之时更俊秀"的情感。为了突出新娘子的美貌,"俊秀"两字分别用较长的拖腔加以强调。这时梁更迫切地要和梦寐以求的爱妻畅抒思念之苦。可是首次以夫妻称呼,既不好意思又一定要叫,尹老师对这三次呼唤"娘子"都做了惟妙惟肖的处理。叫第一声"娘子"时,不敢正面对着新娘子,而是半侧身半低头,面红心跳地轻声轻气地叫出;一听,没有回音,心想:哦,我叫得忒轻了,她没有听到。于是连忙转过身来,向新娘子走近半步,示意"我在叫侬呀"。第二次叫过"娘子",新娘子仍旧不理:哦,新娘子怕难为情!梁玉书就以至诚深情,温柔体贴又含情脉脉地把第三声"娘子呀"改唱成旋律低回缠绵、富有艺术魅力的尹派代表性起腔。此时此境运用这个起腔,蕴情而出,合情合理,妩媚的眼神和精彩的表演浑然一体,妙不可言,使广大观众无不拍手叫好。

最后一节唱词是:"我与你一别三月似三秋,我魂牵梦绕苦思求。感谢娘子恩情重,今日里花烛台前重聚首。娘子呀,从今后天长地久成夫妻,让玉书先敬上一杯合欢酒。"这段唱词倾诉了梁玉书对妻子无限深情的肺腑之言。其中第三句"感谢娘子恩情重"的"感谢"和"恩情"两词唱腔,用了同音反复;最后一句"让玉书先敬上一杯合欢酒"的"酒"字,先用下滑音打腔再带出掼腔结束,以此强调情的表达。

尹老师演《洞房》这场戏,真是声、情、味俱佳,她把梁玉书的人物性格演活了,感情表现得细致入微,动人心弦。一双传神的眼睛,妩媚得使人陶醉,使观众始终沉浸在优美的意境中,音虽止,意不尽。欢快的喜悦荡漾不止。

(2)《红楼梦·哭灵》

尹老师从20世纪40年代到60年代,曾先后四度演出《红楼梦》中的贾宝玉。第一次是1942年在上海龙门大戏院演出的《红楼梦》,存有《宝玉哭灵》唱片,是早期的[尺调腔];第二次是1951年在上海金都大戏院(即今瑞金剧场)演出的《贾宝玉》;第三次是1955年在上海丽都大戏院(即今贵州剧场)演出的《宝玉与黛玉》(存有录音);第四次是1962年在上海市府礼堂演出的《红楼梦》(存有唱片和全剧录音)。她所塑造的贾宝玉艺术形象,逐步趋于成熟完美,达到了炉火纯青的境界。中央人民广播电台曾介绍说:"在尹桂芳塑造的众多艺术形象中,《红楼梦》中的贾宝玉是特别惹人喜爱的一个人物,她塑造贾宝玉秀气温存,纯洁可爱,特别是演唱《宝玉哭灵》一段,打动了无数越剧爱好者的心。"

《宝玉哭灵》唱腔分为三小段。第一段从"林妹妹,宝玉来了"到"死不能扶一扶你七尺棺"。唱腔板式有[哭头]—[尺调·嚣板]—[尺调·慢板]。一开始,宝玉因受突如其来的噩耗的巨大打击,悔恨交加,悲痛欲绝地向黛玉诉说自己是无辜的被骗者,表白对黛玉的爱是坚贞不渝的,随着急促强烈的音乐声,不顾一切地冲到潇湘馆门口,在音乐声突然收煞中止步。当定睛看到黛玉的灵堂时,他心如刀绞,泪如潮涌。一句撕心裂胆的叫口:"林妹妹,宝……宝玉来了!"发自心田的真切感情,犹如山泉迸发,奔涌而出,随即全身心扑向了灵桌。每演至此,无不引起全场观众的强烈共鸣。尹老师对这句叫口的处理是,把"林妹妹"三字的音压低,力度稍弱,发声颤抖。再把"宝玉来了"四个字叫得声如裂帛,先抑后扬,突出重点。同时在"宝玉来了"之前,轻轻垫上一个"宝"字,表现在极度悲伤、泣不成声时语气哽塞的情态。接着,音乐奏起哭调过门,而宝玉在音乐声中顿足捶胸,痛苦地朝着黛玉的牌位声嘶力竭地叫着:"林妹妹,我来迟了,我来迟了……"以重复一遍的呼叫突出宝玉当时无比悔恨的心情。紧接着在激越起伏的同音反复"<u>5 6 6 6</u>"过门声中起调:"妹妹呀!"这句哭头旋律起伏回荡,音调凄楚哀怨,表现了宝玉因失去知音而悲恸欲绝的心声。尹老师在演唱时自如地控制了气息和强弱的对比,显得无比深情。此后,起唱[嚣板]"金玉良缘将我骗,害妹妹魂归离恨天",痛心疾首地双手交替拍打灵桌;唱至"到如今"时,抬身站起小转身,像是找呀问呀似的:"人面不知何处去?"当他见到满目素白,于是凄凉地唱出"空留下素桌白帏伴灵前",痛心地抖下水袖。此时音乐旋律急速下行,给人以万分沉痛之感。[嚣板]后,音乐突然转为"小过门",这时宝玉耳边仿佛回响起黛玉那熟悉亲切的声音,他眼神突然一愣,随即急切地喊了声:"林妹妹!"可是听不见回答,心想:林妹妹在哪里呢?表演上似在四处寻觅黛玉,接着叫了第二声:"林妹妹!"这时,宝玉似乎从恍惚的神思中清醒过来,明白黛玉已经死了,继而又在无限希望她能死而复生的愿望下拼力叫出第三声:"林妹妹!"这前后三声"林妹妹",尹老师是在一瞬间展示了人物所蕴含的既丰富又有区别的深情。接着又唱[嚣板]"千呼万唤唤不归,上天入地难寻见",唱到"上天"时,水袖强有力地右外翻向天;唱至"入地",水袖则左外翻指地;唱"难寻见"三字时,骨架像散了似的,身体晃了一下,退半步,强行撑住,双袖随之掉下,眼神中流露出绝望与苦恼。唱腔后句的"天"字,从"上"字的"6"音大跳到高音"5",使"天"字在高音区持续较长,再自高而低的一个小腔急速滑行,以"难寻见"三字如泣如诉地转唱[慢板]。此处以动作和板式的转换,造成一种寂寞凄凉、人去楼空的气氛。接着唱"可叹我生不能临别话几句,死不能扶一扶你七尺棺"。唱"七尺棺"时扑向灵台,在抽泣似的哭声中掼腔。

以上一段演唱,尹老师淋漓尽致地表达了宝玉无限悲痛、悔恨的心情。

第二段从"想当初,你孤苦伶仃到我家来"到"却原来,你被逼死我被骗"。这十八句[尺调]慢清板,是宝玉抚今追昔的痛苦回忆,表达了他对黛玉一往情深、矢志不渝的纯真爱情。如果说第一小段的演唱如滔滔江水一泻千里,那么这一段清板则如涓涓溪水、潺潺细流,旋律多在低音区徘徊,如泣如诉,柔肠百转。尹老师在行腔中力度气息控制得当,唱得清晰有序,徐疾有致。这段唱从"两小无猜共枕眠"到"共读《西厢》在花前",又从"睡里梦里常想念"到"你被逼死我被骗",概括回叙了宝玉和黛玉的爱

尹桂芳《宝玉哭灵》剧照（1951年）

情从发展、成熟到破灭的过程,演唱中激情逐层推进。在唱到"总以为,美满姻缘一线牵"的"线"字和"想不到,林妹妹变成宝姐姐"的"姐"字时,旋律骤然上跳,行腔波峰突起,唱出了悲愤交加的心情。唱到"你被逼死我被骗"的"逼死"二字,用了保持音（两拍）的唱法,咬字喷口有力,在"被"与"骗"中间很自然地加了一个"呀"字,行腔上带以哭音,在"骗"字上增加了强度,并辅以动作：右脚沉沉地一蹬,右手握空拳痛捶自胸,体现出宝玉受尽欺骗而悲痛欲绝的情状。这段声情并茂的演唱总会引起观众强烈的共鸣。

第三小段是《哭灵》的最后四句："实指望白头到老多恩爱,谁知晓你竟黄土垅中独自眠!恨世上风刀和霜剑,逼迫你妹妹丧九泉。"板式是[尺调·慢板]转[嚣板],落调结束。贾宝玉终于看清了这个"金门玉户公侯府"原来是个"黑蚁争穴"之地,恨透了无情的风刀和霜剑活活害死了清白无辜的林黛玉,于是他从极度悲痛转入了无比愤恨。"实指望白头到老多恩爱"是唱[尺调·慢板],接着将"黄土垅中"几个字做了半唱半念,"独自眠"急转入[嚣板],过渡自然,过门速度随之转快,于激愤中唱得紧凑有力。尹老师特意在第三句"恨世上风刀和霜剑"之前右脚一跺,右拳重击左掌,加"我恨"的插白,增强了人物对吞噬人的封建礼教的深恶痛绝。最后"逼迫你妹妹丧九泉"把"丧九泉"三个字从散唱中再转入悲切伤感的[尺调·慢板],落调结束。

　　这是一段静场单人戏,尹老师以悱恻熨帖、细致入微的动人表演,抑扬快慢的动情唱腔,把宝玉对黛玉至死不渝的深情挚意,做了最充分的表达。

　　艺术大师俞振飞赠言尹老师:"桂芳同志所演《宝玉哭灵》,不用花腔,而人物感情曲曲传出,熨帖精当,其悱恻动人之意,深蕴饱含于平淡中,足见真实功夫,近世所绝少也。"这正是:

　　　　红楼昔日哭潇湘,平淡天然最擅场。
　　　　正是丰神称独绝,于无泪处断人肠。

三

　　在"文革"中,尹桂芳老师身心饱受摧残,至今半身不遂。这对一位尚能焕发艺术青春的表演艺术家而言,是多么不幸和痛苦呀!但是,她为了振兴越剧事业,忍受着病魔的折磨,以异常的毅力,不顾天南地北、严寒酷暑,无条件地传经送宝,竭力把毕生的心血倾注于濒临枯萎的戏曲事业上。作为她的弟子,我责无旁贷,应该从老师手中接过振兴尹派艺术的重任。尽管"文革"中,我也在劫难逃,濒于瘫痪,但当我看到老师拖着远比我严重得多的病体,仍在为振兴越剧操劳,深受震动。

1979年9月24日,上海艺术研究所和上海越剧院在上海文化广场联合举办了"尹桂芳越剧流派演唱会",为了继承、发展和弘扬老师用毕生精力和心血创造的尹派艺术,义不容辞的责任感驱使我克服了术后不久的病痛和长期辍演后复演的困难,毅然应邀参加演唱会。经过连日苦战,终于踏上舞台,放声高唱了人物感情复杂多变、旋律节奏层层起伏、长达一百十多句的尹派代表性唱段《浪荡子·叹钟点》。一曲唱罢,满场热烈的掌声,后台师友的频频握手、热情祝贺,一股潮涌般的热流,使我激动得热泪盈眶。是老师对艺术的热情重新点亮了我行将熄灭的艺术火花。

老师以惊人的毅力,克服了手脚难以挪动、口劲不易使唤的困难,她以绵绵心声、动情的眼神,演唱了幽默爽朗、富有情趣的《山河恋·送信》,赢得了万余观众经久不息的掌声。从此尹派艺术似雨后春笋遍布各地剧团,重新焕发灿烂光辉。

"振兴芳华"是老师常年蕴藏心底的呼声。甘为人梯的老师,为了摆脱剧团青黄不接的困境,做了不懈努力。1980年,阔别上海的芳华越剧团要回"娘家"了,她嘱我奔赴福州,参加重新改编的《何文秀》排演,兼顾中青年演员的传帮任务。师命难违,

尹桂芳与尹小芳《杨宗保》剧照(1954年)

困难大不过艺术使命。在老师的苦心指导下,老树新枝,终于使50年代风靡上海的尹派传统名剧《何文秀》出现在80年代的舞台上,盛况空前,欲罢不能。上海及各地越剧院团纷纷索取剧本、曲谱,竞相仿演《何文秀》。《何文秀·桑园访妻》成了中青年演员及越剧爱好者的参赛获奖剧目。尹派艺术雄风大振,这也是老师为事业全身心投入的丰硕收获。

为了使上海虹口越剧团具有尹派艺术特色,老师同意接纳该团对我的一再邀请,并郑重地商定了打炮剧目《沙漠王子》。该剧原是尹老师于1946年春节建立"芳华"时引起轰动的开炮戏。重排时除了《算命》一段唱词外，剧本完全重新创作，表演和唱腔为了适应时代也进行了再创造。老师还为我聘请专家，同时排除舞美服饰等重重困难。她不顾步履艰难，不避严寒三九、风霜雨雪，亲临现场指导，经常观看演出，鼓励我的成功，点出我的不足。1982年春节，《沙漠王子》以崭新的面貌上演于上海中国剧场，卖座鼎盛，久演不衰。越坛尹派又展春色。一出《沙漠王子》，为虹口越剧团翻开了新的一页。

1946年2月由尹桂芳老师创建的芳华剧团，是我学习尹派艺术的摇篮，也是我成长的家园。1986年是历经坎坷和变迁的"芳华"建团四十周年。这个盛大的节日得到了叶飞同志、王于畊同志的大力支持和福建省委领导的关心。同年12月，上海电视台协同中央电视台、福建电视台、上海电台、海峡之声电台、福建电台，以及芳华越剧团，在福州联合举办"越剧尹桂芳流派广播电视演唱会"，隆重纪念芳华越剧团建团四十周年。演唱会上真是前所未有的热浪滚滚。五代"沙漠王子"，十名"何文秀"，令人眼花缭乱，目不暇接。这一盛举充分展示了越剧艺坛中尹派新秀辈出及"芳华"后继有人。

老师为人虚怀若谷，艺精品高。她身残志不残，对青年竭尽所能，辛勤扶植，悉心培养尹派艺术接班人。上海和各地不少学习尹派的中青年演员来向老师学艺，不论是登门求教，还是请出传艺，她总是热情指导，还及时把我召去，让我转达她的意图，或者代她做示范辅导，帮助组织唱腔等。例如上海越剧院的赵志刚初上《汉文皇后》时，老师亲自将剧本交给我，命我一定要帮助他搞好全部唱腔。浙江小百花越剧团茅威涛演出的《何文秀》《沙漠王子·算命》《汉宫怨》《白蛇传·断桥》《大观园》《西厢记》

等剧目,都曾参照尹派唱腔和表演。此外还有上海越剧院的沈再平、浙江小百花越剧团的夏赛丽、虹口越剧团的萧雅及各地越剧团的中青年演员等。承上启下,代师授艺,我是责无旁贷的,这也是老师对我的厚爱与信任的体现。我始终秉承着老师的意愿,致力于尹派艺术的传承与发展。当青年演员们经过自己的努力和作曲家、导演的帮助,取得可喜的成绩时,老师总是为越剧事业后继有人而感到欣慰。

老师始终认为,流派唱腔并非静止不变,它必须通过艺术实践,不断予以丰富和完善,再加上广泛汲取兄弟剧种音乐中的可塑成分为我所用,设计组织成既能体现人物感情,又富有时代新鲜感的动听的唱腔,不断丰富流派。学习流派、运用流派,主要还是为了发展流派,使流派具有生命力,演员也才能永葆艺术青春。

通过艺术实践,我对尹派唱腔的变化做了一些努力:

(1)起调的变化

尹派起调一般较多落到"3"音,但即便如此,仍可做变化处理。我演《沙漠王子》最后一场时,当罗兰王子眼睛突然变亮,情绪骤然开朗的刹那,唱起腔"我的眼睛亮了"。在唱"亮了"时,旋律由上而下,中间一个小气口,然后再一泻千里地落到"3"音,渲染了欢腾喜悦的感情色彩,将戏的气氛推向了高潮:

(白)我的眼睛 6 3.5 $\overset{23}{\frown}$2 — 1.2 16.5 0 56.1
　　　　　　亮　　　　　　　　　　　　　　　　　　了

1265 56.5 $\overset{54}{\frown}$3 —

《叹月》中的起腔:"伊丽,你到底在哪里,在哪里呀?!"我为了充分表达罗兰因深深思念失散的恋人而无限惆怅的心情，所运用的京剧长腔唱法，参照了经我多次整理加工后的《桃花扇·自叹》(即《追念》)中的长音起腔变化。两者对比如下：

(白)香君！(唱)可怜的香君

（《桃花扇·自叹》）
啊！

(唱) 在 哪 里

呀?！　　　（《沙漠王子·叹月》）

在《张羽煮海·闯海》中的起腔"张羽呀张羽，你当真的好傻也"我用了落"1"音，能更恰当地表现张羽突然领悟到琼莲对自己的用情之深而欣喜若狂的情绪：

(白)你当真的(唱)好 傻　　也！

(2) 落调的变化

《沙漠王子·叹月》中的"到夜晚坐深宫我九转回肠"，将"肠"字拖音做较长持续，接着一个小停顿，再用润腔落调，表现罗兰因对伊丽深切怀念而坐立不安的心情：

（乐谱）
到夜晚　　　坐深宫　我

（乐谱）
九　转　　　回　肠

《沙漠王子·算命》中的"顿叫罗兰喜欲狂"，是罗兰在算命之后得知伊丽并没有变心，在万分激动中从〔弦下调〕翻上〔尺调〕，我用了比较短促简练、铿锵有力的收腔：

（乐谱）
果　然　伊丽　　未　变　心，顿叫

（乐谱）
罗兰　　　喜　欲　　狂。

《张羽煮海·煮海》中"恍见琼莲盼归雁"，这是张羽迫切希望能立时煮干海水见到琼莲，不由浮想联翩，似见琼莲在苦难中渴望自己去相救的情景，所以落腔处理得虚实相掺，情切意远，让人听了既有抒情味，又有遐想的意境：

（乐谱，标注 Rit　再稍慢）
恍　见 琼 莲

（乐谱）
盼　归　雁

33

(3) 吸收、融化兄弟剧种的曲调与唱法

一是借鉴了评弹的滑音使用。如《何文秀·私访》中"再访我妻王兰英"句的"再访"($1\quad \underline{1\ 3\ 5\ 6}$)。《沙漠王子·叹月》中"害得我眼失明孤凤（唔）折凰"的"孤凤（唔）"($\underline{1}\quad \underline{6}\quad \overset{5}{\underline{3}}$)等。二是借鉴绍剧[二凡]曲调，加快速度，以增强人物兴奋的情绪。如《沙漠王子·访旧》中的唱句。三是借鉴了昆曲的入声字处理方法。如《张羽煮海·听琴》中的"疏喇喇恰如晚风落万松"的"落"、"响潺潺分明是流水绝涧中"的"绝"等。

(4) 对本剧种、本流派唱腔的加工处理

不妨亦举数例：

《浪子成龙·求乞》中"大雪飞……"四句，试用了越剧很少使用的[弦下腔·南调]。

《张羽煮海·求仙》中"昏沉沉神魂飘荡地转天旋"句，运用了改良的[导板]：

$$1\ \underline{6}\ \underline{1\ 2}\ \underline{3\ 5}\ \underline{2\ 3}\ \underline{1\ 2\ 1}\ |\ \underline{6-\overset{\frown}{0}}\ |\ 3\ \underline{5}\ \underline{3.5}\ \underline{1.2}\ \underline{3\ 5}\ \underline{2\ 3}\ \underline{1\ 2\ 1}.\ |$$
昏沉沉　　　　　　　　　　神魂　飘荡

$$\underline{3.\underline{5}}\ \underline{3\ 5}\quad \underline{6\ 5\ 6}\ (\underline{1\ 7})\ |\ \underline{6.\ 1}\quad \underline{5\ 6\ 5\ 5}\ |$$
地　　转　天　　　　　　　旋

《张羽煮海·闯海》第一段，借鉴了老师在40年代与竺水招对唱《破腹验花》中"楼台盘妹"的[四工腔]，并做了必要的改良，让人听了既觉明快流畅，又有浓郁的尹派韵味，更能确切地表现出张羽等候琼莲赴约时又喜悦又焦急的心情。

加深处理[弦下腔]。尹派[弦下腔]是颇具特色的,但为了适应不同人物的情绪需要,我在《桃花扇》中侯朝宗追念李香君和其他戏中用到的几段[弦下腔],在旋律和运腔等方面都做了加工处理,使之既具有鲜明的尹派特色,又能揭示出人物不胜感慨的复杂心情。因此,曲调就得柔媚委婉、起伏多变,层次要清晰,韵味要醇厚,以使唱腔结构更臻完美。

此外,在唱腔的组织布局、演唱技巧的运用,抑扬顿挫、高低起伏与润腔等方面,我也做了一些微薄的努力。

要发展、创新流派唱腔,绝对不能一味追求调式和旋律上的标新立异,这样做会使人物创造产生虚伪、肤浅、苍白的缺陷。要认真继承流派,又要避免对流派的机械式模仿,一定要理解流派的基础,结合本身条件以及对时代的感受、人物的认识,以熟练的艺术手段,设计出符合人物的表演和唱腔。只有这样,才能真正地继承和发展流派,使之焕发出旺盛的艺术生命力。

流派确是宝贵的艺术财富,有待传人用心开拓发展。老师经常自豪地说:"残了尹桂芳,自有后来人。"尹桂芳老师为越剧艺术献出了毕生的年华,她贡献了很多很多,获得的却很少很少。这正是她作为一个人民喜爱的艺术家的真正价值。

我与"芳华"[1]

尹小芳

由中央电视台、上海电视台、上海电台、海峡之声电台、福建电视台、福建电台和福建省芳华越剧团联合举办的"越剧尹桂芳流派广播电视演唱会",拉开了芳华越剧团建团四十周年团庆的帷幕。

今天,我们一行原"芳华"的部分老同志重返"娘家",一时思绪万千。回首老师艰辛的创业和自己追随老师四十余年的风风雨雨,心里久久不能平静。是啊!从"芳华"越剧团这四十年间所经历的坎坷和变迁中,不也正可找寻到自己四十年来艺术生涯的足迹吗?

1943年我开始从艺越剧,第一次看的是尹桂芳老师的演出,第一句学唱的就是"尹派"唱腔,幼小的心灵里最敬佩的也是尹桂芳老师的艺术。1946年,老师创建"芳华"越剧团,我有幸被召入团,而且还参加了由老师尹桂芳和竺水招主演的建团后第一部新戏《沙漠王子》的演出,我真是欣喜万分!此后,我便正

---

[1] 原载于《福建戏剧》1987年第2期。

式从师尹桂芳,并取艺名为尹小芳,到今天也恰好是四十年了!

我对老师的演、唱艺术非常崇拜,尤其是老师的台风、气质和那"人未出台先亮靴底"的优美身段,更使我佩服不已。因此,一开始我刻苦用功,模仿老师的一腔一调、一招一式,当人家夸奖我学得像时,我也不免沾沾自喜。后来,通过与老师的同台演出,在老师的艺术熏陶下,特别是受到老师的谆谆教导之后,我逐渐懂得了临帖描红式机械地死学,在艺术上是不可能得到长足进步的,必须从"形似"到"神似",学到老师演、唱艺术的真髓,才能真正地继承"尹派",做一个有出息的演员。有了正确的认识,我开始对老师的手、眼、身、法、步注意琢磨起来,每一招、每一腔都力求弄懂一个"为什么",就这样,渐渐地我在学习"尹派"艺术上有了明显的提高。可惜的是,由于1948年剧团突然解散,我也不得不暂时离开了老师。

解放后,在党和政府的亲切关怀下,老师怀着对艺术的忠诚,满腔热情地重振越剧事业,1950年再建"芳华"越剧团,并把我召回剧团担任老师手下的二肩小生。是年10月,"芳华"在上海金都大戏院(即瑞金剧场)正式公演,受到了观众的热烈欢迎和热情鼓励。此后,我有较长时期一直在老师身边学戏演戏,得以进一步探索"尹派"艺术的精髓,并尝试着将其逐渐融进自己的演、唱之中,这使我在掌握"尹派"演、唱艺术上有了很大的长进。"芳华"越剧团是我学习"尹派"艺术的摇篮,也是我成长的家园。1959年1月,"芳华"为了支援福建,在老师的带领下,全团离开了诞生地上海,南下福州。当时在浙江越剧一团工作的我,内心默默地祝愿我的老师和"芳华"越剧团能将"尹派"艺术介绍给福建的观众,使他们也能了解、喜爱"尹派"艺术。

芳华越剧团 1955 年合影(后排右二为尹小芳)

十年"文革",我和老师及"芳华"越剧团都在劫难逃。越剧作为"靡靡之音"横遭批判,"芳华"被迫解散,老师备受折磨致残,我久卧病床,身心创伤累累。

1976 年,大地回春,濒临枯萎的戏曲百花园重新出现了生机,我心中的冰河也逐渐解冻。1979 年,我刚动过手术不久,但为了继承、发展老师用毕生精力和心血创立的"尹派"艺术,还是应邀参加了"尹桂芳越剧流派演唱会"。当时,我内心无比激动,为了克服辍演二十多年,嗓子一时难以适应的困难,我支撑着病体,坚持日夜练唱。经过苦斗,9 月 24 日终于在上海文化广场举行的演唱会上,向观众献唱了越剧中难度较高的、一百多句清板的《浪荡子·叹钟点》等节目,受到观众的热烈欢迎和鼓励,为振兴"尹派"艺术贡献了一份微力。

为了实现多年来的夙愿,老师要我回到粉碎"四人帮"后重建的"芳华",帮助参加"尹派"传统剧《何文秀》的排演工作,于是我又回到了"芳华",投入到紧张的排演及辅导中去。1980年10月,此剧终于在福州首演,受到了观众的欢迎;接着,"芳华"回到了久别的上海舞台,在上海观众中风靡一时,此后《何文秀》这部"尹派"名剧广为流传,至今不衰。

尹小芳(中)与"芳华"老同事谢小仙、茅胜奎(1980年)

"芳华"的第三次组团,招收了一批新苗,着眼于培养新的一代,充分体现了老师对艺术执着追求、刻意求新的精神,使我看到了"芳华"的希望。"芳华"将随着"尹派"艺术的不断深化和发展,获得更强的生命力。

编者按：

尹小芳的艺术曾受到多位昆剧"传字辈"艺术家的影响。她不仅随周传瑛学过巾生戏《琴挑》，还向方传芸学过武生戏《石秀探庄》和翎子生戏《梳妆掷戟》。郑传鉴20世纪四五十年代时曾在芳华剧团担任技导多年，长期的排演更令她受益良多。

20世纪80年代，尹小芳重登舞台后，也常向郑传鉴请教。《浪子成龙·雪地》中，尹小芳出场时，以一段虚拟表演展现落难后的韦英在雪地里遭遇一群恶狗追逐，只得奋力用树枝驱散恶狗的情形。这段表演生动鲜活，入情入境，其设计就出自郑传鉴。1994年问世的《郑传鉴及其表演艺术》一书中，收入的唯一一张郑传鉴与越剧演员的合影，便是他在《张羽煮海》后台为尹小芳说戏的照片，可见前辈艺术家对她用心学戏的喜爱与肯定。

美的耕耘者
——郑传鉴老师[①]

尹小芳

"越剧的乳娘是话剧与昆曲。"这是一句非常贴切并富有哲理的比喻。越剧须有话剧真实自如的表演，还须有昆曲优美多姿的程式。昆剧前辈郑传鉴老先生几十年如一日地用源远流长、独具风采的艺术乳汁浇灌着越剧。

---

① 原载于《上海戏剧》1996年第6期。

郑老先生德高望重，在文艺界颇有盛名，是我一贯敬仰及信赖的师长。郑老与"芳华"越剧团结下了不解之缘，我也有幸得到了他的技艺指导。当时尹桂芳老师主演的每部杰作都由郑老出任技导。尤其如《西厢记》《宝玉与黛玉》《屈原》等一批有影响的代表剧目，郑老运用戏曲中简洁、典雅、优美、高亢激昂的表演手法，融入演员的内心世界，使人物的举手投足更好地展现出艺术美感。1952年尹桂芳老师首演《西厢记》，由郑老总体技导，张生那灵活多变、妙不可言的扇子动作，充实丰富了人物的表演，郑老高深的技艺指导使人由衷地赞叹"美"、"真美"，真是"美妙绝伦"！

郑老非常注重美的造型，无论对演员在舞台上的动、静、坐、站的造型，还是拍摄个人或群体的剧照造型，他都有出新、出情

郑传鉴为尹小芳说戏(1983年)

的独特见解,既有美感,又有动态。他的艺术功力使人折服。当时上海三十几家越剧团及不少兄弟剧种竞相邀请,郑老不管什么剧种、剧团大小、知名程度、酬金多少、路程远近、暑寒风霜,总是有求必应,一视同仁。需要赶排演出,时间上不分白天黑夜,生活上从不苛求,只需几杯水酒,花生剥剥,他就乐在其中。他为人热情随和,指导耐心细致,因材施教,量体裁衣,因此,郑老先生到处受人欢迎与尊敬。

20世纪80年代初,我久经沧桑重返舞台,改编上演了40年代的尹派名剧《沙漠王子》,既要不落俗套,又要演出新意。郑老任艺术顾问,其女婿任广智(著名影视剧三栖演员)担任导演,翁婿全心投入,默契配合,促使人物获得以形传神的艺术效果。《沙漠王子》的演出盛况空前。郑老集众口之见:"一剧《沙漠王子》为虹口越剧团开创了新的一页。"从此《沙漠王子》成为虹口越剧团的保留剧目。

《张羽煮海》是神话剧,郑老师的技导更是举足轻重。剧中的主要人物、群仙、水妖所需的形体动作及群体造型,都设计得富有新意和魅力,显现了龙宫和仙境浓郁的神话意境,观众对《张羽煮海》的评价为"美不胜收"。

1984年春节在中国大戏院上演新戏《浪子成龙》,此剧的技导由导演兼任,但我对主人公韦英在"雪地落魄"中的出场总感到有所不足,把握不准。郑老闻讯后,不顾年老体衰、天寒地冻,立刻赶到排演场,他仔细听完剧情介绍,很快抓住了韦英过去不求上进、沉湎于斗鸡走狗,而今落魄的人物脉理,设计了韦英在幕后的犬吠追赶声中,侧身拖步逃上场,手中紧握一根折断的树杈作为防身的打狗棍(树杈的设计者也是郑老),惊慌方定,转身亮相。又面对狗叫声处,气愤地边跺脚边抛水袖,示意"狗眼看人低",正欲启步,群犬狂吠,韦英大惊,以小腾步跳过一边,舞动树杈左挥右赶。狗叫声越来越凶,韦英心慌气急地忙用树杈猛抛过去(抛入边幕内)驱散狗群。

这组动作全是郑老师瞬间组成,看似简单(没有一句台词)的人物出场,把一个浪子在落魄时四面楚歌、人穷犬也欺的狼狈形象活生生地展现在舞台上,既丰富了剧情,充实了人物,又不影响导演的总体构思,演出效果甚佳。很多专家对"雪地落魄"的穷生表演大加赞赏:"他吸收其他剧种的东西,不是硬搬,而是艺术的融化。"郑老师善于把生活积累加以升华,促成画龙点睛。如:打狗棍的设计,他根据韦英在第一场中手摇折枝的亮相,设计了落魄时为防身又习惯地随手攀折枝干来作为呼应。郑老师还把这根枯枝杈的造型细心地画在黑板上,要使这道具真正既能够助长表演,又能呈现艺术美感。郑老每一点每一处的设计,都希望令其闪耀艺术美的感染力,可见郑老对艺术美的造诣之深。

难忘观众情[1]

尹小芳

作为一个越剧演员,我最难以忘怀的是浓浓的观众情。

在我55年的艺术生涯中,观众始终是我巨大的精神支柱,他们对我的厚爱至今令我记忆犹新。20世纪40年代初,我涉世未深,经常在舞台上扮演逗人喜爱的娃娃生,上电台唱的是观众爱听的尹派唱段。从那时起观众就喜爱上了我,彼此相知相识。

以后,我刻苦努力,学习尹派艺术。无论是我代尹桂芳老师主演《红花处处开》《卖油郎》《秦楼月》等剧目,还是在芳华实验剧团由我领衔主演《长相思》《桃花扇》《红梅阁》《西厢记》《花亭会》《珍珠塔》等剧目,观众总是对我关怀至深,热情鼓励。剧场座无虚席,剧目久演不衰。正是这种知遇之恩,激发了我对做越剧演员的深深眷恋之情。

1957年,我离沪参加浙江越剧一团,许多观众前来送行。故土难离,依依不舍,而观众的真诚和热情,尤其使我动容。1958年1月,我随一团到上海公演,计划中原本没有我的演出

---

[1] 原载于《戏文》1998年第6期。

任务,但无数观众强烈要求,一定要看尹小芳演出!于是,在领导的安排下,我临时顶演《御河桥》的主角宣登鳌,日夜场演出排满一个来月,每场剧终谢幕连连,欲罢不能。看完日戏的观众,有时候挨至夜戏开场前,才在工作人员的再三劝说下,意犹未尽地离去。广大观众对我的热爱和眷恋之情,怎不令我心潮激荡!

以后,在组织安排我到浙江文艺学校任教后的1963年夏,有幸重上舞台,参加杭州越剧团,在杭州胜利剧院公演《天山雪莲》。那演出间的热烈鼓掌,剧终后的多次谢幕,观众在剧场门口等我签名等情景,历历在目。尤其是连演一个月的盛况,连当时的剧场经理都说:在杭州很少见。回忆往事,心里总是激起对观众的无限感激之情!

经过十年"文革",阔别舞台后的1979年,我总算又能与观众见面了。在上海文化广场的尹派演唱会上,我清唱了尹派名段《浪荡子·叹钟点》。当时,我刚动过手术,又已辍演十多年,虽经一些时日的用心练习,但要完成一百十多句清板,总是怕力不从心。谁知现场万余名观众一次又一次地给了我力量。他们时而屏息凝气,时而热烈鼓掌,一股暖流涌上心头,激励着我全身心投入,最终胜利完成了演唱。现场反响强烈,后台祝贺不迭。更令我欣慰的是,这次演唱会之后,尹派艺术如雨后春笋般地发展起来了。我衷心感谢这些热爱尹派艺术的观众朋友们,衷心感谢我的艺术知音。

演员离不开舞台,更离不开观众,这就是鱼水之情。深感庆幸的是,观众始终没有忘记我,一如既往地挚爱着我,使我能振作精神,致力于重返舞台,回报观众的爱。

1980年起,我终于又重登舞台,先后领衔主演了重新整理和改编的尹派名剧《何文秀》《沙漠王子》。当时我已年过半百，黄金岁月已经流失，心中十分不安，担心风华不再，会受观众的嫌弃。然而始终热爱我的广大观众，依然对我倍加关爱。每剧连演数月，盛况空前，《沙漠王子》还创下了当时上海越坛公演场次最多、上座率最高的纪录。老观众不减，青年观众频添。尤其欣慰的是，从此尹派艺术新秀辈出，蓬勃兴起，出现群芳争艳的局面。

55年的舞台生涯，55年的观众情缘，我该如何回报呢？总想留些艺术资料给观众朋友惠存留念，让后辈们借鉴参考。这个心愿在我心中辗转了多年，直至今年才收集了仅存的唱段录音，由中国唱片公司上海分公司出版了有保存价值的激光唱片与盒带，献给关心热爱越剧艺术的朋友们！

第一张激光唱片的首发式，由于我的个性及能力，实不敢兴师动众，因此既没有刻意宣传，也没有恭请师友大驾。7月18

尹小芳(中)与茅威涛、赵志刚在美琪签售会上(1998年)

日举行的签名售带活动,却出乎意料。在那烈日炎炎的酷暑期间,竟有上千名观众9点不到已云集在上海美琪大戏院,排起了长队。队伍里有老观众、新朋友,有教授、主任、学生,有干部、工人。他们中有的半夜就从浦东赶来,有的带病请子女陪同;有的隔天冒雨给我送上了精选的红海棠、白玫瑰的花篮;有的老人命子女前来代购;有的乘夜车从外省赶来。这股热情挚意,胜过当时38.9℃的高温。主动从杭州赶来祝贺的茅威涛见此情景,惊讶地欢呼:"哇——有介许多人呀!"赵志刚十分感动地说:"小芳老师离开舞台好多年了,竟然还有这么多观众!这次签名售带又是一次'小芳热'!"我深情地轻轻回答:"这是我与观众的不了情!"

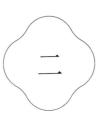

二

人生篇

发展流派　承上启下
——越剧表演艺术家尹小芳的艺术人生[①]

薛宝根

尹小芳是越剧观众十分熟悉而又喜爱的表演艺术家,她是尹桂芳老师的嫡传弟子,主演过很多传统剧目和新编剧目。在诸多的尹派学生中,她是学得最像、最真、最动人的一个,曾被尹桂芳老师生前喜称为"承上启下"的"爱徒"。

一、拜师尹桂芳　严师出高徒

尹小芳,原名钱汶均,1943年13岁时进入龙门大戏院学戏。当时龙门大戏院的台柱小生就是尹派的创始人尹桂芳。年幼的钱汶均被舞台上尹桂芳飘逸潇洒的台风、刚柔相济的气质以及清秀俊美的扮相深深吸引住了。从那时起,尹桂芳老师的艺术神韵就在她的心里扎下了根,她一心想拜尹桂芳为师,学习尹派艺术。

[①] 原载于《中国戏剧》2006年第1期。

1946年春天，尹桂芳老师正式建立了芳华剧团，尹小芳也跟随进了团，凡老师演出的戏，她每戏必看，老师的好多戏，她都是在后台的喇叭里听会的。她对老师的每句唱腔都非常用心地学，可能是学得有点成绩的缘故吧，团里就给了她与筱水招等一起去唱电台的机会，她唱的当然是尹桂芳老师的精彩唱段。唱的时间长了，渐渐地被听众认可了，并得到了他们的喜爱与推崇，认为她学得像，纷纷写条子给电台，还找到尹桂芳老师，要她收钱汶均为学生。不久，她正式拜尹桂芳为师，取艺名"尹小芳"。

尹小芳（右）与许金彩唱电台（20世纪50年代）

拜师后，为了加强对尹小芳的基本功训练，尹老师把她介绍进了刘金玉的科班实践锻炼，一点一滴从基础学起。在科班里，她除了跑龙套外，就是做"百搭"，不论是生、旦，还是净、末、丑，任何行当都学，这为她以后戏路的开拓打下了坚实的基础。

尹小芳从刘金玉科班结束锻炼回到团里后，就参加了团里的演出。但她感觉自己的基础还不够，就多方求师指点。那些年，每天清晨请京剧团的武行老师为她进行腰腿功的强化训练，学习"走边""趟马""把子"等基本功；此后她又先后向昆剧名家方传芸、周传瑛等老师请教，学习了《石秀探庄》《梳妆射戟》《玉簪记·琴挑》《贩马记·写状》等剧目，演出中还不时请剧团的技导郑传鉴老师精心指点辅导。她博采众长，希望能更好地传承尹派艺术。期间，尹老师对她的管教十分严格。起先她在团里跑跑龙套，做做旗牌啦、太监啦什么的，上台演出前，尹老师常会为她一丝不苟地扣好衣衫，整理好头套。即使是三句白口四句唱的角色，老师对她也不放过！在严师的督导下，尹小芳开始对角色的每一招、每一腔细心琢磨起来，力求弄懂"为什么"，在日复一日的耳濡目染中增加对尹派艺术的认识和理解，尤其是在饰演的那些小角色中锻炼自己，求得提高。就这样，尹小芳在严师的谆谆教诲下，进步相当快，演出也相继获得了成功，渐渐地在观众中有了一定的影响。1947年，"芳华"暂停演出期间，陆锦花、王文娟成立"少壮剧团"，尹小芳受邀加盟，参演了不少新编剧目，获得了观众的一致好评。1948年，她被观众评为"越剧后起之秀"冠军！

二、代师顶演　展现艺术才华

作为一个学生，在拜师学艺期间，能代师顶演，是不多见的，更是不容易的。尹小芳在从艺生涯中,曾多次代师顶演,而且演得相当成功,既为老师争了脸,也为尹派艺术争了光。

新中国成立后不久,尹桂芳老师于1950年10月在上海重建芳华越剧团。把尹小芳重新招回了身边,并聘请她担任了团内的二肩小生,那时她还不足20岁。就在第二年的春节,剧团上演新戏《红花处处开》。谁知年初一、年初二才刚演了两天四场戏,尹老师突然倒嗓不能演了,夜场散戏后通知她,从明日日场开始,要她顶替尹老师演出。救场如救火,她连夜排戏不睡觉,边喝咖啡边背台词。第二天一早与几个演员一起排练了一遍,下午的日场演出,在请人帮忙提台词的情况下,居然首次顶演成功了!

往后,类似这样代师顶演的次数很多,如1953年秋,尹老师要去北京观摩《屈原》,由她顶演了老师的《卖油郎》一剧;1956年10月,她又在老师的要求下为师代演了《珍珠塔》中的方卿。对她来说,代师顶演最难的一次是在1957年,那一年她已离团回家。一天,几位剧团和剧场的领导突然匆匆赶到她家,和她商量说,尹老师因母亲亡故去奔丧了,这段时间内尹老师肯定不能演出了,希望她能为师代演《秦楼月》一剧。因为当时芳华剧团是集体所有制,如果停演,

代演《卖油郎》广告(1953年)

必然要影响剧团人员的经济收入,剧场同样要蒙受损失。考虑到为大家解决眼前的困难,她感到义不容辞,就痛快地答应了。可是老师的这台新戏《秦楼月》她从未看过,要想成功顶演,确实有一定的难度。然而她迎难而上,在大家的信任与协力帮助下,终于又一次使代演获得了圆满的成功。

尹小芳《回十八》剧照(20世纪50年代)

尹小芳代师顶演、为师代演,不但为尹派艺术的传播起了推动作用,也使她无形之中学会了老师的不少优秀剧目,为她以后的舞台成长打下了基础,也为逐渐形成自己的艺术风格创造了条件。

三、代师传艺　处处为人师表

正当尹小芳在艺术上逐渐走向成熟的时候,30岁不到,因工作的需要,领导任命她去浙江省新建的艺术学校当老师,培养艺术新人。

对一个演员来说,不上舞台上讲台,难度之大是可想而知的。尹小芳到了浙江艺校,一无教学经验,二又年纪较轻,而且是与"三花一娟"中的赵瑞花、姚水娟等前辈共事,执教越剧的男女合演,压力确实很大。她一方面虚心向前辈们学习,另一方面精心备课,把从老师处学到的尹派艺术传授给学生。同时,每当学生演出,她就像慈母对待子女一样,亲自为他们化妆,为他们整理服装;演出中还常坐在台下,在手电筒的光照下,一笔笔记下学生在表演中要注意的地方,以便在演出结束后为他们及时指正。

为提高教育质量,尹小芳在施教的同时,还自选教材,做到因材施教,因人施教。传统戏《珍珠塔》中的一折"前见姑",她在教授小方卿的唱、念、表演时,在过去芳华剧团演出的基础上,做了相应的提高,受到了艺校师生们的肯定和赞赏,一曲"风扫地来月当灯"唱段,学生们都爱学、爱唱。接着,她又把田汉的京剧本《白蛇传》,改编成了越剧班的教材,并由她亲自教授男角许仙和法海的演唱。

通过多年的教学实践,艺校不少学生,如袁开祥、郁尚校、刘关根、宋普南等脱颖而出,后来有的担任了艺校校长、科长,有的担任了各地剧团的主演。

"文革"以后,因尹桂芳被迫害致残,传承尹派艺术的希望就寄托到了尹小芳的身上。尹小芳不负老师重托,尽心尽力挑起代师传艺的重担。1982年,茅威涛要首次赴香港演出老师的名剧《何文秀》中的"哭牌算命",专程到上海向她求教,小芳老师把自己在演出中的一些体会、经验,统统传授给了她。以后茅威涛每戏必向她求教,小芳也每戏必倾心教导。茅威涛曾动情地说,小芳老师待她"像母女,像朋友","我一定要演好戏,不辜负老师您的期望"。当年虹口越剧团的萧雅也是她的学生,萧雅十分感激小芳老师对她的栽培,说道:"小芳老师手把手教我……老师的培育始终滋润着我的心。"上海越剧院的赵志刚初次排演新戏《汉文皇后》中的窦广平,小芳老师尽心施教,竭力代师传承,不仅为他设计唱腔,讲解人物,还教他如何包头,如何扎靴、搭领带等细节。福建芳华的王君安在上海市戏校接受培训时,每星期都要请小芳老师对她进行课外辅导,小芳总是乐此不疲,认真加以指点。接受她代师传艺的学生还有很多,如上海越剧院的沈再平、浙江小百花越剧团的夏赛丽、海宁越剧团的张学芬等。小芳老师是个视事业重于生命的人,因此,她代师传艺时,从不接受任何拜师仪式,也从不收取学员一分钱,均是无私奉献,愿望只有一个:一生能为传承尹派艺术尽力!故此,近二三十年来,凡来求教的学生,她不分团内学员还是团外学员,不论剧团大小或关系的亲疏,只要你用心真诚地学,她都会热情接待,乐于施教。在她的辅导帮助下,越剧舞台上优秀的尹派传人不断地涌现,她为尹派艺术的继承、传播、发展和弘扬,做出了她力所能及的贡献。

四、继承流派 演活老师名剧

尹桂芳老师是越剧观众十分喜爱的艺术家,她所创立的尹派艺术,曾征服了无数的观众,令几代越迷为之倾倒。特别是"文革"以后,尹派艺术得到了迅速的传播,尹迷队伍也不断壮大,这与小芳老师复排经典且演活了尹老师的名剧是分不开的。

1979年9月,在上海越剧院、上海艺术研究所举办的文化广场那场"尹桂芳越剧流派演唱会"上,命运又一次把尹小芳推上了日思夜想的舞台。由于尹桂芳老师身残后演唱有困难,组织方就请她来演唱两段尹派名段,一是尹派中最见功力的大段清板——长达110句的《浪荡子·叹钟点》,二是名剧《屈原》中的《天问》。上台演唱那天,她稳步走到台口话筒前,望着台下鸦雀无声的观众,心里激动极了。她饱含激情的演唱,使全场一万多观众听到久违了的尹派,演唱会获得了巨大的成功,加上当时电视台同时进行了现场直播,尹派艺术在"文革"后再一次传播开了。

演唱会的轰动效应,深深触动了尹桂芳老师,她想要重建芳华越剧团,而且一定要让小芳到福建去,排演20世纪50年代的尹派名剧《何文秀》。尹小芳到了福州,碰到了不少难题。一难,《何文秀》的剧本早已在"文革"中散失。但小芳并不气馁,她和尹老师一起,通过回忆,再让编剧陈曼记录,把剧本重新整理出来。为了使剧本更加完整,还增加了一场何文秀官封巡按后微服私访的戏。二难,本子有了,导演没有,作曲也没有,全剧唱腔仅剩尹老师的一段"哭牌算命"的录音,其余的,尹老师全要小芳一个人来设计完成!白手起家,难度之大可想而知。小芳请来作曲家何占豪帮忙,由她当着尹老师的面,试着哼唱一句,让何占豪记上一句,并反复征求老师的意见,让她认可。尤其是何文秀在监牢里那段戏的唱腔,她采用了情绪比较低落的[弦下调],尝试着在尹老师的基础上有所突破。就这样,《何文秀》的全剧唱腔在小芳的艰难努力下设计创作完成了,也获得了尹老师的首肯。后来,上海越剧院赵志刚演的《何文秀》,也基本上采用了小芳的版本。

在"芳华"排练《何文秀》(1980年)

这个戏,小芳是在福州农村高温、缺电的艰苦条件下排演而成的。演出中,她尽力保持了老师演何文秀时的风趣、诙谐,并结合自身的一些条件,添上了几分沉稳凝重,表演贴近生活,张弛得宜,深得观众喜爱。该剧于20世纪80年代在上海徐汇剧场公演时,在观众中引起了轰动,盛况空前。为此,该剧后来也成了上海越剧院、浙江小百花越剧团的保留剧目,各地越剧团也争相演出,直至发展到海外剧坛,尹派艺术再一次被推广了出去。

小芳老师继承流派演出的另一台戏,就是尹老师的另一名剧《沙漠王子》,该剧同样在"文革"后再一次征服了观众。1981年秋,小芳听从了尹老师的意见,加盟了上海虹口越剧团,并担任该剧团的领衔主演。进团后,她决定将尹老师于1946年首建芳华越剧团时的打炮戏《沙漠王子》重新搬上舞台。但同样因年代已久,剧本散失难觅,当年演出时的一应资料都已荡然无存。小芳采取了与整理《何文秀》一样的方法,回忆当年的演唱与记得起的剧情,一一让人做了记录,然后与剧作家陈曼一起加以重新整理、改编。同时为了丰富剧情,她们又增加了《访旧》《叹月》等精彩场次,再根据特定人物精心组织动作,重新设计唱腔。对那些要显示塞外风貌的服装,她自己动脑筋设计,并请专家加工、制作。为了保证演出质量,她还对道具、灯光等艺术部门亲自层层把关。就这样,经过她和同人们的日夜操劳和排练,尹老师的名剧《沙漠王子》以崭新的面貌重新出现在了上海的戏剧舞台上,再一次引起了剧坛的轰动,连演了三个月之久!尹小芳为尹派艺术的进一步传播又做出了自己新的贡献。

五、新戏新演　发展老师流派

从 20 世纪 80 年代初起，尹小芳与剧团的同人们在演出《沙漠王子》之后，又连续编演了《张羽煮海》《浪子成龙》等新戏，既受到了老观众的欢迎，又赢得了一批青年观众的赞赏，在创新、发展尹派艺术的道路上，迈出了扎实的、可喜的一步。

先说说 1983 年她主演的新编神话剧《张羽煮海》。在这出戏里，小芳成功塑造了一个温文儒雅、敦厚朴实的游学秀才张羽形象。在《闯海》一场戏中，张羽应约在月夜海边等待琼莲。他的心情是随着人物进展而变化的。小芳望着琼莲来去的方向，沉浸在甜蜜的回忆中，痴痴地吟了一句"小姐她怎么还不来呀"，外在神态显得自然，可内心却又喜又急。接着，以明快的〔四工调〕唱腔，表现了张羽喜悦欢快而又焦急不安之情。当他领悟到琼莲对自己用情之深时，表现出了强烈的兴奋心情，最后一句清板"我要学一学相如凤求凰"，小芳用了舒展委婉的尹派特色甩腔，细腻地展现出了张羽无限喜悦的恋情。最后一场是《煮海》。为求能与琼莲完婚，张羽奋力煮海。眼见海水即将煮干，想到琼莲就要出海了，张羽喜不自禁。小芳在此时的唱段中用上了绍剧〔二凡〕的旋律，当唱到"按不住喜悦翘首等"时，张羽由于分外高兴而得意忘形了，小芳为展示人物的得意心态，破格地运用了丑角的表演动作：双手反背在后腰部转动水袖，又在轻快的音乐中配合上略显跳跃的台步，带动两根帽翅也跟着上下抖动起来，既夸张又充分地表现了人物当时欣喜若狂的形态，剧场效果相当热烈。

尹小芳演得比较成功的另一台新戏是新编历史剧《浪子成

龙》。戏中小芳扮演的是集童生、苦生、巾生和官生于一身的韦英一角,韦英是个良心未泯的官家浪子,平日结伴狐朋狗友,终日斗鸡走狗,后在百姓的善良、宽厚的影响下,最后大彻大悟而立志成才,并为民除害。如何多层次地反映这个人物在特定情境下的各种特征,对她来说是个挑战和考验。在摸索中,她用上了上面"四生"的不同表演手段,较真实地展示了人物在不同情境中的变化。开始时,韦英才16岁,是个尚书公子,养尊处优,受父母宠爱而常撒娇。表演时她采用了"童生"的动作,台步收小,情绪活跃;后经"安史之乱",他家破人散,不学无术的他遭人嫌弃,沦为乞丐。《雪地》一场,他在幕后的一片狗叫声中,双手紧

《浪子成龙·雪地》(1984年)

握一根枯枝树干,有气无力地半侧着身子边退边逃上场,他左挥右打,驱赶着来追他、咬他的一群狗,退到九龙口转身亮相:蓬头垢面,满目凄凉。表演时小芳用浑身寒颤、身体蜷缩、行走拖步的"苦生"动作,尽情展现了他的一副可怜的潦倒相。韦英驱赶狗群时的四句唱,为了加强令人瑟瑟发抖的寒冷气氛,小芳采用了越剧唱腔中很少使用的[弦下腔·南调]。戏演到韦英在众人的蔑视、讥讽中有所醒悟时,眼眶中早已噙满了悔恨的泪水,伴随着抽泣声,他呼出了"天哪"二字。在第二次呼"天哪"时,"哪"字的尾音已无力地掺和在哭声中了。接下来的18句痛悔、自责、无地自容的羞愧和痛不欲生的绝望的唱句,小芳用[弦下调]处理得声情凄切。后来,主人公得到人们善良宽厚的救助和教育,猛然醒悟而力求上进,此时人物的举止行动,小芳以"巾生"来体现。最后他经过苦学后得中荣归,办案中显示了他的清正廉明,表演时小芳就在动作上将台步放宽,用上了规范化的"官生"动作来体现。

像这样新编、独创人物形象的剧目,尹小芳在不断地实践着。她不仅继承了尹派艺术,而且一步步摸索着向前发展、创新,渐渐形成了自己的艺术特色,延续并展现了尹派艺术无限的生命力!正如戏曲音乐家刘如曾老师生前对她的评价那样:"(尹小芳)根据自己的条件将老师的流派有所调整,因此我们听来更感到是发展了尹派。"

六、探闯新路 唱腔寓情于声

尹小芳对艺术的热爱是执着的,在学习、继承老师流派的基础上,她敢于探索,敢于突破,在数十年的艺术实践中探出了一条为广大观众所接受的新路。尤其是在唱腔上，她不断地加以变化、创新，努力做到字重腔轻、寓情于声、吐字清晰、隽永醇厚，行腔徐疾有致，节奏松紧自然，朴实不失多变，甜润不失张力，受到了行家与观众的喜爱。在如何对老师流派唱腔加以变化和创新上，她经过了长期的摸索过程，深有体会。

比如尹派的[弦下调]是颇具特色的。她根据每个戏不同的剧情和每个人物的不同要求，再按照每段唱词的内容安排，在唱法和运腔上都做了适当的处理。设计唱腔，首先是要符合剧情、戏理，然后要服从人物，以字设腔，以腔传情。如受到大家赞赏的由她演出的《桃花扇·追念》的[弦下调]唱段，经过她多次的演唱整理，唱腔旋律舒徐委婉，使人物进入了悠然神往的回忆意境之中，抒发了侯朝宗追念李香君的婉转缱绻之情。又如为了丰富剧情，她在《沙漠王子》中增加了《叹月》的戏，唱腔设计也在原来尹派[弦下调]的风味上，做了进一步的更新。《叹月》中，罗兰王子已经复国登位，但却双目失明。他月下独坐拨弄琴弦，苦苦盼着失踪的伊丽公主，畅抒他的无尽思念。根据此时的情境，王子开始的那句[弦下调]起腔："伊丽，你到底在哪里？在哪里呀？"小芳在演唱时运用了呼叫似的长腔唱法，显得委婉缠绵，不胜惆怅，并在"你到底在哪里"的"到"和"哪"字上将语调加重，特别在唱词的感情抒发上蕴含着弦外音，那就是"伊丽，我每天在想你，你到底在哪里？"小芳用了这句含有语言要素的"词腔结合"的音乐形象，表达了人物的特定心情。接下来的唱段，整段词组的每句编排先是"十字句"，即三个字、三个字、四个字，如"想当初，遇知音，喜诉衷肠"。后是"八字句"，即三个字、两个字、三个字，如"一声声，悲笳，惊牛羊"。最后是三个字、四个字、三个字的戴帽"七字句"组成的6句清板,如"说什么,玉盘如镜,月团圆"等,她均将旋律在中低音区活动,连续3个下句是3个问号,倾吐了王子对伊丽的至诚挚意;在唱到"伊丽呀"3个字时她将音区突然提高,显示出王子发自内心的呼唤。最后一句"两茫茫,两茫茫",她采用了重复低音的唱法,充分抒发了王子的盼望与惆怅的心情,在意味深长中结束了这段《叹月》唱段。

这样的例子还有很多,不一一述说了。总之,她演唱的尹派唱腔,不断地在探索一条新路,寓情于声,尹派韵味更浓、更醇。

尹小芳从艺一生,不仅多次成功地代师顶演、代师传艺,为尹派艺术的发展竭尽毕生心血,她还具有高尚的从艺道德,真正做到了德艺双馨。尹桂芳生前曾多次向人夸耀说:"这么多学生,我只有小芳。"并用动作不便的手,颤颤巍巍地为她亲笔题下了"小芳爱徒,承上启下"八个字。

编者按：

虽然长久以来，尹小芳所做的传承工作早已有目共睹，但是胡晓军（原名胡宇锦）这篇文章的新意在于，他从越剧的发展历程、尹派的具体情况，以及艺术的一般规律几个层面出发，清晰地指出：优秀的传承工作并不像一般人想象的那样，只是简单的复制拷贝，它同样包含了出色的艺术理解力、领悟力和创造力。他从专场的盛况谈起，对尹小芳的艺术生涯做了一个总体性的回顾，高度肯定了她多年来的传承工作在尹派艺术的建设、整理、丰富、拓展过程中所发挥的重要作用。

忠实的艺术承继：

"承上启下——一代传人尹小芳艺术专场"观感[①]

胡宇锦

2007年末、2008年初，"承上启下——一代传人尹小芳艺术专场"在杭州、上海两地先后举办，来自浙、沪、闽七家越剧院团的尹派名家、新秀几乎全部亮相，演出了《浪荡子》《何文秀》《汉文皇后》《张羽煮海》《浪子成龙》《沙漠王子》等十几出尹派经典折子戏，为两地冬季的戏曲舞台增添了尊师爱幼的浓情暖意。

作为尹派第一代弟子的代表人物，尹小芳不仅以出色的舞

---

① 原载于《福建艺术》2008年第1期。

台呈现继承了尹桂芳的演艺精华,更以规范的艺术教育培养了一大批优秀人才,对尹派艺术六十多年的传承发扬起到了至关重要的作用。"专场"举办的意义,堪称深远。这不仅因为作为流派发展历程的客观、完整的再现,"专场"能让人们再度审视尹小芳的艺术成就以及她在尹派发展过程中的贡献和应有地位,而且能让人们从这一案例中,发现流派成功延续、与时发展的某些带有规律性的因素。

《浪荡子·叹钟点》(1979年)

现在的观众,尤其是二三十岁的年轻越迷对尹派艺术的认知大多并不全面,尤其是对尹派艺术发展的独特过程知之甚少。他们或许大多知道作为流派创始人的尹桂芳,更熟悉现下舞台的当红名角茅威涛、赵志刚和萧雅,甚至在现代传媒和新型娱乐手段的作用下,对王清等新生代传人也耳熟能详。然而,在他们之中记得或知道尹小芳的,相对就少了许多。究其原因,与尹小芳长年为师演出配戏、一生辗转各地、创作教学交替的艺术生涯有关,也与尹小芳不事张扬、甘居人后的秉性为人有关。然而,默默无闻并不等于碌碌无为,尹小芳在尹派艺术诞生后所做的承上启下的枢纽作用,应该被人们重视,被历史记取。

流派承继的前提和关键,是艺术的忠实。无论是流派发展的客观规律、尹派艺术的独有特性还是尹桂芳本人的艺术生命,均证明忠实对于流派承继、生存乃至创新的重要意义。

从越剧流派的发展来说,尹派艺术需要一位忠实的传人。流派的创立本非易事,尤其对诞生仅几十年的新生剧种、对文化水准普遍不高的艺人来说更为艰难。因此,草创后的越剧流派唱腔通常显得简陋、粗放和单调,需要通过台上实践、台下交流等方式加以整固、丰富、充实。这段建设期从早期姚水娟带头创立"四工调"后越剧唱腔的发展状况即可见脉络。

尹派深沉委婉、洒脱隽永的唱腔,清丽高雅、潇洒书卷的做工,将戏曲舞台上男性的阴柔细腻之美展示出来,吸引了大量观众;不过在成型之初,还略显粗糙,尚有继续打磨的要求和丰富成熟的空间。一位越剧评论家说:"流派的创建不仅是个人的事,而是几个人乃至一群人的事。"作为一项长期而艰巨的工程,流派建设不仅需要创始人的亲力亲为,还需要他人,特别是其第一代弟子的协助与合作。作为一个深得老师演艺三昧、并深得老师信任的弟子,尹小芳对尹派艺术在忠实再现的同时又加以适当丰富和拓展,忠实地协助尹桂芳走过了尹派艺术的这段建设期。

从流派的自身特点来说,尹派艺术需要一位忠实的传人。尹派艺术具有很强的兼容性和开放度。所谓兼容性,谓其本身吸收了京昆、电影、话剧的滋养,呈现出多样杂糅的综合姿态;所谓开放度,谓其本身具有向其他艺术再度借鉴吸收、多向演变的复杂可能。从艺术基因讲,后者是因前者而生,以前者为基础和前提的。因此,即使在尹派成熟期,曲艺、戏曲、话剧、歌剧甚至流行歌曲也能纷纷融入其唱腔,且不失尹派自身韵味与风格。这种情况在尹派第二代弟子身上表现得十分明显,其中做出探索并获成功者不乏其人。其实,尹桂芳本人在唱腔成熟后也并未止步,而是根据剧情、角色的需要,不断吸收、借鉴其他艺术形式以扩展唱腔,为后辈树立了典范。她在1954年排演《屈原》时,在唱腔中融入了话剧台词的节奏感,为其伴奏的琴师发现后对她说:"尹老师,你的调头已经不是尹派啦!"尹桂芳答道:"尹桂芳唱的,就是尹派。"虽说越剧总体均呈现兼容性和开放度的特质,然而在越剧内部,与其他有些刚性强而弹性弱的流派相比,尹派依然显得独树一帜。

不过,正是由于尹派艺术高度的兼容性和开放度,在传承时把握、掌控的难度也就相对较高。如果尹派在草创时期便遇到一位或几位个性鲜明、创意强烈的学生,尹派就会在这些学生艺术自觉的作用下发生变形,甚至会有消融于直接衍生出来的多种唱法中的可能。人的个性决定其艺术个性,在承继基础上进行发挥创造,是演员的必然选择。这对演员个人来说,可能是好事,但对尹派艺术的有效承继、发展来说,就未必是好事了。20世纪40年代中期尹派成型后,摆在创始人及其第一代弟子面前的主要工作,已不是继续开拓探索,而是如何对尹派唱腔、做工和剧目进行全面的建设。

这个任务,需要尹派的第一代弟子既有艺术天赋和学习悟

尹桂芳与尹小芳(1980年)

性,又要中规中矩和老老实实,有个性但不能过强,有忠诚却不能呆板。在所有尹派弟子中,无论一腔一调还是一招一式,尹小芳是最像乃师的,这已成为人们的共识。尹小芳将自己的天赋和悟性注入了尹派艺术的承继,将自己的个性化入对尹派艺术的忠实,将自己的创造力变为对尹派艺术的创造力。她不仅在台下忠实继承了尹派精髓,在台上规范地展现了尹派技艺,更在以后代师授艺的过程中为后辈担当了尹派的楷模。

从尹桂芳的艺术生命来说,尹派也需要一位忠实的传人。尹桂芳虽年享八旬,但在"文革"期间因饱受摧残而致半身瘫痪,基本结束了舞台艺术生涯。她的实际寿命和艺术生命很不对等。瘫痪后的尹桂芳不但无法登台演出,且很难到位地传艺授徒。这对一代艺术宗师来说,是一件十分痛苦的事情。她的愿望,是尹派艺术在得到原汁原味传承的基础上得以发扬光大,这个任务,只能落在以尹小芳为首的第一代弟子身上。

戏曲是依靠口传心授的方式传承、延续并发展的。尹桂芳之所以放心让尹小芳代己传艺,并于1995年向其书赠"承上启下",是因为尹小芳是自己流派艺术的最完全、最忠实的传承者。"承上启下"四字既是尹桂芳赋予尹小芳的使命,又是对她出色实践这个使命的褒奖。尹小芳成为瘫痪后的尹桂芳的代言人,培养出众多优秀的尹派弟子,并于改革开放后形成越剧界"十生九尹"的格局。如果说1979年"尹桂芳越剧流派演唱会"上尹桂芳《山河恋·送信》选段可视为其艺术生涯的绝唱,那么尹小芳的《浪荡子·叹钟点》则成就了其作为尹派忠实传人的集大成者。作为尹桂芳艺术生命的延续,尹小芳的表演不仅在全场一万多名观众中引起轰动,也令尹桂芳本人甚感欣慰。她说:"残了尹桂芳,自有后来人。"这"后来人",大半指的是尹小芳及其代师授艺的弟子们。

值得一提的是,尹小芳对尹派艺术的忠实传承,除了其性格、意志等主观因素外,还有重要的客观因素。从40年代中期培养起来的尹派观众群体,至改革开放前夕大都已过花甲之年,由于这段时期社会经济发展相对缓慢,这些观众的审美定式和欣赏趣味相对稳定,并不要求尹派艺术做出较大创新,而此时的尹派艺术正处于由草创走向丰富成熟的建设时期,其开放性特质尚未得到飞扬的空间,因此,此一阶段的尹派艺术总体上呈现出较纯粹的特征。

改革开放后,随着艺术样式的日趋多样,欣赏群体的日趋多元,越剧观众发生分流,原来观众的审美趣味也发生了很大变化。此时,可供尹派吸收借鉴的艺术营养又极大地丰富起来,尹派吸收、融合多种新鲜样式化为己用的特质便如近水楼台一般，有了用武之地。而尹小芳代师授艺的那些年轻弟子风华正茂，他们能在纯正、规范的尹派艺术功底的基础上，根据艺术自觉、自身特质和观众需要进行创新，从而形成了新时期尹派艺术群芳竞艳的局面。进入21世纪后，尹派二代弟子培养的第三代传人纷纷登场，其中既有忠实继承、保持尹派的，又有在继承前提下呈现出创新潜质的。尹派艺术后继有人、长盛不衰的繁荣背后，以尹小芳为首的第一代尹派弟子的传承启迪，功不可没。

当下的戏剧创作演出时空，被"原创""探索""实验"所遮蔽，而如何承继传统，尤其是如何忠实地承继传统，却失去了其应有的位置。从艺术发展进程看，没有对优秀传统的承继，犹如无源之水、无根之木，自不能持久；而没有对优秀传统的忠实承继，犹如水源有杂质、根茎有畸变，是先天不足，同样也无法成为创新艺术形态的优良原材料。从20世纪下半叶中国的社会演变来看，戏曲艺术经受到政治和经济因素的多次冲击，戏曲传承至少出现了两次大面积、长时期的断层，修补、接续这些断层，工作艰巨而迫切。而目前进行的保护非物质文化遗产工作，首先需要的也是忠实的承继精神、忠实的承继者和忠实的承继物。文化传承的质量，直接影响到文化创新的质量。

编者按：

　　文艺评论家沈祖安在20世纪50年代，曾与尹小芳在浙江越剧团共事。尹小芳入团时，浙越原打算将她定为文艺三级，与姚水娟平级，因尹小芳坚辞不受，主动退让两级，最终定为文艺五级。她为人的朴实从一开始就给沈祖安留下了深刻的印象。他在早年给尹小芳的书信中曾写道："您是一位在艺术（上）十分执着追求的人，但又是一位不善于推荐和护卫自己的艺术家。但是我相信：好人一生平安，老实人终究不会长期吃亏的。"在2001年的一次活动上，他向尹小芳题赠"尹派掌门"。2008年尹小芳专场上，他又与浙江省文化厅老领导史行合作题赠了对联：承尹门嫡传翘楚，擢越苑绝代风华。

回忆尹小芳老师的两件往事[①]

沈祖安

　　在今天这个场合，我脑子里想得很多，但就像茶壶里煮饺子，倒不出来。人到了老年就愿意回忆，因为回忆总是美好的，而眼前的生活总是比较严峻的。我回忆两件和小芳老师有关的事。

　　第一件事，尹小芳老师1957年夏秋之际加入浙江越剧团，当时我是浙江越剧团的特约编剧。那时候浙江越剧团来上海演

[①] 本文为沈祖安2008年1月4日在"一代传人尹小芳知音同乐见面会"上的发言，标题为编者所拟。

出情况并不怎么好,原因有多种,我们就请小芳老师加盟。26岁的小芳老师当时像一颗冉冉升起的新星,人气很旺,风华正茂。她参加浙江越剧团是来救火的,救场如救火啊。她很快在上海排练演出,为浙江越剧团挽回了人气,使浙江的越剧到上海演出形成了一个新的高潮。到浙江来工作,小芳老师当时的考虑并不是很成熟,也没有计较很多当时的趋势和她的发展情况。她在上海的条件很好,而新单位的环境条件,特别是待遇她都没有考虑,毅然决然参加了浙江越剧团。一般来说,一个有了名气的演员参加新剧团是要讲条件的,是会考虑上海人讲的"合算不合算"的。小芳老师根本没有考虑,她来浙江,我们很快有了合作的机会。她给我的感觉是非常坦荡和诚恳的,工作认真。所以我觉得,这个活动不是对小芳老师执着追求尹派艺术的答谢和对她所做重大贡献的回报,不是给她画个圆满的句号,我认为在尹小芳的字典里没有圆满的句号,只有省略号,只有连接号,最后留给人一个惊叹号!这是我的第一点感想。

第二点,尹小芳老师的推己及人、舍己为人、宽厚待人继承了我们尹桂芳大姐的优良传统。我清楚地记得,1983年、1984年浙江越剧团第一次到上海演出时,我们来打前站,先把武珺同志等一些媒体的名记者请到嘉兴,然后再来上海。那时尹小芳老师身体不是很好。大家也知道,"文革"以后,尹桂芳老师不仅行动不方便,而且语言上也有障碍。作为她传人的尹小芳老师,精神和身体也都没有完全恢复。但是我们国家拨乱反正之后的文艺形势发展很快,而且青黄不接,需要培养下一代。尹小芳老师不是依靠药物和疗养,而是被这样的形势和尹桂芳老师的期望所触动,她很快又恢复演出了。在尹桂芳老师这个大师面前,她没有老师的名气，但是真正的实际作用，茅毛、志刚，他们心里最明白。尹小芳老师在幕后默默地起了许多不为人知的实际作用。对于她的这个"一代传人"的说法，我曾经有想法，觉得好像不够准确，茅毛、志刚也是一代传人。我曾经给小芳老师写过几个字——"尹派掌门"，有点像《雪山飞狐》。小芳老师不计较名分，不计较个人得失，毅然投入越剧事业，一面教学，一面恢复自己的艺术青春，尤其是精神的恢复，这是了不起的！她培养下一代，提携后人。这份推己及人、舍己为人、宽厚待人是我讲的第二点感想。

沈祖安向尹小芳题赠"尹派掌门"（2001年）

最后一点，我们很多名家门槛很高，特别是京剧、昆曲。越剧因为是草根艺术，起点都是非常低调的。尹桂芳老师最大的特点是就像《封神榜》中的通天教主，只要你一心向善，不管你是胎生、化生还是卵生,都尽力教你成仙得道、修成正果,尹桂芳老师就是这样教了很多人,感化了很多人,所以,我最后要强调的是,我们不仅要祝贺小芳老师,也要记得尹桂芳大姐她生前的谆谆教导,只要你能够为越剧尽力,只要能为我们的艺术事业出力,她总是对你充满关爱的。没有偏爱,只有兼爱,这对于我们现在发展、拓展越剧是非常重要的。海纳百川的宽阔胸襟能够团结一切可以团结的人,调动一切可以调动的积极因素,弘扬尹派,这也是我们今天对小芳老师祝贺的真正的本意!

"二传手"[1]

何占豪

进剧场观看越剧,你不能不为观众中"流派迷"的掌声所感动。当台上演员唱完一句或一段精彩的流派唱腔时,台下会爆发出雷鸣般的掌声,有时还会夹着欢呼声。

越剧的历史不算长,值得庆幸的是流派创始人个个长寿,大部分都健在。虽然她们年事已高,但由于内心时时牵挂越剧艺术的发展,所以有时也会应邀到演出现场来观看她们弟子们的表演,这时,就会引起观众的一阵骚动。

现在活跃在舞台上的一批中青年越剧演员是很幸运的,她们中的大多数不但能得到流派创始人的亲切关爱,老一辈艺术家们还把其中的佼佼者直接收为弟子,亲自传授技艺。但越剧主要流派之一的尹(桂芳)派弟子们的学艺之路就不那么平坦了,尹派艺术的传承有着一段令人感慨的历史。因此,每当茅威涛、赵志刚等在舞台上获得巨大成就而得到观众赞扬时,他们的内心除了感激尹派创始人尹桂芳老师外,还装着另外一位恩

---

[1] 原载于《第一财经日报》2008年4月1日,后刊登于《文汇报》2008年4月15日。

尹小芳与何占豪(2008年)

师——尹小芳。

20世纪60年代掀起的"文革"中,尹桂芳被迫害致残,四肢行动不便,言语表达艰难。"文革"结束后,笔者曾有幸受尹桂芳之邀,为尹派名剧《何文秀》《沙漠王子》作曲。其间,曾亲眼看到尹老师如何艰难地指导演员们表演与演唱;她的肢体不能做动作示范,讲话口齿不清,演唱更是曲难达意,大家只能从她富有表现力的眼神中去领会她的要求。我在钦佩这位老艺术家丰富的艺术想象力之余,难免为她的遭遇而感到辛酸,为尹派艺术的传承而担忧。

但我没有想到的是,当时在尹桂芳指导下,正在和我合作并主演尹派名剧《何文秀》的尹小芳,竟然日后在自己的艺术生涯中,不仅承担起恢复发展尹派艺术的重任,主演了《何文秀》《沙漠王子》《张羽煮海》《浪子成龙》《毛遂自荐》等一系列尹派名剧,而且把"代师传艺"的重任也扛在自己的肩上。她深知自己的老师传艺力不从心，内心深藏着苦衷和焦急；如果自己不把对年轻一代传授尹派艺术的重任担当起来，不但有负于老师的期望，对尹派艺术和热爱尹派的观众，都将难以交代。这位早在20世纪40年代末就被誉为"越剧后起之秀冠军"的尹小芳，多年来，一直被越剧界和观众认为是尹派第一代传人中的佼佼者。尹小芳果然不负众望，把20世纪80年代前后渐露头角的尹派新秀——浙江小百花的茅威涛、上海越剧院的赵志刚、福建越剧团的王君安等，都义不容辞地放在自己的心坎上。多少年来，这些新秀成长过程中的每一部戏，从人物塑造、唱腔设计、演唱韵味到表演神态，小芳不知道花了多少心血。这种全身心的、不收取分文的"代师传艺"，成了这位表演艺术家后半生"燃烧自己、照亮别人"的另一个亮点。

不久前，已成为当前戏曲界栋梁人才的茅威涛、赵志刚等精心筹划了一场"承上启下——一代传人尹小芳艺术专场"，先后在杭州、上海两地演出。众多尹派弟子们汇集一堂，纷纷登台亮相，以自己的尹派演艺，向老师表达感激之情。当最后观众久久等待的尹小芳被请上舞台与尹派弟子们一起演唱时，观众席中爆发的掌声和欢呼声，一起飞向这位真正的"尹派传人"。此刻，被邀观看演出的我与许多观众一样，禁不住泪湿眼眶。是啊，越剧尹派出了多少亮丽的人才，茅威涛、赵志刚、王君安之后，又有蔡浙飞、王清、李霄雯、张琳、陈丽宇等耀眼的新星，而当年的"冠军"，"代师传艺"的尹小芳，却在幕后默默甘当一名辛勤的园丁。在人们把鲜花送到小芳手中时，我的脑子里忽然闪出体育中的专用名称"二传手"三字，这是排球比赛中最受人尊敬的角色！

有道是:"观众欢呼主攻手,内行赞叹二传手。"没有二传手机智准确地把球传给主攻手,要想取得比赛胜利是不可能的。尹派艺术今天取得如此辉煌的成绩,离开尹小芳这位"二传手",也是不可想象的。我忍不住要赞美这样的"二传手"!

编者按：

越剧老生名家张国华与尹派艺术也颇有渊源，他不仅曾在尹桂芳、尹小芳、尹瑞芳的指导下演过尹派名剧《屈原·天问》，而且在上越三团担任副团长期间，目睹了团内青年尹派演员赵志刚的艺术成长历程，多年前就想为尹小芳撰写一文。此文于2020年尹小芳九十华诞之际发表于《新民晚报》。

亭子间飞出金凤凰[①]

张国华　口述

李声凤　整理

前不久，欣然得知年轻一代的尹门弟子陈丽宇荣获白玉兰奖提名奖，不禁感叹，尹小芳老师曾经的亭子间又飞出了一只金凤凰，记忆中的许多画面刹那间涌上心头。

那还是在20世纪80年代初期，戏曲界历经劫难，百废待兴。上海越剧院一团打算排一本新戏《汉文皇后》，剧中有个弟弟的角色，交给了刚从越剧院学馆毕业的赵志刚。这一安排，固然是团里对青年人的一番期望，但对于刚刚从老生改演小生不久，还非常缺乏排演大戏经验的赵志刚来说，却无疑是一副重担。我至今仍清晰地记得，当初饰演剧中主角汉文帝的我，将志

[①] 原载于《新民晚报》2020年11月24日。

刚从汾阳路学馆带到复兴路越剧院排练场,交到导演手里时,他那种战战兢兢的神态。那时,他的演艺生涯才刚刚开始,虽然他音色好,自身也很努力,但要论表演、唱腔,几乎还像一张白纸。所幸没过多久,我就听说,他经尹桂芳老师介绍,前去向尹小芳老师求教了。早在十多年前,我就听过小芳老师教的浙江艺校学生演唱《桑园访妻》,留下了深刻的印象。此次得知志刚去向小芳老师学习,丝毫不觉意外。

志刚重新回到排练场上,已经是在小芳老师对他进行全面教授之后,从他塑造的这个角色的表演、唱腔,包括形体来看,小芳老师无疑为他花费了大量的心血。窦广平这个人物在舞台上和皇帝是怎样的关系,和皇后是怎样的关系,把握得都很好。比如《认弟》这一场,他被皇帝叫上来盘问时,是瑟瑟缩缩的,一看就是个从没见过世面的穷苦人家的孩子。一出场的这个精神状态,就让我觉得他对人物的基调把握得很准确。之后一出一出往下排,角色间的交流也都很顺畅,印象里几乎没被导演叫停过,这充分说明小芳老师不仅分析人物的案头工作做得细致,而且讲授得也非常到位。至于唱腔设计方面则更令人惊喜,不仅符合人物,而且非常出感情,加上小赵天生的嗓音条件,我听后真是深深觉得:我们男演员是一样能够唱好越剧的。

我和志刚在《认弟》中有一段对手戏,是我(汉文帝)在查核他是不是真的弟弟,应当是他每唱几句我问他一个问题。但志刚这段唱实在太吸引人了,以至于有一次排练的时候,我和他对戏,听着听着就被带进了动人的唱腔中,差点把我自己的台词都忘记了。一段唱腔能设计到这样的程度,真是不容易的。这充分说明了小芳老师的艺术水平。《汉文皇后》的成功,为志刚的演艺生涯开了一个好头,也给了他在尹派艺术道路上走下去的信心。

其实又何止赵志刚,像茅威涛的许多新创剧目也都是由小芳老师为她亲自设计的唱腔。其他诸多尹门弟子,如王君安、张学芬、陈丽宇、张琳等,也都得到过小芳老师的精心栽培。我很多年前就想说,小芳老师的亭子间,真是飞出了一群金凤凰呀。转眼间,小芳老师也已经九十高龄了,然而她多年来在幕后默默扶持青年演员的往事却始终萦绕在我的心中,历久弥新。

尹小芳与张国华(20 世纪 90 年代)

尹小芳和尹派弟子们[①]

郑采君

正如尹桂芳书赠尹小芳"承上启下"四字那样,尹小芳如农夫般忠实地在尹派这片沃土上辛勤耕耘,使尹派小生如雨后春笋般茁壮成长。

茅威涛、赵志刚大奖赛获奖后与尹桂芳、尹小芳在一起(1986年)

---

① 原载于《上海戏剧》2008年第3期。

尹小芳家住上海，茅威涛家住杭州。两人两地相隔，艺术交流不便。年轻的茅威涛每次接到新剧本，都要请老师尹小芳代她作曲。尹小芳于是详读剧本，根据剧本的主题立意、人物的性格命运分别规定情景，一段一段地为弟子谱曲。金采风排演《汉文皇后》时，赵志刚被选中出演弟弟一角，请尹小芳为他谱曲。尹小芳根据剧情的需要以及赵志刚唱腔可塑性强的特点，让赵志刚与金采风唱同腔同调。当赵志刚的天赋嗓音在舞台上唱出"家住在清河郡观津县"时，全场掌声雷动。这掌声，给才演第二部大戏的赵志刚以极大的鼓励。

2006年的"越女争锋"大奖赛开幕前夕，来自福建芳华越剧团的陈丽宇、来自浙江绍兴小百花越剧团的张琳这两位尹派小生来向尹小芳讨教。不巧尹小芳身体欠佳，住进了医院。面对两个"小尹"，尹小芳左右为难，最后决定把张琳留在病房中教

尹小芳与张琳(2004年)

授,再请上海越剧院资深作曲陈钧一同为陈丽宇的唱腔"把脉",加工提高。当陈丽宇在"越女争锋"舞台上唱完《盘妻索妻·洞房》时,坐在观众席上的傅全香激动得热泪盈眶:"尹大姐啊,你放心,芳华剧团尹派后继有人了!"

尹小芳除了培养专业学员外,还为许多业余演员进行辅导。邵敏是一位在浦东土生土长的业余尹派男小生,在1993年举办的"麒麟杯越剧清唱大赛"上获第三名,在2003年"上海文化新人大赛"上获浦东新区十大新人奖,并在央视《过把瘾》节目中献演,获得广泛好评。2007年初冬,邵敏还举办了个人戏曲演唱会,并自费录制了光盘。这位浦东农家出身的尹派小生的优秀成绩,凝聚了尹小芳悉心栽培的精力与汗水。

如今,尹小芳的弟子早已成为著名演员,并培养出众多第三代弟子——茅威涛培养了蔡浙飞、李霄雯;赵志刚培养了王清、齐春雷。尹派艺术薪火相传,生生不息。

尹小芳与郑采君(2006年)

回忆尹小芳的浙越岁月[①]

高　佩　何贤芬　口述
李声凤　整理

高佩：我是杭州人，20世纪40年代的时候跟家里人逃难到了上海，所以从小就跟着祖母去看越剧，喜欢上了尹派和陆派。抗战胜利后我回到杭州。1949年我13岁的时候，加入了浙江省文工团第四队，也就是越剧队。

何贤芬：到1951年时，以她们文工团越剧队和在杭州演出的新新越剧团的部分演员为基础，成立了浙江越剧团，当时叫浙江越剧实验剧团。我原先是金华地委文工团的，1952年时，全省文工团整编，中央指示要让文工团员去和地方戏曲结合，发扬地方戏曲，所以就从我们文工团里选了一批人，加入到了她们这个越剧实验剧团里。

高佩：我们在文工团的时候，比较简单，就是学着唱。到改成越剧团之后，是边演边学，那时候有两个昆曲传字辈的老师来

---

① 本文根据李声凤2009年8月11日对何贤芬、高佩夫妇的采访录音整理而成，此前尚未发表过。因何贤芬已于2020年去世，本书编辑时，高佩又始终联系不上，因此本文未能经受访者审阅确认，如有偏差，责任应由整理者承担。

指导我们，一个是花旦姚传芗老师，另一个是大面沈传锟老师。

何贤芬：50 年代时，浙江越剧团为了充实演员阵容，就从私营剧团吸收了一些优秀的演员参加，小芳老师就是这样在 1957 年进入我们团的。

高佩：当时我在团里是重点培养的青年演员。小芳老师进来，是作为主要演员，和陈佩卿是一个层面上的，她们都是拿 180 块的保留工资。因为小芳老师比较年轻，而且也是重点培养对象，所以领导就有意识地安排我和小芳老师配戏。

何贤芬：小芳老师进团之后呢，给我第一个印象就很好。当时虽然她在一团，我在二团，但是每天早上都在一个厅里面练功的，一个小时的基训，压腿啊，台步啊，身段，大家都一样参加的。她那时自己在练《石秀探庄》，因为我也是演小生的，她应该说也是比较喜欢我的，所以就把这个戏教给我了。过去的艺人啊，不大肯教别人的，因为这个东西是饭碗，而且是花钱学来的。何况教你又要花精力，又要花时间，所以一般都不大主动的。但是她就这么主动地教我。这在当时的社会环境下，应该说是很不容易的，要有一点思想境界才能这么做。

高佩：小芳老师刚进来时还没有（安排）戏，比较一本正经排的就是《清宫怨》，那个戏基本动员了我们浙江越剧一团、二团比较正宗的演员，角色配备是相当强的。但是很遗憾，后来没演成，因为姚水娟本来是在这里演慈禧太后，但是那时候"反右"已经开始了，姚水娟不能演了，那么整个戏也就没上去，但是录音是录过的，上海电台里曾经有听众点播，电台播出过我和她演唱《清宫怨》的片段，可惜后来我们再去电台找这个戏的录音就一直没找到。后来（1959 年初）还排过一个《滚绣球》，和我配的。

戏是沈祖安改编的,是个喜剧,因为那时快过年了吗,要高高兴兴的。

1958年年初,浙越要到上海去演出,是在丽都大戏院。本来到上海准备的第一个打炮戏是姚水娟的《泪洒相思地》,这个戏40年代在上海很红。结果姚水娟不能上,计划全都打乱了。但是又不能不去,因为浙越和上海这边的合同已经签好了。最后带去的两个戏,一个是《高机与吴三春》,另一个是我和金宝花演出的《御河桥》,但是观众上座不行啊。因为小芳老师在上海有观众基础,所以赶紧用一个星期临时排了一下,就让她顶上去了。她参加之后,戏也做了一些改动,比如增加了我和她在书房里的一段戏,是男女主角初次相见,一见钟情,也加了不少唱。还有一场是她演的男主角宣登鳌听说我在御河桥被父亲打,掉下御河桥死了,就生了相思病。后来她到花园里去,我为了安慰她,就在花园各个地方分别写一首诗,暗示她我还没有死。她一点一点看过来,明白了我还活着,就高兴得不得了。这场戏叫《三赶》。小芳老师也很喜欢这场戏,她总是跟我说,我真想跟你把《三赶》这场戏恢复起来。

虽然当时她是临时顶上去,但是演得非常轰动,谢幕都谢不完。日场演好,我跟她就一直谢幕。我们谢了,底下又要我们谢,我们就来回地走,不知道谢了多少次,就是结束不了,观众哄着不让我们走,一直到夜场快要开始了,晚上的观众都要进场了。后来只好叫派出所的人来劝,观众才散的。我们两个晚饭都没吃,晚上的观众就进来了,于是又接着演夜场。

后来回到浙江后,这个戏我们还继续演,演的场次是比较多的。陈云那时候跟他爱人在杭州休养,他也来看过这个戏两次。

之后慰问解放军，组织了一个慰问团，包括上海京剧团，北京的梅兰芳京剧团，还有我们浙江越剧团，都到福建前线去慰问。当时带的戏主要是《穆桂英挂帅》，因为觉得这个戏好像演给解放军看比较好，但是后来他们就是要看我们的《御河桥》，强烈要求看。所以我和小芳老师到福建前线，到南平，去慰问解放军，都是演的《御河桥》。有个接待我们的领导，跟着我们到东到西去看《御河桥》。可惜这个戏的资料现在也都没有了。

何贤芬：因为"文革"时砸烂女子越剧，浙江越剧一团是女子越剧团，所以东西都被烧光了。二团是男女合演团，我们的东西就都保存着。

高佩："文革"后，《御河桥》这个戏浙江下面的剧团也演出过的。富阳越剧团的陈书君她们去上海演过这个戏，也很受欢迎，当然她们演出的剧场相对是比较小的，是在上海先施公司里的一个剧场。她就是从我们当年的演出搬去的。

何贤芬：因为当时有一个风气是，省里的剧团搞了演出，地县级的剧团都要来看，看了之后就学了去，这样就普及了。那时候是这样，他来一个班子，主要演员、导演、搞音乐的，来看个两三场，回去就可以排了。唱腔可以跟我们团里要。那时候很讲大公无私的精神，国营剧团要辅导下面的剧团，要带动全省的剧团，这是我们作为省剧团的一个任务。下面的剧团来学戏，我们要包教包学。每个剧团派一两个演员到我们团里来培训，跟着我们演出集训，再回去演出。这就是国营剧团的任务，等于老母鸡带小鸡一样。

高佩：再往后，我跟小芳老师就是排《父子恨》，就是《团圆之后》。之后有一天，突然文化厅来了两个人，把她派到岱山越剧团陶瑞娟她们那里去支援。我们演得好好的，怎么突然让她去支援呢？但是当时组织观念很重的，领导上面决定，我们也不能怎么样。

我直到很后来才知道，她当时去岱山越剧团支援的时候，那边是集体所有制，发不出她的工资，于是她就工资都不拿地去支援了三个月，三个月都没拿工资。她就这样一声不响，我们团里也不知道。所以岱山那边一些老师傅、群众对她印象很好。因为他们知道小芳老师不拿工资去支援他们。

尹小芳与高佩（2006年）

何贤芬：小芳老师思想好啊，经济上面她不计较的。她这个人啊，就是个纯粹搞艺术的，一门心思都在戏里头。碰到就要跟你谈戏，谈得津津有味，其他东西她都不谈的。她的为人，应该在越剧界是一种楷模了。她平时生活也很朴素，她去参加社会主义教育运动的时候,劳动都蛮好的,后来就给她入党了。像其他的老演员,还不是党员,就会有一点过去的习气。

高佩:再往后,就把她调到艺校去了。那我们就弄不懂了,尹小芳(1958年)到上海去演出这么红,观众这么喜欢,怎么就一下子给她调走了,我们也莫名其妙。那时候她才二十几岁,正是最适合在台上演出的时候,结果就让她当老师去了。有些东西蛮委屈她的。

但是她在艺校这批学生对她都非常亲热。每次她来杭州,这批同学都要来看她,对她非常亲热、非常真诚。有一次她来这里,正好过生日,那些学生一起给她过生日,当时上海越剧院那些老艺术家都在,看到也很羡慕。从这方面来说,对她也是一种安慰吧。

我和尹小芳演出《天山雪莲》

王颐玲　口述
陈超宇采访　李声凤整理

  我和小芳姐虽然没有待过一个剧团,但我们在20世纪60年代曾经有一次非常成功的合作,这要从我去上越学习的经历说起。

  我是1954年开始学戏的,1957年时,因为演越剧《沈清传》,一炮而红,先在杭州演出,后来还去了上海的长江剧场。当时袁雪芬也来看了我的戏,看完后,她就跟我们杭越那时的团长佘惠民讲:"王颐玲这块材料是好的,但是要经过'琢',璞玉要琢,应该让她到我们院里来学习。"团里也很支持。

  一开始袁雪芬是打算安排我去跟傅全香的,但是当我1962年下半年背着双肩包赶到上越找袁雪芬报到时,范、傅却刚好都不在上海,于是袁老师就把我交托给了徐、王两位老师。她们听说我要来学习,都一口同意。王文娟知道我的唱腔是傅派的路子,很善解人意地表示:"你唱腔不用跟我,以学习表演和塑造人物为主。"她还亲自给我排了一折《则天皇帝》,教我如何挖掘人物内心、如何表演,一坐一站都有讲究。我以前演戏很外露,跟她学了之后就稳了很多。我在上越学习期间，恰好吕瑞英和陈少春在排《天山雪莲》，我也就跟着观摩和参与了排练。这是一出根据新疆民间传说改编的神话剧，讲的是帕洛阿特王子和西林公主的故事。

转眼就到了1963年上半年。考虑到我跟杭州越剧团有合同，外出学习不能超过一年，而我来上越已经有八个月，我就打算要回团了。临行前，我跟徐玉兰、王文娟老师提出，要带一个戏回去。我说："徐老师、王老师，你们看这样可以吗？你们把《天山雪莲》的本子给我。"她们对我很好，就把这个戏的剧本、曲谱都给了我。之前，我爱人贺世忠曾跟我建议：回去排《天山雪莲》，可以请尹小芳来和我搭档。世忠是搞音乐的，50年代在"小芳华"（指芳华实验剧团）时期就给尹小芳伴奏，对她很熟悉，觉得她舞台上很漂亮。那时候他们两个正好都在浙江艺校工作，世忠答应说他可以来跟小芳姐讲。我把这个想法跟徐玉兰老师一提，她也很赞同，说："就这戏带回去好了，去做做小芳的工作，你们两个演一定好的。"

就这样，我带着《天山雪莲》的剧本、曲谱回到了杭越。贺世忠去跟小芳姐一说，她也表示同意。由于当时她在艺校，平日里要上课，所以我们主要是在暑假排练、演出。当时我只有二十多岁，演出经验少，表演上主要还是听导演安排；但小芳姐就不同了，她在上海就演过很多戏，舞台经验比较丰富，所以排戏时经常会跟导演沟通交流，提出许多自己修改的想法。她不仅在表演上、唱腔上，对剧本也做了很多修改，像帕洛阿特在花园里的那场戏（指《月夜辞行》），那段十字句的唱词全都是她自己改出来的。

1963年夏天，我们这版《天山雪莲》就在杭州胜利剧院上演了,演出很轰动,接连满座了一个多月呢!小芳姐的确好!扮相漂亮,戏也演得好!她平时吃得很少,说话也是轻声细气的,但是一到台上,精气神就非常好,表演儒雅,舞台魅力十足。她为帕洛阿特重新设计了唱腔,唱得真是比上越版好听多了!我演的西林和吕瑞英老师风格有所不同,唱腔方面我也在借鉴的基础上发挥了我自己的特点。再加上贺世忠帮忙整理了音乐,所以我们这版在配器上也比上越版更丰富。那段时间是我艺术成长的关键时期,能得到小芳姐的提携,和她搭档演出《天山雪莲》,我非常感谢她。

小芳姐平日里话不多,但排戏很认真,这种个性我很喜欢。我和小芳姐虽然总共只合作过这么一次,不过我从学艺到退休这么多年,真正要算起来,舞台上和我合作最默契的两个小生,其中一个就该是小芳姐了。

尹小芳(中)与王颐玲、贺世忠夫妇合影(1996年)

跨越一甲子的友情
——我与尹小芳的点滴往事

筱月英　口述
李声凤　整理

我最初认识尹小芳还是在1949年的时候。当时我们俩都在杭州演出，不过并不在一个剧团，原本也互不相识。有一次正巧她要演出《十一郎》，但没有服装，所以四处找人借戏服，都没借到。那时候在杭州的越剧演员里，我的服装最好，人家称我是"行头花旦"的，谁缺什么戏服，都要来找我借的。虽然我是花旦，但是因为有时候戏里要女扮男装，所以小生戏服我也有的，那听说她服装借不到么，我就借给她了。她演完之后，要还戏服给我，我们俩就碰头了，结果两个人一见面，就好像"一见钟情"一样。她当时还戏服给我，还多了一副水袖，我因为喜欢她了么，所以就很开心，留下来当作纪念品了。我看她艺术也蛮好，过后还专门找金苏定（音）导演正式给我们介绍认识，她对我也蛮喜欢的，从那时起我们就做了好朋友，一直到现在，是几十年的老朋友了。

我1950年从杭州来了上海之后，在天鹅越艺社和丁赛君搭

跨越一甲子的友情

尹小芳与筱月英(20世纪50年代初)

档。小芳那时也回到重建后的芳华，担任二肩小生。虽然之后好多年大家都不在一个剧团，没有合作的机会，平时也是各忙各的演出，但我们因为谈得比较投缘，所以戏散场之后，还是会经常碰碰头。有什么事她会找我，跟我商量，我也是有什么事就会跟她说。20世纪50年代时，我们都还没结婚，大家都是小姑娘，她还到我家来住过一阵。她这个人的个性，不喜欢和别人多啰嗦的，但是和我还蛮谈得来。因为大家比较熟了，所以有时候也很有趣的。有一次她原本说好要来找我，但结果没来，我问她："你怎么不来啦？"她说："我车钱没有。"那我就说："车钱我给你寄过来好了。"她笑死了，说："不要不要，我说着玩的。"

我们俩搭档演出，就是2003年"情缘未了"演唱会上那次了，我和她搭档唱了一段《沙漠王子·算命》，她演出起来一贯都很认真，我们么总归积极配合她。也是在那一年，我陪她去新昌参加纪念尹桂芳逝世三周年的活动，当时大家都叫她出来唱，她

97

一开始不肯出来。一则她在"情缘未了"前摔伤了腰,到那时还没有恢复好;二则事先也没准备,所以乐队用的谱子也没带来。但下面的观众实在热情,于是我在台上把她一把拉出去,她就只好唱了。我们于是又搭档唱了一次《算命》。过后她跟我开玩笑说:"噢哟,你厉害的,我看到你也是没办法,居然把我一把拉出去,那我不唱也得要唱了。"那天虽然没有乐队伴奏,但是我们演唱时气氛还是非常好的。

小芳她为人是非常正派的,在艺术上各方面,包括演唱、服装、化妆,都非常认真。但是她有时候认真过头了么,别人也会有点不敢接触她。所以我偶尔也会劝劝她,要稍微适度一点,过于认真了,别人看到你会怕。她对我还是蛮好的,所以我对她讲,她还比较能听一点。

艺术的真　生活的忍[1]

杨　锐

对于尹小芳的独特个性、艺术魅力及成就,我可以用"疏疏淡淡的艺术人生、浓墨重彩的艺术形象、坎坎坷坷的艺术道路、桃李芬芳的艺术硕果"这四句话为她作一幅素描。在这位深居简出、为人低调的艺术家身上,艺术上的执着、睿智与生活中的"迟钝""傻气"构成了和谐。

在排演《张羽煮海》时,她的脑海中日日夜夜只有张羽这个人物,以至于有一次在下公交车时,她因不由自主地习练张羽在《求仙》中的踢袍动作,竟踢到了她身后等车的陌生人身上,令人家崭新的裤腿上留下了深深的印痕。一次做饭,尹小芳在热菜时竟被微波炉烫伤,那同样是因为她沉浸在艺术想象之中而不能自拔的缘故。正是因为身心的投入以及执着的精神,尹小芳的艺术日臻精湛,观众越来越多,所以,尹小芳好几次临时为老师"顶"戏,同样能让戏院门口"客满"的牌子高高挂起。

"真"与"忍",是生活中的尹小芳给人最深刻的印象。她每

---

[1] 原载于《上海戏剧》2009 年第 7 期。

尹小芳生活照(20世纪80年代)

次应邀观摩演出,总是直言观感,毫不保留;她每次演出、教学之后向后辈学生、观众征求意见,也总是开门见山,落落大方。她为人真诚,待人接物毫不造作,不作奉承,更不说一句假话。我在越剧《一缕麻》中写下的两句唱词"是丑不说美,是真不说假",正是通过与尹小芳的交往有感而发的。

尹小芳认定艺术也是一门科学,来不得半点虚假,更无捷径可走。她以自己刻苦学艺的精神要求晚辈,对前来学戏的学生不遗余力地教导,还"倒贴铜钱廿四文,待茶待饭待点心"。而学生要是带礼品登门,她却是一概拒收。对此,有些人并不理解;但只要了解尹小芳的人都知道,与其说这是她不谙人情世故,还不如说是她在坚守自己的做人准则。我对她开玩笑说,你要是当官,肯定一尘不染,两袖清风,是个大大的清官啊!

尹小芳对艺术孜孜以求,对自己的生活却十分忍耐。她至今依然居住在老式的里弄房里，楼道总是黑的，厨房又是几家合用的。狭小的"阁楼"夏天热得像火炉，冬天又变成了"风波亭"，一台用绳子绑起的取暖器用了许多年。这些，她都能忍，唯独对于艺术，她一点都不能忍，而是近乎苛求与挑剔。日常生活中，她不善言谈；讲戏讲艺术时，她却能滔滔不绝。一条床罩，她可以用上二三十年；对于戏服，却是十分讲究、绝不马虎。排演大戏，她废寝忘食；公益演出，折子清唱，她也会关起门来，练上好几天。尹小芳儒雅、富于书卷气的台风，很美很美；但要知道——美与苦是成正比的，追求唯美，给自己带来的则是无限的苦和累。

尹派是充满魅力、活力、生命力的流派。一代宗师尹桂芳是无与伦比的，茅威涛、赵志刚是当今越剧的领军人物，而张琳、王清、陈丽宇、李霄雯等也已跻身越女行列。尹小芳的身上虽没有什么荣誉、什么光环，但她代师传艺、承上启下，功不可没。

编者按：

众所周知，尹小芳多年来代师传艺，培养了众多优秀尹派传人。其实，尹小芳的教学工作早在20世纪50年代末就开始了。浙江艺校(今浙江艺术职业学院的前身)老校长张西华回忆学校草创之初的情况时曾说：

"那时学校的师资力量相当薄弱，我听说越剧界有一个老演员叫姚水娟，是当年很有名气的一个好演员……于是向文化局打了报告，把姚水娟调到艺术学校当老师……我还专门到上海去了一趟，把女子越剧的老前辈赵瑞花请来当老师，又把浙江越剧团的尹小芳也请来，她是尹桂芳的得意门生。这几个老师都是越剧界的名角，她们的到来，大大加强了艺校的师资力量，为培养年轻一代演员做出了贡献。"(《张西华访谈》，载钟冶平、何国英主编：《万紫千红总是春——大型电视节目〈百年越剧〉文集》，浙江人民出版社，2010年)

当时的尹小芳年仅27岁，青春靓丽，正是舞台上光彩照人的时候，并没有转入教学的心理准备，然而她一旦到了艺校，就非常地认真，丝毫不考虑条件艰苦，兢兢业业地投身于教学工作。越剧以往只有科班，50年代上海与浙江两地开办的戏校(艺校)越剧班是越剧学校教育的开端，一切都须从零开始摸索。她以一股初生牛犊不怕虎的劲头迎难而上，筚路蓝缕，一身而兼编导音美各职。

在艺校同事的协助下，她手把手地带出了浙艺越剧表演专业最早的一批学生。这些由她亲自从浙江各地乡村挑选来的孩子，后来都成了浙江越剧的中坚力量：或活跃于舞台，成为知名演员；或投身于教育，成为艺校名师；或在文化艺术系统担任各种职务，成为管理者。茅威涛在艺校期间的唱腔老师宋普南、浙江小百花越剧团集训班的小生主教老师袁开祥、浙江越剧团原团长郁尚校、浙江小百花越剧团原副团长刘关根、浙江省文化厅艺术处原处长周冠均，等等，都来自浙江艺校这个首届越剧班(65届)。他们不仅成为浙江越剧男女合演的先行者，也以各种方式反哺着浙江的女子越剧。

很多年后，这批学生也已年过花甲，他们共同回忆起尹小芳当初在艺校对他们的辛勤教导和无私关爱，于是由袁开祥执笔，以浙艺越剧表演专业学生集体的名义写下了这篇对小芳老师艺校岁月的回忆文章，取名《师恩》，署名"哲艺"即"浙艺"的谐音。

师　恩[1]

哲　艺

1958年底,浙江省艺术学校开办,对外招生。我们这些来自全省各地的少男少女们成为第一批越剧表演专业学员,来到杭州黄龙洞校园接受越剧专业训练。在众多越剧教师中,尹小芳老师最为年轻,当时年仅27岁。

从她为我们上的第一堂课开始,我们就被她俊雅的气质和严格的教学所深深吸引、征服。

她教的第一出戏是《前见姑》,剧本是她自己整理并谱曲的。面对我们这些十二三岁、根本不知表演为何物的新生,尹小芳从一招一式、一字一句着手,反复示范,耐心纠正,从唱到做均严教细抠,就连多少个步法都做了明确规定。俗话说功夫不负有心人,《前见姑》成了全班同学均能演会唱、响彻学校的"流行曲",并成了学校对外公演必不可少的剧目,扮演方卿的朱幼华还获得了"小尹小芳"的美称。从此,尹派表演艺术的魅力将我们深深地吸引住了。

接下来教的《何文秀·哭牌算命》,是尹小芳又一出拿手好戏。她先是仔细地为大家讲解剧情,分析人物,继而阐述尹派艺

---

[1] 原载于《上海戏剧》2009年第7期。

尹小芳与艺校学生（1986年）

术的特点,通过细致的示范教学,一步步地引导学生掌握尹派优雅大方的表演气质、细腻甜润的唱腔韵味。自此,《何文秀·哭牌算命》成了浙江艺术学校历届学生必学的教学剧目。尹小芳在20世纪80年代演出的这个版本,从赵志刚到茅威涛,从浙江到全国各地,久演不衰,其艺术魅力流传深远。

　　大家升二年级时,尹小芳从以戏带功、培养学生的综合能力出发,选择了《白蛇传》作为排演大戏。她自己整理改编剧本,自己谱写唱腔,自己当导演,自己当舞美设计,不但一人身兼编导音美各职,还生旦净丑一肩挑,向我们进行言传身教。尹小芳整理的《白蛇传》体现了"在继承中创新"的教学指导思想。剧本既体现出越剧细腻甜美的特性,又广泛吸收兄弟剧种演出版本的优长,充分突出了男女合演的越剧风格。在表演手段上,尹小芳和形体老师合作,大量采用"打出手""吊鱼""朝天顶""踢慧眼"等传统戏曲"腿、毯、把"的武功技术,使文戏为主的越剧面貌为之一变。

至于《白蛇传》的具体艺术处理,则处处显示出尹小芳新颖别致的艺术理念。《游湖》序幕拉开,只见白素贞、青儿踩着云彩由天而降,那是运用川剧"云块道具"的手法;《盗仙草》中白素贞下山时安排了两张桌子的"高台吊鱼",以发挥演员武功好、擅长高难动作的特长。青儿的身段动作融入了武生的要素,法海则以老生行功以突出其伪善。而以尹派设计处理的许仙唱腔韵味鲜明,经过不断研究修改,充分体现出其淳朴善良的个性。由此,我们班演出的《白蛇传》受到了观众的普遍好评。

尹小芳对待艺术一丝不苟。她经常告诫学生:"演员是以他的艺术为观众服务的,要成为好演员,就须按艺术标准严格训练,一招一式应该非常讲究。"我们班是男女合演班,大多数来自乡村,尹小芳为使学习小生的男生具有古代书生的儒雅气质,做了许多规定。

许仙的扮演者袁开祥记得,尹老师曾要求他在生活中必须按小生的要求坐、立、行走;每天要用温开水泡压双手,使"兰花手"柔软好看;不管坐什么凳子,只能坐三分之一,且须保持腰肩挺立;平时拿扇子解暑,也须按照表演规格来……排练时,为了使袁开祥掌握许仙的表演特征,尹小芳不厌其烦,反复讲解,对每个眼神、每个动作都反复示范。当她发现袁开祥的台步较为僵硬时,就天天蹲在地上一步一步地跟着纠正,每次都弄得满头大汗。对于学生们的化妆,那就更严了——1960年元旦前后全班第一次到宁波、新昌汇报演出《盘夫索夫》,尹小芳每天下午三点开始就为扮演曾荣的袁开祥上妆,往往要花整整三小时才成。另外,在上台之前尹老师还要仔细检查,然后才放心让他上场。

当时学校的条件比较艰苦,大家住的是古庙厢房10平方米的小房。作为著名演员,尹小芳放弃了部分演出,甘于清苦,吃住都在学校,认真教学,达到了废寝忘食的程度。在她的面前,学生们自然受其敬业精神的感召,自始至终都集中精力学习,并且课后自觉复习,十分努力。

她是一个严谨、执着、富有敬业精神和深刻影响力的越剧导师。如今,当年的大孩子们有的成了著名演员,有的成了教学名师,有的则成了戏曲研究专家。不过,只要站在尹小芳的面前,我们这些学生依然对她保持着崇敬之情。她的人格、艺术,对我们一生都产生着深远的影响。

尹小芳与艺校学生(1986年)

老师身上总有学不完的东西[1]

茅威涛

今天是恩师尹小芳老师的生日。

近年因为疫情出行不便,我好久没有去看望老师了,长时间以来都只能通过微信联络情感。但由于越来越频繁地教授学生,尤其是去教授那些年龄与我相差了三十多岁的学生(我与小芳老师也相差三十多岁),我渐渐体悟到了老师当初的不易与艰辛,当然也从中解读出了老师当年眼神中所充斥的期待与喜悦。

古人说:"师者,传道授业解惑也。"自己当了老师,才知道这句话的分量之重。传的什么道,授的什么业,解的何种惑,都有讲究。尤其是面对那些年轻的、尚在成长中的孩子,到底是应该告诉她们谋生的技巧,还是应该唤醒她们继续往前的勇气?

我的学生问我:"您第一次见小芳老师是什么时候?紧张吗?"我笑了,回答道:"不是紧张,是激动。"

第一次见小芳老师,还是在我 20 世纪 80 年代艺校读书期间。那会儿因为主教宋普南老师是小芳老师的学生,他于是就

---

[1] 原文 2022 年 10 月 3 日首发于微信公众号"茅威涛",收入本书时作者略有修订。

带着我去上海拜访了太先生尹桂芳和尹小芳老师。我印象很深,当时还看了一场小芳老师的《何文秀》,并且拿着三洋录音机——那会儿没有手机,只有走私来的三洋录音机,偷偷地把老师全场的音频都用卡带录了下来。因为真是觉得太幸运、也太珍贵了!

尹小芳(中)与宋普南、茅威涛(1986年)

初见时的崇拜与激动之情,直到现在都还荡漾在我心底。看着老师在台上演出,感觉她每一个细胞里都是戏,都是艺术。而后我正式跟着小芳老师学戏,虽然并非每折戏都由她亲自指点,但她每每一招一式地教,我都会一招一式地记。

任何学习都一样,从照猫画虎到融会贯通,其中需要不断地琢磨和思考。真正要学到神韵和精华,不仅仅是模仿样式和动作,更重要的是领会老师的观念与思想。

"小芳老师摸摸头那张照片好有名,所以她喜欢您排的那些新戏吗?"我的学生又问我。"喜欢,她特别喜欢我的《孔乙己》,当然也有不喜欢的。"我说。

尹小芳为茅威涛说戏(1992年)

在我看来,尹派艺术发展到今天,它的魅力正在于从尹派创始人尹桂芳老师开始,就一直能源源不断地进行自我否定、自我探索、自我超越。尹桂芳老师演过《屈原》《沙漠王子》,也演过《江姐》。小芳老师在看完《江南好人》后曾打趣地说我的沈黛演得很好,她说我们尹派弟子的女性演得都很好,因为太先生从前的江姐就演得好。

我的创新与探索,一直在老师们的支持与呵护下。当然,偶尔也会有意见不同的时候。比如我演《藏书之家》时,小芳老师就不笑了，因为她当时不太喜欢这个作品。但后来，我与她沟通了想法，她也逐渐理解并认可了我的观念。

我一直希望我能传承老师们留下的宝贵财富，不光有尹派艺术的技艺，更有尹派艺术的精神。

老师身上总有学不完的东西。任何时候重温老师的表演，都还会有新的感悟。比如今日再次阅读了老师写太先生的文章，我内心非常受触动。这份触动是因为字里行间传递着尹小芳老师对太先生尹桂芳之敬畏、之研究、之尊重。小芳老师是我们的老师，但在撰写文章时，她的身份却是虔诚而谦卑的尹桂芳的学生。我感慨，这应该就是梨园子弟传承之神圣所在。

天已入秋，时光荏苒。谨以此文遥祝小芳老师身体健康，生日快乐！

尹桂芳、尹小芳（左）与茅威涛在一起（20世纪90年代）

小芳老师是我学习"尹派"的引路人

赵志刚

2007年初我们尹派弟子大聚会,搞了尹桂芳老师的演唱会,体现了尹门大团结的盛况。当时我就和茅毛有约,要在适当的时候为小芳老师搞一个专场。到2008年,"承上启下——一代传人尹小芳艺术专场"如期举行,我们的约定实现了,尹派大

尹小芳在《沙漠王子》演出后与赵志刚合影(1982年)

家庭又一次重聚了。作为尹派传人,我感到既激动又幸福。那种感觉就像当时主持人形容的,在一个大家庭中,子女为父母做了一点事,尽了一份心。

是的,尹派就是一个温暖而团结的大家庭。我1974年进入上海越剧院学馆——1979年"尹派演唱会"后专攻尹派。明年,我将迎来舞台生涯50年。这50年中,有45年都是以尹派传人的身份出现在观众面前的。在尹派大家庭中,我享受着来自尹老师、小芳老师和前辈们毫无保留的教导和关怀,也感受到很多同辈之间纯粹的友谊;如今又作为师长,看到年轻一辈成长起来,尹派蓬勃发展。这种心情,就像看到一个家庭血脉的代代传承。毫不夸张地说,学尹派、唱尹派、传承尹派是我此生最大的幸运。

而这份幸运,很大一部分就来自尹小芳老师。当年在小芳老师的专场上,有记者问我:我最想表达的是什么?我说我最想表达的只有两个字:感谢。在我学习尹派的道路上,除了尹桂芳老师,小芳老师也是对我至关重要的引路人。我人生路上的很多第一次都跟小芳老师有关。

我排第一出大戏《何文秀》时,看的就是尹小芳老师在芳华越剧团的演出。我学唱的第一段尹派弦下调《桃花扇》,就是跟着录音机学的小芳老师的唱腔。我创造第一个原创角色——《汉文皇后》中的弟弟时,尹桂芳老师就说:"让小芳老师帮你吧。"从剧本分析、唱腔设计,到人物刻画、形体设计等方方面面,实际上都是小芳老师帮我一起完成的。

小芳老师演的《沙漠王子》,我曾经在剧场连看过三十多遍,印象特别深刻。所以说,我对尹派艺术的魅力比较直接的感受来自小芳老师。那些往事仿佛就在昨天。

多年来小芳老师一直隐身幕后,尽心尽力地做着代师传艺的工作。她家威海路那个小阁楼变成了我们的教室。她多年来代师传艺的经历,让我感受到小芳老师的另外一种精神,也是尹派艺术的精神,那就是"燃烧自己,照亮别人"。小芳老师确实是我们的楷模和榜样。现在,我和茅毛都开始带学生了,我们会好好继承这种"燃烧自己,照亮别人"的精神,只有这样,才能真正回报老师,才能使尹派艺术发扬光大。

尹小芳与赵志刚(2008 年)

记忆随笔
——小芳老师[1]

王君安

一

因为突发的疫情,这一年中,我有了更多陪伴家人的时间,有了更多整理与回顾自己从艺道路的时间。空闲时,我会翻看一本本的书籍,从一篇篇记述尹桂芳老师生平和艺术的文章中,重逢不可思议的一个个人、一件件事,他们在老师的一生中留下印痕,并由老师手牵着手带入我的人生和艺途中。

老师的生日又临近了,第一百零一个生日,这是一个崭新世纪的开始,在思念老师的时候,我就自然而然地更频繁想起她身边的人和事,突然脑海中就闪现了两个字:"珍惜!"他们和老师一样,是尹派艺术难能可贵的财富,是老师的艺术生命的延续。翻阅往日旧照,突然想起,今年,也是小芳老师的 90 岁寿辰了,此刻不禁回想起了与小芳老师之间的点点滴滴。

---

[1] 原文于 2020 年尹小芳老师九十华诞之际首发于"君安越韵"微信公众号。

尹小芳与王君安（2018年）

二

小芳老师对尹派艺术的贡献是有目共睹的，我也是从小就和小芳老师认识了。特别巧合的是，我和小芳老师都是在12岁（13虚岁）刚懵懂少年时，就追随并生活在了我们的老师尹桂芳的身边。小芳老师的生日是1931年的10月3日，比老师尹桂芳小12岁，这样算来，当时的老师是24岁，每想到此，我就心生羡慕。小芳老师比我幸运，她来到老师身边的那个年代，正是老师最风华正茂的年纪，身在艺术生涯的上升期，她能天天看着老师练功，陪着老师创作，真真切切地观摩、接触老师在舞台中央的表演。她因被老师的舞台魅力所折服,从"龙门"到"九星",1946年芳华剧团建立时,小芳老师正式地拜在了尹桂芳的门下,由老师亲自改取艺名"尹小芳",可见期许之深。从此,小芳老师刻苦学习尹派艺术,继而展开了自己的艺术人生……

后来,出于历史的原因,我们的老师身体残疾了,非常遗憾的是,老师在艺术巅峰时期没有留下一部影视作品,也因此,当我12岁来到芳华越剧团学艺的时候,已经无法亲眼领略老师盛年时的风采了。对我们来说,小芳老师就是一部拿身体来刻印的尹派教科书了。

认识小芳老师是20世纪80年代初,我们"芳华"学员班的八个尖子生被送到上海戏校学习一年。当时的我已经被老师选中唱小生并重点培养了,我的年龄还很小,才十几岁,还胖乎乎

尹桂芳和尹小芳看望"芳华"学员(20世纪80年代)

的。老师非常关心我们的学习，为我们倾注了全部的心血，她就请小芳老师跟她一起到戏校来看望我们，当时的戏校就在文化广场，在那里我被介绍给了小芳老师。

三

小芳老师从1946年芳华建团时就被老师带在身边了，她还参加了芳华建团第一部打炮戏《沙漠王子》的演出。1950年老师重建芳华，召回小芳老师担任剧团二肩小生，1954年的《义救孤儿记》，老师尹桂芳饰演程婴，小芳老师前演赵朔后演孤儿，师生同台，引为佳话。1979年，大地回春，老师尹桂芳在文化广场举办"尹桂芳越剧流派演唱会"，小芳老师克服重重困难，一段一百多句的长清板《浪荡子·叹钟点》又重现舞台。百废待兴的20世纪70年代末80年代初，老师再次重建芳华，小芳老师领师命投身福建，在困难的条件下参加《何文秀》的排演。该剧于1980年10月在福州首演，使绝响舞台二十多年的这部尹派名剧重新响彻舞台，获得成功。接着芳华带着《何文秀》回到久别的"娘家"上海演出，风靡了上海滩，也再次筑牢了尹派扛鼎的地位。

小芳老师经历了芳华最重要的、最艰难的、最辉煌的各种时期，她对芳华剧团的感情是不言而喻的。我在想，她当时在文化广场看到我们这一批初出茅庐的芳华的小孩子们的时候，心里是何感想呢？我记得我们在一起拍了照片，在戏校门口留念，翻看这些照片的时候，我想起在我小时候的记忆里，小芳老师是很喜欢笑的，她风趣又幽默，对我们和蔼亲切，她对老师尹桂芳又充满了恭敬,我是能感受到她的敬畏的。

到了周末,我们还经常一起去老师的家里加餐,小芳老师也经常会在,益美阿姨买菜做饭,我们都还小,一个一个吃得像"小肥猪"一样,这时老师也笑,小芳老师也笑,看着我们开心得不得了,就好像是和乐融融的一家老小。这是我和小芳老师接触最多的一年,那一年我们在一起度过了很多美好的周末时光。这些回忆都还在我的脑海里,现在想想真是很温馨呢。

在这以后我们回到了福建,和小芳老师的接触就少了一些,但是每次老师尹桂芳带着我们去上海演出以及在演出后召开座谈会,她都会请来小芳老师关心和指导我们。在我自己的感受中,小芳老师一直是很喜欢我的,而她对老师尹桂芳是一种又虔诚又敬畏的态度。她和我们这一代尹派学生不同,她是真正在老师艺术生命最旺盛的年代里,耳濡目染,被老师的艺术浸润着长大的。小芳老师一直说,她看的第一出戏是尹桂芳的演出,学的第一句唱就是尹派,她最敬佩的人就是老师尹桂芳。我想,这朴实真诚的话,正讲出了一个十几岁的少年人对她的偶像由衷的敬佩之情,也促成了她这一生为尹派艺术的开枝散叶、传承与发展付出不懈努力。小芳老师对尹派,可谓功勋卓著。

小芳老师长期陪伴在老师的身边学戏演戏,并刻苦用功地模仿老师的一腔一调、一招一式,她从中领悟到学习尹派的真髓,对老师的手、眼、身、法、步不仅仅是描红般地模仿,更花了很多心思去琢磨。老师舞台上的每一招、每一腔,她都要深刻弄懂个"为什么",并经过分析体会再亲身去实践。对于我们这些因为出生太晚,没能有幸亲眼领略老师舞台风采的学生们来说,小芳老师的亲身演示与分析讲解是多么宝贵的学习资源啊。

四

1995年,在老师的专辑书籍《一代风流尹桂芳》的首发仪式上,老师用颤巍巍的左手,亲笔写下了"小芳爱徒,承上启下——桂芳"十个字,这是多么沉重的嘱托。

正是这常年积累的对老师尹桂芳舞台艺术的琢磨与领悟,造就了小芳老师对博大精深的尹派艺术非常高超而精准的理论分析能力;也正是由于老师的嘱托,使"承上启下"成为小芳老师的金字招牌与使命担当。所以,2009年7月当我受央视的邀请拍摄《跟我学》节目的时候,我就想,一定要请教小芳老师,才能充实提高我在教学方法上的局限。

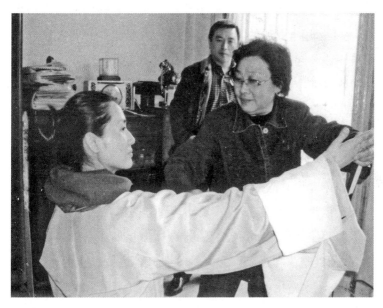

尹小芳为王君安教戏(2007年)

当时，我要去录制几段唱腔的教学，《何文秀·桑园访妻》《桃花扇·追念》《盘妻索妻·洞房》，等等。应该怎么讲？怎么教？我向小芳老师求教，小芳老师欣然应允，悉心讲解，她对我的帮助是很大的，每一句唱，重音在哪里，停顿在哪里，为什么要停顿，她对唱腔的理解都很有深度。也是因为有了这一次的接触，我深刻体会到了小芳老师对艺术的严谨。

五

尹继芳老师经常对我说，小芳老师身上的这些优点，是她从小耳濡目染，从老师尹桂芳身上学过来的，当年老师尹桂芳就非常善于向其他艺术剧种学习，她经常去观摩京昆大师们的演出，并借鉴叶盛兰、姜妙香、俞振飞等小生大家老师们的身段和表演，融汇运用于尹派的人物塑造之中。小芳老师正是在这样的影响下成长起来的，从师的第二年她便被老师送去刘金玉科班，生旦净末丑全都演过，因此拓宽了戏路。她又学老师博采众长，向京剧、昆曲、绍剧、评弹等姐妹艺术学习，请昆曲"传字辈"老师们当"技导"，曾得到了郑传鉴、方传芸、周传瑛等老师们的悉心指导。

京昆大师俞振飞老师评价小芳老师时说："过去我对尹小芳同志的演出，从未看过，我发现小芳同志的舞台艺术，不但继承了尹派表演，更难能可贵的是，她吸收了昆曲和京剧等传统艺术，并加以改革和创新。尤其她吸收其他剧种的东西，不是硬搬，而是艺术融化，她的举手投足，一招一式都是为了塑造人物，绝不是生搬硬套，她这种表演艺术，说明她在文学方面有一定的修养,不是一般演员所能办到的。由于这样,后来她每次演出,我就主动买票欣赏。俗语说得好:不怕不识货,就怕货比货。总的来说,小芳同志在艺术上的成就,在当前越剧小生中,是不可多得的。"这是多么高的评价啊,对我们这些更年轻的尹派学生们来说,这也为我们思考如何学好尹派提供了非常深刻的启迪。

在老师尹桂芳101岁诞辰即将到来之际,联络人与事,翻看交流图影间,我重又开启了记忆之窗。年华如水,光阴倥偬,想念老师,就会想起从她身边走来的人,跟她一起经历过的事。身在闲暇,但感慨良多,大概有一个心愿是我们所有的尹派人共同的,那就是所有的尹派弟子,都能向小芳老师学习,用自己的言传身教、承上启下,把师门的艺术印刻进一代代尹派弟子们的骨髓中。流派的传承,需要我们见贤思齐、共担责任!

"问君安"专场结束后尹小芳与王君安一同谢幕(2010年)

尹小芳老师的人格魅力

张学芬　口述
李声凤　整理

我最初认识小芳老师是在20世纪80年代,当时我才二十岁左右,从嵊州艺校毕业后,刚进入海宁越剧团工作不久。海宁团的编剧和导演徐为是上海人,80年代退休后从海宁回到上海,就住在离小芳老师家不远的地方。他和老师是认识很多年的好朋友,还执导过老师的代表作《张羽煮海》,很受老师信任。徐为导演对我印象很好,有一次我来上海时,他就把我推荐给小芳老师,老师也很爽快地接受了。从那以后,我就经常向小芳老师请教,也不断得到她从艺术上到生活上无微不至的指点和关怀。

1990年左右,我曾被借调到上海越剧院两年,那段时间我经常跑去老师家请教,我在上越排大戏《碧玉簪》时,老师也给了我很多指点,那是我接受她教导比较集中的一个时段。我回海宁团后,因为团里演出需要,老师又专门为我传授了尹派经典折子戏《盘妻索妻·赏月》,后来我在尹桂芳先生逝世一周年的晚会上也演过这段戏,得到了很多好评。

尹小芳老师的人格魅力

尹小芳为张学芬传授《盘妻索妻·赏月》（1991年）

尹派名剧《何文秀》的故事最初流传于海宁一带，海宁也是《何文秀》故事的发生地。海宁越剧团在1999年改编排演了全本的《何文秀》，请小芳老师来担任艺术指导。老师为这个戏专程到海宁来了一个多星期，指导我们排演，但到戏排完，团里要给她报酬时，她却坚决不肯收，一分钱都不要。她说小剧团不容易，让团里省下这些钱给我们青年演员置办点漂亮的戏服。这一举动不仅令团里非常感动，也给领导留下了深刻的印象。事后，海宁市文化局副局长在大会上激动地说："这样德艺双馨的艺术家，要到哪里去找？"其实何止这一次，小芳老师待人一贯如此。她从不把金钱放在心上，也不计较个人得失，自己的生活则

123

很简朴,吃饭都经常随便应付,她的心都用在了对艺术的追求上。

老师对我在艺术上的要求是非常严格的,比如有一次我和老师去上海电视台的《每周金曲》栏目拍摄《沙漠王子·算命》MV。这段戏是罗兰王子假扮算命人,边弹琴边向伊丽公主讲述自己的往事。我和小芳老师都扮演罗兰,她穿便装,我穿戏装,其中一些是单人的表演画面,另一些是她站在旁边指导我表演的画面。在演到"早知道皇上便是谋反贼"一句时,小芳老师看我动作没有到位,突然很用力地一把把我的手按到琴上,当时导演有点惊讶,问她怎么回事,小芳老师解释说:"她动作没有做到呀,我急死了。"导演听后,觉得这个镜头非常真实,最后剪辑时特地把它留了下来。事实上,小芳老师日常指导我们排练时正是像这个画面一样严谨和投入。在表演和唱腔之外,她对演出的各种细节也都非常关注,比如平时我参加一些晚会的演出,要穿什么样的服装登台,她也会专门提醒,跟我说你是小生,上台要记得穿裤装,不要穿裙子。

每当我取得一点成绩时,老师就会特别开心,并热情地给予鼓励,希望我能在艺术的道路上走得更远。比如我们团演出《何文秀》时,她曾专门在《戏文》杂志上发表文章,对我们的表演给予肯定。我演出讲述徐志摩经历的新编现代戏《西天的云彩》时,她也曾高兴地赞许我作为一个女小生能将现代戏演得"没有脂粉气"。这些鼓励,对于我都是莫大的鼓舞与支持。

在生活上,老师对我们则是关怀备至。我在逸夫舞台演出《西天的云彩》时,刚演完第一场就病了,嗓子哑了。老师为我急得不得了,她马上打电话给赵志刚,问他有没有熟悉的医生介绍

尹小芳老师的人格魅力

《西天的云彩》演出后尹小芳陪张学芬上台谢幕（2008年）

给我，能赶紧帮我看看病，喷喷药。还有一次，我在宛平剧院演出，老师听说我感冒了，居然马上让她爱人顾医生大老远地骑着自行车来剧场给我送药。平日里，我生活的方方面面她都经常过问、关心。我个性很豪爽，说话不懂得绕弯，有时候讲错话，老师也从不跟我计较，总是会原谅我。从前我年轻的时候，懵懵懂懂，也不怎么意识得到，现在自己年纪上去了，回想起这些往事，才越来越感受到老师对我的好。

小芳老师如今虽然已上了年纪，但是她仍然思路清晰，反应很快，简直完全没有年龄感。她一直关心着我们尹门弟子，也关心着尹派艺术的未来。老师自己都这么大年纪了，可是她在电话里却经常关心我的身体好不好，还让我要多增加营养。我有时候跟她开玩笑说自己年纪大了，不演了，她就批评我，说我现在是正当年华的时候，应当再好好演点戏。她也常对我说，对现在年轻的尹派小生要多多传帮带,让他们把尹派传统的东西继承下去,不能丢掉了尹派最基本的东西。老师爱越剧、爱尹派胜过一切,她对尹派的热爱深入骨髓,总是在为尹派无私地付出,其他名利的事情她从不放在心上。几十年来,她的这种人格魅力深深感染着我,也在潜移默化中对我产生着深远的影响。

我与小芳老师因"芳华"结缘

陈丽宇

2003年,我在老"芳华"徐小红老师的引荐下,怀着忐忑的心情给崇敬已久的尹小芳老师写下了第一封信。稚拙如我,其实并不敢奢望得到尹老师的青睐。但令我惊喜的是,没过多久我便收到了老师的回音。记得她对我说的第一句话就是:"我(接纳你)是基于你对于这个事业的执着追求,而且你是芳华的尹派小生演员。"从此,我成了尹小芳老师的追随者。

我所在的福建省芳华越剧团(现更名为福建芳华越剧院)是尹桂芳先生亲自创立的剧团,也是尹小芳老师工作多年的地方。小芳老师曾给我看过她珍藏的一枚20世纪50年代的芳华越剧团团徽,团徽的背面刻着数字4。小芳老师告诉我,这个数字表示的是当时团内的挂牌次序。当时芳华的1号是太先生尹桂芳,2号是副团长徐天红老师,3号归属头肩花旦,4号便是她了。我曾拜访过许多芳华的老前辈,但这却是我迄今见到的唯一一枚存留至今的芳华团徽,可见小芳老师心中对"芳华"怀着多么深厚的感情。

对所有唱尹派的人来说,"芳华"这个名字总带着一些"祖地"的意味。2008年"越剧·尹派"被列为国家级非物质文化遗产,福建省也为芳华设立了"越剧尹派传承保护基地"的发展目标。来自芳华,既是我的光荣,亦让我背负着责任。

尹小芳和陈丽宇在"芳华"六十周年团庆活动中(2006年)

与小芳老师相识后不久,我突然收到央视《名段欣赏》的录制邀请,一时有些惶恐,毕竟当时的我对真正的"尹派"传统还知之甚少。幸而小芳老师对我伸出了援手,我怀着欣喜奔赴上海,开始脚踏实地地跟随小芳老师进行传统折子戏的学习。从尹派唱腔的内涵到外在身训的洒脱,从品性的塑造到气质的升华,一招一式,每个眼神、每个唱腔,老师都不厌其烦地为我"手把手"地辅导,与此同时,她的精神也潜移默化地熏染着我。这段学习经历,为我后来的艺术之路奠定了坚实的基础。

时间来到2006年,我有幸参加了首届CCTV"越女争锋——越剧青年演员电视挑战赛",为了能让我在比赛中有好的表现,小芳老师倾尽全力为我进行辅导。当时我住在宾馆里,每天一大早起来就拎着靴子和褶子往老师家里赶,待到排练结束返回宾馆,常常已是子夜时分。但在我身后,老师所付出的艰辛更是百倍于我。记得有一天,我像往常一样走进老师家里,却发现总是早早等候着我的老师背对着我,我赶忙上前询问是否需要帮忙,却被老师拒绝,只让我继续排练。后来我才知道,老师为了给我找剧本资料,不慎肋骨骨折,她不愿让我担心,硬是用护腰支撑着完成了当天的教学。后来,小芳老师终因劳累过度,不得不入院治疗,但即便是在病床上,她也一直坚持为我指导。她对我说:"你一天都不能拉下,你到医院来,我帮你抠戏。"每每回想起这段场景,我都会觉得心头震撼。

作为学生,我心疼老师,感恩她的付出,我深深地知道,只有在舞台上呈现出最好的表演状态,方能对老师无私的付出回报一二。小芳老师在艺术上要求非常严格,看到我有不到位的地方,她有时不忍心说我,但不免一声叹息。我看到老师这样,心里就会非常难受,回到宾馆一个晚上都睡不着,一直思考如何去寻找人物。当她在排练中看到我偶尔能出一点点比较好的状态,她就会非常开心。不过,当我终于在"越女争锋"比赛中摘得金奖,打电话向老师报喜时,她在高兴之余,也第一时间郑重告诫我不可骄傲,要继续努力向前。

在老师的鼓励和帮助下,我在成长的道路上不断前行。无论是在我去中国戏曲学院学习时,与同事一起建立芳华的尹桂芳陈列室时,又或是为争取戏剧梅花奖而努力时,小芳老师那坚定而倔强的身影、默默的支持和付出都无处不在、如影随形。

小芳老师总说自己是"一个永远不会毕业的小学生"。她不是假意放低姿态,而是始终保持着一种虚怀若谷的心态,真心实意地与周围的人交流探讨、从别人那里获取自己需要的知识。我也经常学习她这种态度,主动与有自己的艺术观点、敢于说实话的朋友交流,认真倾听,吸纳有用的意见。

曾有人评价小芳老师在"尹派"的传承发扬上"厥功至伟",我觉得这是十分中肯的。包括我在内的许许多多尹派弟子,正是在尹小芳老师承上启下的无私传授下,才体悟到了尹派的内涵与精髓,进而形成了今日尹派在越剧界的繁盛景象。如今的我也开始承担对年轻一代的教学,渐渐更多地体会到了小芳老师的苦心和不易。从芳华的第七代、第八代学员进入剧团的那一刻起,我就像老师当年对我那样,尽我所能去关爱她们,将我

尹小芳与陈丽宇、郑全(2016年)

所学一点一滴传授给她们。真教真学,不求速成,只求踏踏实实一步一个脚印,将太先生和尹小芳老师的人品、艺品传下去,把芳华尹派的根脉传承好。

"择一事终一生,不为繁华易匠心",在尹派传承的道路上,我会沿着老师所指点、开拓的方向,去继续努力前行。

编者按：

尹小芳在指导专业演员之余,也热心接纳了不少业余的越剧爱好者,很多人都是从学生时代起,就得到了尹小芳的关怀与指教。尹小芳不仅提升了他们在艺术方面的领悟力,也对他们的成长产生了重要的影响。

我所了解的尹小芳[①]

颜南海

我和尹派艺术有着不解之缘。20世纪80年代初,中学时代的我就结识了尹桂芳,通过介绍又认识了尹小芳,二十多年来,我目睹了这两位艺术家浓浓的师徒情,目睹了她们对后辈无私的关爱。

1985年我在复旦大学就读时,担任复旦戏剧研习会会长。为在高校弘扬戏曲艺术,我们邀请了尹桂芳、尹小芳、赵志刚来校讲学。那可是"文革"后越剧名家首次在高校讲学,盛况空前,一个只能容纳三四百人的大教室硬是挤进了七八百人,其中还有不少是外国留学生。我原本以为尹小芳是个不善言谈的人,不料她不但侃侃而谈,一次次打动了全场师生,更以回肠荡气的《浪荡子·叹钟点》令在场所有人折服。

---

① 原载于《上海戏剧》2008年第3期。

尹小芳在复旦大学演唱《浪荡子·叹钟点》(1985年)
（左一为颜南海，左二为时任复旦大学党委副书记金炳华）

1987年，上海市文化局成立上海越剧爱好者协会，我作为高校代表出任副会长。协会成立大会上要我表演一段尹派唱腔，我向尹桂芳征求意见，她建议我用英语演唱《浪荡子》选段，并请尹小芳辅导。在尹小芳家中，她不厌其烦地向我做讲解、做示范，使我深深领教了其精湛的艺术透析力。此后，我常去尹小芳家拜访、求教，尹桂芳和尹小芳成了我人生历程中最好的老师。

尹小芳对艺术极为执着。正是因为这份执着，尹桂芳才会写下"小芳爱徒，承上启下"相赠；正是这份执着，使尹小芳的艺术深受同行赞赏和观众喜爱。不过，也正是这份执着，使她对人情世故特别淡漠，不擅长处理各种复杂的社会人际关系。处在一个追名逐利的社会里,像尹小芳这样的人往往会吃亏,往往被误解,甚至受到不公待遇。尹小芳一生奉行"清白做人,无欲则刚,勤奋从艺,一丝不苟"的原则,她早就是国家一级演员,1994年还被文化部授予"越剧表演艺术家"荣誉证书,但因她从不张扬自己,以至于在大庭广众下,人们往往不知如何称呼她的艺术头衔。

尹小芳是一个很有个性的完美主义者,有些知识分子的清高,洁身自好。她不仅对唱念做舞十分苛求,而且对戏服、装饰、道具也都再三考究,甚至亲自设计、修改,力图与人物配合得更紧。演出前化妆的那段时间,她绝不允许旁人打扰,更不随便接待戏迷。她十分注重培养剧中人物的情绪,常说"戏要做到后台",只有这样,一出场、一亮相才会感染观众。

尹小芳经常说,每次演出都要有新意,因为艺术并不是僵硬不变的,而且也要对得起反复前来观看的观众。在20世纪80年代一次越剧中青年演员演唱会上,主办方请她清唱《张羽煮海》片段。尹小芳不甘心拿着话筒干唱,于是就在家里拿着饭勺,饭勺柄上系上一段线(当时演出多为有线话筒),反复演练。到了正式演出时,尹小芳身着白色西服,一个漂亮的抬腿从幕侧缓缓而出,站定,顺手将绕着一个圈的话筒拖线随势向右下方一甩,似甩水袖般简洁优美,顿时满堂掌声。

尹派艺术从40年代到60年代也在不断发生变化、不断创新。尹小芳继承了尹桂芳的艺术理念和表演技法,也承继了老师不断创新的精神。她的唱腔婉转流畅,柔中有刚,咬字清晰而富有力度。在她80年代的代表作中,在尹派唱腔的基础上又融入了新内容。比如,她加强了小腔和一字多韵的装饰,增强了韵

尹小芳在人民大舞台演唱《张羽煮海·闯海》(1989年)

味的色彩,《张羽煮海·闯海》中,她将许多字韵处理成多韵字,既增加了唱腔难度,又增强了韵味效果,使原来较为平缓的运腔增加了起伏和弹性。

尹小芳的唱腔吸收了不少其他剧种的营养,使尹派唱腔更丰满起来。比如《浪子成龙》有多处融入了评弹的韵味。第五场"飞龙图双手捧……今日见图热泪涌"的"泪"字,字腹部分由中低音调突向高音区上扬,这一运腔与余红仙《蝶恋花》中所唱的"忽报人间曾伏虎"中的"曾"字的唱腔极为相似;《雪地》一折"只叹我青春年华空蹉跎"中的"春"、"只能够到处流浪赖乞讨"中的"处",与评弹的韵味也是一致的。同时,尹小芳的念白也渗透有京剧味道,显得很有力度。这种"化"得巧妙的例子,还有很多。

尹小芳的唱腔情融于腔,有感而发,为情所动。《沙漠王子·叹月》首句道白和起调腔"伊丽,你到底在哪里啊?在哪里啊?"一句,她总共采用了五起五落十个小腔,且按照逻辑重音加重了"到""哪"两字,感情抒发润人心田,抑扬顿挫催人泪下,展现了浓郁的艺术魅力。

我曾向尹桂芳请教她对徒弟的评价。她说:小芳的表演不错,她的理解力很强,很用心。有时在一部戏里,小芳只有一个动作,一句台词,她也认真去演,也常常得到观众喝彩。她后期表演上的动作比我多些,借鉴了京昆一些东西。

我常用"圆"来形容尹小芳的形体表演。比如她在《何文秀·桑园访妻》时的"拜谢"动作,一般演员都是把水袖向左一甩、一提、一个鞠躬完事,她则是身子微仰,合手胸前,稍停,双手向上向前拜出,鞠躬。整个动作潇洒儒雅。在《浪子成龙·书房》一折,尹小芳饰演的韦英与表姐再次相见,为表现人物的悲愤、凄楚,她做了这样的处理——道声"表姐"后,与表姐同卷《飞龙图》,当一上一下合拢时,她突然将画轴用力一拉。这一拉,将韦英几年来所受的屈辱辛酸、错综复杂的内心世界表现得淋漓尽致,达到了"此时无声胜有声"的境界。

现在观众能看到的尹小芳的演出录像,都是她80年代录的。那时的她虽已年过半百,却风采依然,真是不容易!她勤练功,常钻研,平时爱看书,好诗词,也爱看电影、听评弹京昆,具有颇高的文学艺术修养。越剧的唱词大多很通俗,尹小芳常常不满足那些过于直白的词句,往往亲自去改、去填词。

尹小芳的艺术,已成为尹派艺术重要的组成部分,这宝贵的艺术资源是后辈艺人学习的经典。而她虚怀若谷、淡泊名利的为人风范,更是大家学习的楷模。

写在小芳老师九十寿辰之际①

王　斌

听说加拿大的"尹迷"要为尹小芳老师的生日举办网络演唱会,才想起今年是尹老师90岁的大寿。祝亲爱的老师身体健康,福寿延绵!

和尹老师相识在22年前,那时我还是个"热血青年"。因为台里的活动,要请尹老师和戚雅仙老师来参加,所以那天我把她从杭州火车东站接到酒店,到酒店后还在她面前唱了一段。人与人之间的缘分就是这么神奇,有的人三天两头打交道,也只是点头之交,但我和尹老师的交往就从这偶然的一面之缘开始,一直延续至今。

我是个很幸运的人,到哪里都有前辈照拂。在电台,一直跟着程曙鹏老师,从跟他一起调改节目,到自己独立策划,程老师都是背后托着我的那只大手。有一年,又遇到尹小芳老师,程老师说:"我要退休了,要把这个学生转交给您了。"本以为是句玩笑话,哪知道当真开启了我和尹老师的情缘。

---

① 本文于2020年尹小芳九十华诞之际首发于"的笃越剧"微信公众号。

尹小芳与王斌(2003年)

虽然没有正式磕头拜师,但这些年来,老师始终把我当作自己的孩子般看待。有一次,我去老师家拜年,聊到了斯琴高娃,那时影院正好在上映《姨妈的后现代生活》,老师表现出了浓厚的兴趣。于是我们一老一小直奔影院,哪知这家恰好时间过了,就又赶去另一家,一路下来,几乎在人民广场周围走了一圈。看完电影,我说打算直接坐地铁去火车站了,老太太居然硬要送我进地铁站,还在旁边的面包房买了面包,要我带着路上吃。据说,这是老太太第一次进地铁站。

相隔两地,我们联系用得最多的方式还是打电话,后来有了微信,就是语音通话。我在生活、工作中遇到一些转折点时,会和老太太唠唠嗑,有时会被她"骂"几句,有时也会跟她抬抬杠。而老师也是完全把我当作家人对待,说说自己的近况,偶尔也会发发牢骚。挂了电话后,两人往往都是一身轻松。

老师年纪大了,也不太愿意我们多去她家,总是说"多打打电话就好了",我们都能理解老师的心情。

虽然相见次数不多,但总能感受到老师的牵挂……

我和我的老师
——写在老师尹小芳先生从艺八十周年之际

顾学风

今年是我的老师尹小芳先生从艺八十周年,激动之余,总想写点什么。静下心来,回想与老师相处的点点滴滴,幸福之情油然而生。

喜欢越剧源于我的家庭环境,据说我外婆家祖上办过戏班子,我姨婆是新昌越剧团第一代演员,老妈也考入过剧团,所以,我打小就常常被带着看戏,也经常被大人们当作"玩偶",你一段、我一段地教戏。

但直到六岁那年,看到老师演出的《沙漠王子》,我才被真正地吸引住。幼小时的记忆是遥远的、模糊的,但我至今仍清晰地记得,台上的王子走起路来,舞台会"噔噔"地发出响声,王子举手投足间器宇轩昂,还有老师的唱,与我之前听到的感觉很是不同。那时候太小,不太懂,但老师的艺术已经驻入我的心中,生根发芽。我是看着老师的戏长大的,《沙漠王子》《何文秀》《张羽煮海》《浪子成龙》等剧中一个个超凡脱俗的艺术形象,《桃花扇》《浪荡子》《毛遂自荐》等一段段精妙绝伦的尹派唱段,都让我痴迷至今。

尹小芳与顾学风(2002年)

与老师结缘是在2001年浙江广电集团纪念太老师尹桂芳先生的尹派演唱会现场，当时我唱的是老师的代表作《张羽煮海》的选段《求仙》，临近谢幕时，老师也来到后台。让我意想不到的是，老师竟然把我叫到身边，说了一句"小家伙真不错，真不错，很用心"，还问了我许多学习和生活上的事。我常自认是一个非常理性的人，但那一刻的我，却觉得好像拥有了整个世界。慢慢的，接近老师的机会多了，从最初的通电话，到后来的上门求教，何其有幸，在老师的认可下，成了老师一名不成器的学生。

老师对待艺术极其严谨，对待学生也极其严格，在我记忆中，在老师面前很少听到表扬。记得有一次，我演完《何文秀》，自鸣得意地拿着剧照给老师看，老师指着我《冤狱》中的剧照说："嗯，这扮相好看是好看，但这时候的何文秀刚刚受过大刑，你这装扮不符合人物啊。"在嘉兴纪念太先生逝世三周年的演唱会上,我演唱了《桃花扇·追念》,下台后,老师毫不客气地向我指出"只注重了音质和唱腔,没处理好收放和情感"……正是老师的严格要求,让我从最初对艺术的一知半解到慢慢有所收获,正是老师的谆谆教导,滋养着我的成长,引领着我的前行。

我一直说,老师的艺术就像我们杭州的龙井,芳香四溢且让人回味无穷。之前是在每次演出前,后来是在每次创作、导演作品前,我都会习惯性地去回看老师的录像资料,可以说,我看了几百遍、上千遍,每次都会有不同的启发和感悟,这可能得益于自己年龄和阅历的增长,但最主要的还是老师艺术的高深让我学而不尽、受益终身。

作为一名学生,我觉得我的老师完美地体现了人们常说的"严父慈母"这个语汇的内涵,在艺术上对学生严格要求,在生活中把我们像自己的孩子一样对待。自我感觉,老师对我还是比较宠爱的,加上那时少不更事,所以平时经常会"肆无忌惮"。

记得那时候去老师家,常常上午进门,晚上很晚才离开,老师除了辛苦教学外,还得"待茶待饭待点心"。演出时,会跟在老师身边,把脸凑在老师面前,缠着老师给我化妆。让老师题字、写东西,也会直接准备好本子和笔,"盯"在老师身边让老师当场写完……每每和老师回想起这些事,老师总会笑着说:"这小家伙啊——要打屁股。"打心里觉得老师特别亲,亲得就像自己的妈妈。每次见老师或者和老师通电话,总会有一种难以名状的温情;家里人也总是说我提起老师、和老师聊天,就会像个孩子一样开心激动。

在我心中,老师是伟大的。尹派艺术的发展极其特殊,尤其是"文革"后,老师整理、恢复、创作了众多经典剧目;老师培养了

尹小芳与顾学风（2003年）

一大批在整个越剧界都堪称翘楚的尹派传人；老师亲力亲为，全面承担起尹派艺术不断丰富、完善、发展和建设的任务。所以长久以来，说到尹派，越剧界素有"老先生"（尹桂芳）、"小先生"（尹小芳）之称，这正表明了老师在大家心目中的地位。今天我们所熟知和热爱的尹派艺术是尹桂芳先生的尹派艺术，但又何尝不是尹小芳先生的尹派艺术呢？

时间过得真快，一转眼，老师从艺八十周年了，老师也九十多高龄了，但老师对越剧、对艺术的关心、关爱一直没有停歇。疫情期间，老师第一时间发起并指导创作了抗疫唱段《送征》，鼓舞士气，体现了一名老艺术家的担当。对于我收弟子、对于我在海外传播戏曲艺术，老师也给予了肯定和莫大的支持。老师曾说，越剧是中国的，也是世界的，我们有义务把它继承好、发展好。

老师虚怀若谷、推己及人、淡泊名利,虽然老师离开舞台几十年了,但越剧界的后辈们、广大的越剧观众们都没有忘记老师,在老师九十华诞的时候,加拿大的华人社团自发组织了祝贺演唱会,中国驻加拿大大使馆发来祝贺视频;去年老师生日,海外十国华人社团联合录制了祝贺和演唱视频……越来越多的年轻人,越来越多的海外观众加入了"知音同乐"的行列,让我们特别欣慰。

何其有幸,在机缘巧合中,在先生的认可下,能成为先生的一名弟子,能幸福、自豪地喊先生一声"老师",能常常聆听先生的教诲。感谢老师对我一生的引领,衷心祝愿老师健康长寿,艺术长青;愿尹派艺术永远知音同乐!

我与尹小芳老师[1]

李声凤

我与尹小芳老师的缘分,说来已经有十五年了。

我从小就对戏曲曲艺有一种天生的兴趣,但因无人引导,所以不过是听听广播、看看电视,偶尔买盘磁带而已。上了大学后,因课业繁重,暂时也就搁下了。直到大四那年,我偶然旁听了一门讲戏剧史的课,重新激起了看戏的兴致。于是在电脑上找了大量的演出视频来看。就这样,2002年时,我无意间遇到了尹小芳老师20世纪80年代的《何文秀》实况录像。

当时的感受至今仍记忆犹新,那是一种始料未及的震撼。我虽一直以来都对戏曲怀有一种朦胧的好感,但直到那时才真正被一击而中。她在《私访》中唱"春风送暖万物新,来了我文秀再世人",那种劫后余生者的感叹,欣喜之中又饱含沉重,被刚从坎坷岁月里走过来的她演绎得如此到位。她在《哭牌》中表演何文秀隔窗观看妻子祭奠自己时的反应,有欢喜、有感动、有伤怀、有欣慰,把埋藏在轻喜剧气氛之下人物内心的悲欣交加、百味杂

---

[1] 此文原载于2018年9月27日《新民晚报》。因报纸字数限制,发表时做了较大篇幅的删改。此为删改前的原版,收入本书时做了少量修订。

陈表现得那么生动幽默、层次丰富。那种味道，根本不是言语所能说清的。我的头脑突然受到如此大的冲击，几乎不知如何反应，除了惊愕就是震撼。那天，我一边看一边痛哭，心绪复杂到难以言喻。

在这种激动情绪之下，我这个当时和戏曲圈毫无关联的人，开始琢磨要怎么找到小芳老师。短短两周后，我辗转要到了她的电话号码。这一过程之顺利，今天回想起来仍觉得无比神奇，而它也让我心中深信，我和小芳老师在冥冥中的确有着某种缘分。

我拿着号码，在心里酝酿了很长一段时间，真正和小芳老师通上话，已经是2003年3月间。起初的两三次固然也相谈甚欢，甚至不乏零星的思想碰撞火花，但还谈不上深入。毕竟我作为一个贸然闯入越剧领地的新人，多少有些千言万语无从说起；而她对着我这样近乎一张白纸的对话者，一时也难以说到我明白。我对戏里的那个她似乎已很熟悉，但现实中的这个她对我终究还有些陌生。

然而，这种心理上的距离感很快就随着小芳老师的一个来电散去了。那年，正是北京遭遇"非典"的时候。校园里一下子空旷安静了许多，学生们虽然表面上还是嘻嘻哈哈宛若没事，但内心里都明白事态的严重性。在这样的气氛中，5月初，小芳老师突然给我打来了慰问的电话。她说她看到电视上报道的情况一天天地严重，立刻就想到了在北京的我。她问我口罩这些是不是都有，缺不缺什么东西，如果需要她可以给我寄。又关照我们一定要小心，乖乖待在宿舍里，不要四处乱跑。我惊喜之余，大为感动。毕竟那时我不过是一个和她只说过短短几句话的青年学生,她毫不掩饰的关爱之情让我突然感受到了她内心里对人的质朴和真诚。

我本不算是个戏迷,我认识小芳老师时,几乎连剧场的门都没进过,只不过看过些录像、听过些录音而已。加上我那时还在外语专业,脑子装的满是西方的话语体系。虽然观剧时,我凭着艺术体验的相通和个人的敏锐直觉,也能获得丰富的审美体验,但对于戏曲的各种具体细节,我完全是陌生的。最开始,我脑子里想的还是一些飘在天空中的理论问题,也有一些虚拟的框框。然而,和小芳老师的交流使我逐渐对越剧的方方面面获得了非常具体而微的认知和感受,她生动的讲述时常让我油然生出歌德所说的"理论是灰色的,而生命之树常青"之感。日复一日,我的思考开始慢慢落到事实的土壤上,而越剧于我也不再是书本上干巴巴的介绍文字,而成为一种鲜活而真实的存在。后来,我逐渐转换了专业,一步步走向戏曲研究,在这段漫长的探索过程中,小芳老师在日常交流中所给予我的点拨和启发发挥了不可替代的作用。身处在一个"快餐"时代,我却因为遇到小芳老师,而得以亲身体验老一辈如何在日常生活中一点点"熏"出学问来的教法,何其有幸!

与小芳老师的交往,为我打开了一个新的世界。自此,我开始频繁走进剧场观剧,这一年,我还和一些同样爱好越剧的同学一起创办了北京大学学生越剧协会。未名湖畔,开始有了越剧柔婉的旋律。而我和小芳老师,也因着越剧的缘分,日渐熟悉和亲近起来。我还在北京时,每次来上海看望小芳老师,都会把旅馆订在她家附近。拜访完她离开时,常常都已是晚上。临出门,她总要送到门口,并嘱我到了旅馆就给她发消息,免得她担心。

记得有一次大家聊得特别开心,我回去时走路轻快得就像要飞起来,没几分钟就到了旅馆。我拨通电话向她报平安。她接起电话来听见是我,就很乐,说:"到底年纪轻,脚又长,才刚刚出门嘛,怎么这么快就到啦!"隔着电话都能想象她在那头笑意盈盈的样子。这些情境,每每回想,都让人觉得无比温馨。

　　我本人的嗓音条件并不算好,但出于对越剧的喜爱,加上考虑到亲身实践对戏曲研究的重要性,还是渐渐开始了学唱的历程。我虽一直怯于在小芳老师面前演唱,她却从不嫌弃,经常鼓励我开口,更主张我勇敢地去舞台上实践,在实践中锻炼和提高,这给了我坚持学唱的巨大动力。那时候北京的越剧环境非常差,北大学生课业又很繁忙,越协的同学们都是靠着一股热情在艰苦的条件下排练,以录音、录像为师,靠相互交流来争取点滴提高。小芳老师对我们的这种努力颇为赞赏,每每给予鼓励。越协办演出,我常会向她请教,她总是饶有兴趣地听我讲各种稚嫩的安排,并给予提点。2011年,北大越协打算办一个尹派折子戏专场。计划初步确定后,我有一次就在电话里和小芳老师说起了这件事。她饶有兴趣地听我讲了我们整体的节目安排,得知我要在最后压轴演出《何文秀·算命》,就问我们打算从哪里演起。我回答说,从"枝头鸟雀闹声喧"开始。这就是从头到尾一整折了,对我们这些殊少上台的学生来说,其实颇有难度。所以她一听就乐了,笑我们胆子真大。但这天说笑完之后,她居然在家里默默翻出各个尹派学生出版的《何文秀》伴奏带,一盘盘听,从中找了比较合用的,专程给我寄来。之后,又让人为我订做了这一场的何文秀戏服。我不知该说什么感谢的话,只有默默铭记于心。

李声凤在北大越协"情系尹韵"尹派专场上演出《何文秀·算命》(2011年)

我和小芳老师的交往虽然由戏而始,但她自从接纳我之后,便对我关怀备至,所教导之处,并不仅限于戏。北大素来以崇尚自由著称,教师尊重学生的个性,一般不会对学生多加干涉。本身就属天之骄子的北大学生,言行间不免因此更显得散漫而自我。我从本科到博士,在北大度过了十二年半的光阴,身上刻着深深的北大人的烙印。小芳老师深知社会上对人不会有这样的包容度,总担心我这副象牙塔里的脾气日后不见容于世,所以每次见到我做事高调、言行随意,不顾忌他人感受,总是千方百计叫我改正,有时多番劝说无果,甚至不惜疾言厉色加以斥责。天长日久,终有收效。我在读博期间,有一天导师上讨论课时,猛然发现我居然能安安静静不开口,让人家说完话了,大为惊喜,说:"声凤今天居然不插嘴了,进步了嘛。"事后我学给小芳老师听,她笑得是那么开心,我知道她是发自内心地为我高兴。后来我遇到类似的情况，脑海中便常会想起小芳老师往日里对我的谆谆教导。毕业工作后，涉世渐深，对她往日的苦心慢慢理解得更多，每每想起，心中都备感温暖。许多年后，我去看望一位北大的老师，他无意间感慨地对我说："你现在不像以前那么爱跟人抬杠了，看来是年龄上去，成熟点了。"我百感交集，回到家后发了一条长篇微信告诉他，我身上的这些转变其实源自小芳老师多年来的教导。这位老师也非常感动，回复的第一句就是："这个尹老师，就凭这一点，足以叫人肃然起敬。"我读着他的话，想着小芳老师往日的苦口婆心，早已又泪流满面。

在多年的交往中，小芳老师常常让我感受到惊讶和意外。我初识小芳老师时，她就已是七十多岁的老人了，但思路仍然非常清晰，反应仍然非常敏捷。她为人冰雪聪明，心思细腻周到，令人赞叹，难怪她的戏总是细腻生动，层次丰富，深可咀嚼回味。她非常好学，也非常会学，很善于从周围环境中获取可资借鉴的东西，也很善于把学来的东西消化吸收到自己身上，或许正因如此，她才能时常在戏中不落痕迹地化用其他艺术形式。她虽然很有自己的主见，但是也能容许别人表达非常不同的看法。只要道理说得到位，她也会欣然接纳新的观点，和同年龄的老人比，算得上是相当开通了；对于新鲜事物，她常常怀着一种孩童般的天真和好奇，好像心态一点也没有随年龄老去。也许正是因为这种天性，所以她的戏即便在几十年后的今天看来，仍觉颇有新意。她身上虽有种种病痛，但一碰到艺术就精神焕发，好像心里燃着一团火一般，充满着力量，令人自叹不如。作为一位表演艺术家，她在舞台上用四功五法所表

尹小芳与李声凤（2007年）

达出的东西，其实远比她在生活里以言语所表达出的更准确、更丰富、更深厚。她所有的沧桑、沉痛、温柔、隐忍，对于生活，对于世界，对于一切美好事物的爱与向往、感伤与无奈，都融在她的作品中。她或许并不是一个完美的人，但绝对是一个能给人留下深刻印象的艺术家。不过，对我而言，她首先是一位可亲可敬的老人，是那个曾在冬日里亲手为我系上围巾，像看一件作品般慈爱地看着我的长辈。她虽有时也会当我是个小大人一样探询商讨，但更多的时候还是会把我当作一个小孩子那样去关怀爱护。我从她身上感受到期望与要求，也从她身上汲取着养分和力量。十五年时光，转瞬即逝，回望昨日，只觉满满的都是她的印记。

附：

尹小芳记[①]

李声凤

今之越坛，群芳竞艳，姹紫嫣红充塞目前。其炎炎之势，难相拟也。惜乎不难一笑而置之，盖有形无神，故于心无萦也。然竟于布衣方巾之下，得人情之至真至纯者。曲者声不振林而摇人心绪，响不遏云而动人神魄，其情其致达于方寸，令人张口瞠目，惘然自失，更无一语可覆，唯唏嘘而已。此非艺之绝者乎？

遂志其人名姓，而索之于报章时论，所获者何寥寥哉！唯新秀遍地，争竞娇啼，傲斗华妆，是时人所喜与者。乃默然良久。瓯北云"江山代有才人出"，未为不当也，然子美"不废江河万古流"之语，岂妄言哉？

尹君小芳，师从尹派之祖尹桂芳，身世不甚详细。十三岁入梨园，为衣食所迫故，非自择之也。然闻曲而心折，终拜入尹派之门者，非慧根早存欤？数十载从师，深有所悟。粉墨登场，仿其神韵而不拘于形；开腔吐字，传其情致而不滞于声。此可轻索于二人乎？

或曰：照猫画虎，依样葫芦，仰面受业辈何可与机杼自出者相举并哉？谬矣。想一技之成，数代之力也。上至济世活人之道，下至织席贩屦之术，无不然也。尹派早成，时越剧尚在草创之初，其为疵也必矣。音出乡野，未承中州之韵；词欠雅驯，终为美玉之瑕。他者亦如是也。

[①] 此文 2002 年 10 月首发于北大未名 bbs "文言版"，是作者与小芳老师相识之前所写。后发布于"高山流水今相逢"公众号，略有修订。

或曰：虽然，尹师桂芳，实一时之俊秀也，故尹派赖之以立。其天资聪颖，非寻常可相比拟也。对曰：小芳之资质若何，或有时而可商，然其孜孜向学之心，必无时而敢忘。唯此，方能于文字、音乐、服饰、妆容，均有所悟，而见之于红氍之上，其修为实未之逊也。扬尹派之美，而蔽补其缺，使臻于至境，岂可轻言哉？

其艺之存于世者，如《何文秀》之文秀，《沙漠王子》之罗兰，《张羽煮海》之张羽，《浪子成龙》之韦英，均上乘之作。神采飘逸，举止天然，令人乍见即惊，纵心存疑惑，亦不遑究其年岁几何矣。一曲未终而入境已深，浑不忆其实非一弱冠男儿也。剧终沉吟，情景犹新。倘有好事者告之曰："此戏摄时，尹君已过知天命之年矣。"口即唯唯，心必难信也。三闻其曲则此等絮絮全不挂怀。其技之神也若此。

细审其声，略觉沙哑，然低沉委婉，深有情致，比之音色清亮高亢之辈更显隽永绵长。又吐字运腔，不求穷其技，但求得其宜。故无捉襟见肘、声嘶力竭之窘，而有从容自若、飘逸蕴蓄之妙。想剧曲原不比席上短歌，虽入于宫商、辅以丝竹，然贵乎传人物之神貌，故要在得其所宜。倘以逞声现巧为高而指摘尹君之声腔音韵，岂不谬哉？

原注：
1. 瓯北指清代诗人赵翼，"江山代有才人出"出自他的七言绝句《论诗五首》之二。
2. 子美指唐代诗人杜甫，"不废江河万古流"出自他的七言绝句《戏为六绝句》之二。
3. 笔者写此文时，身在北方，远离越剧中心，且当时中国互联网尚在发展之初，网上能找到的有关小芳老师的资料非常少，所以文中有"身世不甚详细""所获者何寥寥哉"等语。
4. 笔者被小芳老师的艺术所深深打动,始于《何文秀》,所以文中有"于布衣方巾之下,得人情之至真至纯者"这样的话。
5. 写此文时,笔者刚刚本科毕业,迈入研究生一年级,所以文句间还颇有少年人的气息。此处仅对个别字词稍作修订,大体仍为旧作。

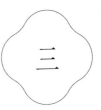

三

掠影篇

两个突破
——写在《浪子成龙》公演之时[①]

尹桂芳

虹口越剧团正在演出《浪子成龙》,这是该团编剧陈曼的新作,由戏剧学院叶露茜老师为艺术指导,杨关兴老师导演。

戏写的是唐朝天宝年间,浪子韦英通过安史之乱和自身的遭遇,从原来的"小霸王"回头成龙的故事。它寓理于情,引人入胜,突破了一般才子佳人戏的框框。

由于题材具有积极的现实意义,富有浓厚的生活气息,尹小芳在塑造韦英这一人物中,表演时而豁达明快,时而深邃舒展,起伏有致地刻画了这一人物形象。尤其在第六场浪子回头、返回故里、触景生情时,用了68句大段唱腔,结合人物深切而复杂的感情变化,以字行腔,以情传声,将剧中人的思想转变表露得一清二楚。她在表演上也突破了原来温情文雅的一般小生风度。

我接到《浪子成龙》本子,曾逐字逐句看过,因为自己行动不

[①] 原载于《舞台与观众》1984年2月17日。

便，只去看望过他们一次，然而大家逼真的排演，执着的态度，使我振奋。

《浪子成龙·拒读》(1984年)　　　《浪子成龙·书房》(1984年)

尹小芳演《浪子成龙》[1]

叶 涛

浪子就是韦英。尹小芳扮演的韦英是成功的。

这个角色性格的发展是转变型的,转变的过程也就是浪子成龙的过程。转变的契机,是唐明皇时安史之乱的大动荡,这个官家子弟流离颠沛,受尽苦难,在百姓的勤劳、宽厚影响下,得到彻悟而立志革心洗面,为民除害。这种人物性格在越剧中少见。因为绝少写儿女私情,所以在刻画人物性格时必须寻找新的手段。

尹小芳用娃娃生的身段表情,先给观众一个本质尚好、天良未泯的官家浪子印象。这就为后来的转变做好了铺垫。后面如何成龙的戏几乎全被省略了,让观众自己去想象。编、导、演的精力似乎主要集中在描绘其落难醒悟的过程上。果然,尹小芳在酒店的几场戏中充分发挥了尹派表演的特点,尤其是在进城求表姐帮助救出民女的一场重头戏中,把大段唱腔处理得低沉婉转、逶迤曲折,使观众深受感动。在韦英觉醒之后,总结了自

---

[1] 原载于《苏州日报》1984年6月6日。

己的一生,以后的发奋、中举、进仕就是自然结果了。这个重点抓对了。

尹小芳是一位很能动情的演员。她很会运用嗓子,在收放中适当配备力量,有越唱越好的感觉。但主要还在于她的表演以情动人,唱得激情饱满,使观众被情感内容所征服。好几场戏她都是含着眼泪唱的。如果没有对角色的深刻体会,是很难达到这种境界的。

尹小芳的形体控制又颇见功夫。演孩子像孩子,演做官的像个官。最后一场戏的台步相当漂亮。但给人最深印象的还是风雪交加的夜里,倒在小酒店门口的落难公子。越剧表演中的水袖功,在这里用得妥帖,有表现力,演出了饥寒交迫、走投无路的绝望怨愤之情,感染力很强。

韦英一角变化大,色彩多,难度高,而且几乎每场都有戏,相当吃力。尹小芳演来得心应手,足见她的功力之深。希望尹小芳能创造出更多更好的角色,来为观众欣赏。

编者按：

这篇文章是虹口越剧团作曲潘祖德在1998年尹小芳老师《名曲精选》CD和磁带的签售会后所写。在当时的一期电台访谈中，小芳老师谈到签售时的盛况，激动万分。她满怀深情地对听众说："感谢大家没有忘记我。"这句情真意挚的话打动了无数人的心。潘祖德这篇文章的标题显然也是由此生发而来，签售会的盛况激起了他对尹小芳老师在虹口创造的那些光辉岁月的回忆。

观众没有忘记她
——记尹小芳[①]

潘祖德

1998年7月的夏天，美琪大戏院的观众厅里人声鼎沸。越剧尹派韵味浓郁的旋律声声绕梁，大厅四周的橱窗里挂满了《沙漠王子》《何文秀》《浪子成龙》《张羽煮海》《毛遂自荐》等剧中尹小芳光彩照人的艺术形象，以及报刊剪辑、名流评论、原说明书等资料展览。其中那幅昆曲大师俞振飞观剧后与尹小芳的合影，更是鲜为人见。老人家面露笑容，神采飞扬，让人感受到这位老艺术家对后辈的关怀，又似乎是正为尹小芳在艺术上的成就感到喜悦。

---

① 原载于《上海戏剧》1998年第11期。

在这浓浓的艺术氛围中，迎来了无数尹迷对尹小芳《名曲精选》CD和录音带首发签名售带仪式的庆贺。这么多昔日的观众卷土重来，这么热烈而轰动的场面，几行购带签名长龙，足以说明观众没有忘记她。我也由此回忆起尹小芳当年驰骋舞台时的绚丽一幕。

尹小芳在签售会上(1998年)

1979年9月，尹小芳参加了上海举办的"尹桂芳越剧流派演唱会"，她演唱了《浪荡子·叹钟点》，那声情并茂的全段共116句唱腔，倾倒了在场的万余名观众，掌声如潮，把已经绝响舞台十余年的尹派艺术，重新推向了高潮。正如昆曲老艺术家郑传鉴先生所说："《浪荡子·叹钟点》一曲之后，尹派如雨后春笋般地发展起来。"

1980年初，尹小芳随芳华越剧团自福建返回"娘家"上海，演出《何文秀》，又受到热烈欢迎。1982年春，她受邀加盟虹口越剧团,并在其师尹桂芳的指导下,隆重推出尹派名剧《沙漠王子》,这出富有新意的越剧在中国大戏院、群众剧场连演三个月,场场爆满。剧场内,尹小芳情深意切的表演令观众深深陶醉。

当演至《算命》一场戏时,更耐人寻味。王子为寻找公主,抱琴乔装私访。那优美动听的唱腔,娓娓叙吐身世,脉脉含情忆往事,从悲愤填膺的疾呼到欣喜欲狂的劫后重圆,尹小芳以腔传情,层层迭进。板式结构严密,行腔抑扬顿挫,分段错落有致,演唱引人入胜。尤其要指出的是:每当尹小芳从"王子乔装入宫去……(节奏渐快,转入连板)",唱到"王子乔装被识破(再加快节奏),那奸贼作法念毒咒,雷轰轰,风怒吼,天翻地覆鬼神愁,王子两眼……"突然一个停顿,尹小芳垫足底气,扶桌起身,接着唱"看不见"。唱"不见"二字时,异峰突起,以一个七度大跳,一跃而上。曲调如高山倾泻的瀑布,喷薄而出,将"不见"这两个保持音送得很远很远,紧接着运腔回落,造成天昏地黑之势,总会紧紧扣住观众的心弦。

尹小芳把握着尹派唱腔平中出奇、刚柔相济的表演力和艺术特色,演唱得游刃有余。《沙漠王子》的演出成功,也使虹口越剧团翻开了新的一页。之后她又主演了《张羽煮海》《浪子成龙》,仍然盛况不衰,成就了虹口越剧团发展史上的鼎盛时期。

艺术要有所突破,流派须时有发展。尹小芳的可贵之处,还在于她学习继承的同时,锐意求新。她善于汲取绍剧、京剧、昆曲、评弹中的某些声韵、唱法,进行艺术融化。如在《沙漠王子·叹月》一场中,她以字行腔,并设计了一套深沉缠绵的尹派弦下腔。从"伊丽,你到底在哪里,在哪里呀……"这个具有她独创性的富有艺术特色的长腔起调,开始表达人物的特定心情。她运用气息的收放、吐字的强弱、行腔的抑扬等演唱方法,成功地塑造了主人公此时此境中的音乐形象,并与盲人的形体艺术造型浑然一体,达到了水乳交融、酣畅淋漓的艺术效果。

冰冻三尺非一日之寒。尹小芳1946年正式师从尹桂芳,她怀着对尹派艺术的热爱,勤于聆听老师教诲,平日一句句地跟、一段段地学。积月累年,她终于学会了老师许多戏的主要唱段,每日上电台播唱,又在兰心、新光戏院等处为老师配戏,于是很快脱颖而出,引起了越剧观众的关注。解放初期,芳华剧团在旧九星大戏院分建"小芳华团",由她担纲主演《长相思》等剧目,令人刮目相看。

以后她在"芳华"期间,曾主演过《桃花扇》《红梅阁》《珍珠塔》等剧目,她通过孜孜不倦的埋头钻研和不断的演出实践,终究在舞台上散发出星月的光芒。"芳华"有慰问部队的需要时,她就与老师同时排演两台《西厢记》,剧场、部队两地演出。"近水楼台"的尹小芳,通过老师的身传言教和耳濡目染的艺术熏陶,日趋成熟。所以后来她能在尹桂芳偶遇倒嗓和外出活动时,替师顶角,代师演出,也铺就了一条她与观众步步接近的通道。观众的喜爱和赞赏,使尹小芳的名字不胫而走。

1957年她受邀参加浙江越剧团,后又受命参加浙江省艺校的越剧教育工作。既任教师,又当伯乐,选苗、育人和荐才,为越剧事业做出了无私的贡献。

尹桂芳由于受"文革"的摧残,言行困难。尹小芳义不容辞地担当起代师授艺、为人作嫁衣的幕后工作。她为赵志刚、茅威涛分别设计了《汉文皇后》《西厢记》的全部唱腔。凡尹门弟子，"芳华"的张效芳，上海的沈再平、萧雅、张俐，福建的王君安，江苏的陈佳芳，浙江的宋普南、郁尚校、张学芬、杨云平，等等，她都倾注过心血，洒下过汗水。尹小芳往往来者不拒，常以客厅作教室。她完全体现了其师给她题字的意蕴，成了"承上启下"的楷模。

编者按：

尹小芳在戏曲界以为人低调著称，她素来不爱接受采访，宁愿把时间用在琢磨艺术、指点学生、在基层推广越剧上。这篇文章是现存极少数采访稿之一。记者谢骏当年是一个尚在实习期的青年，第一次随电视台工作人员造访知名艺术家，所以看到小芳老师家居陈设的简朴，几乎无法相信自己的眼睛，震惊之余对小芳老师肃然起敬。但正是在这处几近简陋的居所里，诞生了她众多精彩的作品，走出了许许多多优秀的尹派青年演员。茅威涛在2008年的"尹小芳知音同乐见面会"上，曾动情地把威海路的这处小阁楼称为"我们每个人学习尹派艺术的教室"。

待到山花烂漫时，她在丛中笑
——访著名越剧表演艺术家尹小芳[①]

谢　骏

初冬的一个下午，我叩开了著名越剧表演艺术家尹小芳的家门。

"手抚琴儿心悲酸，自己的命儿我自己算……"不管对越剧熟悉抑或不熟悉的人，想必对《沙漠王子》中"算命"一折是不会陌生的。今天，得以有机会拜访尹桂芳的首席高足尹小芳，实是幸甚！但是，眼前所见却让我不敢相信：一位享有盛名的艺术

---

① 原载于《昆山日报》1999年12月27日，后刊登于《戏文》2001年第2期。

家竟然栖身于此，家居之简单，很是出乎我的意料，家具陈设简直可以用寒碜来形容。一种肃然起敬之感油然而生。

尹小芳，原名钱汶均，13岁从艺学戏。1946年参加芳华剧团，拜尹桂芳为师，改艺名为尹小芳。由于她勤奋好学、天资聪颖，在尹桂芳老师的亲切指导和尹派艺术的熏陶下，迅速成长并崭露头角，18岁时就被当时的观众誉为"越剧后起之秀"。每逢尹桂芳劳累过度，倒嗓卧床，小芳便代师登台亮相，无不受到越剧迷们的鼓励和赞扬。

然而，正当尹小芳勇攀艺术高峰时，"文革"使她的老师、著名越剧表演艺术家、尹派创始人尹桂芳受迫害致残，尹小芳也颈、腰椎受损，濒于瘫痪。粉碎"四人帮"后，为了越剧事业的发展以及不辜负观众们对尹派艺术的期望，身患脊髓病变、胃溃疡，靠奶糕度日的尹小芳，不顾多种后遗症，毅然挑起了尹派艺术承上启下的重担。最让人难忘的是1979年9月，尹小芳参加了"尹桂芳越剧流派演唱会"。她演唱了《浪荡子·叹钟点》，那声情并茂的116句清板唱腔字字清晰、声声有韵，尤其最后"劝人莫学浪荡子"一段，由慢到快，一气呵成，倾倒了万余名观众，把已经绝响舞台十余年的尹派艺术，重新推向了高潮。

1980年，小芳老师率福建省芳华越剧团来沪演出尹派代表剧目《何文秀》。在当时，观众们的热情极为高涨，出现了连演连满、盛况空前、欲罢不能的动人场面。

1982年，尹小芳老师应邀加盟上海市虹口越剧团，主演20世纪40年代曾经风靡沪上的尹派名剧《沙漠王子》。时隔长久，剧本已经散失，小芳老师根据回忆，通过口述，并与剧作家陈曼一起重新整理，自己根据人物特点组织唱腔，并亲自对服装、道具等细节问题层层把关，使这出老戏以崭新的面貌展现在观众面前，演出再次引起轰动，连演了3个月之久，为尹派艺术开创了一个新的里程碑。

以后几年中，小芳老师又创演了《张羽煮海》《浪子成龙》两出新戏。尹小芳的演唱既得其师神韵，又不失自己的艺术个性。她的唱腔字重腔轻，寓情于声，吐字清晰，隽永醇厚。行腔徐疾有致，节奏松紧自然，朴实不失多变，生动不失风雅，甜润不失张力。她用鲜明的舞台形象及音乐形象塑造出各具特色的人物，令人折服，堪称尹派艺术的王子。

尹小芳旧居门口（2007年）

与此同时,她又是一位辛勤的园丁。尹小芳倾注了极大的心血培养了无数优秀越剧人才,茅威涛、赵志刚、萧雅就是其中的佼佼者。

小芳老师今年已经69岁了,谈及她的晚年生活,小芳老师告诉我,她现在很少参加应酬活动,却喜欢用更多时间到基层、高校去教戏、去讲课。居委社区、老年活动中心、戏校……许多地方都有她活跃的身影,小芳老师还是复旦大学和同济大学的兼职教授。她说,只有在基层和高校中普及越剧,才能使越剧事业蓬勃发展、欣欣向荣。为此,她将不遗余力地尽一位老演员的责任。

当小芳老师得知我是江苏昆山人时,很是高兴。她还欣然命笔题词,向《昆山日报》的读者们问好!

结束采访,已是华灯初上。回首望着倚门而立的小芳老师,我不由得想起一句诗来:待到山花烂漫时,她在丛中笑……

又见尹小芳[①]

王继东

初冬的上海不时地经受着寒流的频频侵袭,但是文艺舞台上却依旧是一派热气腾腾的景象。第四届中国上海国际艺术节刚一落幕,临近岁末,一台汇集了原上海市虹口、静安、卢湾三家区级剧团老中青三代越剧名角的"情缘未了——越剧演唱会"又在逸夫舞台拉开了帷幕。一批与观众久违多年的老艺术家重返舞台,令广大观众欣喜不已。其中,阔别舞台已有18年之久的越剧表演艺术家尹小芳老师的登台更使整台演出锦上添花。

原上海市虹口越剧团团长、国家一级演员尹小芳从事越剧艺术已近六十年了,长期以来她孜孜不倦地探求着尹派艺术的真谛,并集各家之所长,融会贯通,逐渐形成了自己高雅脱俗、潇洒飘逸的艺术风格。1985年她演完封箱戏《浪子成龙》以后,出于身体健康状况等诸多原因,不得已告别了她钟爱的艺术舞台。多年来她深居简出,婉言谢绝了许多社会活动,但她的心却时时

[①] 原载于《戏文》2003年第1期。

刻刻记挂着为之奋斗了一辈子的越剧艺术，默默无闻地传承着尹派艺术的薪火，呕心沥血地培养了一大批如今已被观众们所广为熟知的后起之秀。

鉴于离开舞台后，不断地接到大批观众的来信和来电，关切地询问她目前的身体和生活状况，收到这次"情缘未了"演出主办单位的邀请后，小芳老师表示：为报答观众朋友们的深情厚意，这次一定要参加演出。于是她请出好友、原上海市卢湾越剧团著名演员筱月英，联袂演唱尹派名剧《沙漠王子·算命》片段。虽然只作短短的几句清唱，但一贯处事认真的小芳老师还是早早地约来了琴师吊嗓练唱，并为寻觅一件与剧中人物身份相符的演出服而几乎跑遍了上海各大服装公司。眼看着演出日期临近，她更是夜以继日地忙于排戏走台。不料好事多磨，就在演出前六天，小芳老师却不慎摔伤了，造成腰椎骨裂，被送进瑞金医

尹小芳与筱月英在"情缘未了"演唱会上（2002年）

院急救。医生叮嘱她必须静卧,她却是人在医院心系观众,再三要求医生尽一切可能让她参加演出。被她的一片赤诚所感动,医院调集了一批骨科专家对她进行会诊,并给予悉心的护理,终于使小芳老师在演出之日站到了舞台上。

闻听企盼已久的艺术家重返舞台,观众们也热情高涨。演出当晚,剧场观众休息厅内摆满了祝贺花篮,观众席内更是座无虚席,连加座票都一售而空,这种盛况在上海的戏曲舞台上已是多年未见了。尹小芳和筱月英一上台,顿时就被淹没在一片热情的掌声之中。她俩的演唱声情并茂,观众们几乎是一句一声喝彩。一曲唱毕,小芳老师因伤痛未愈被扶下台去,而此时还被观众挽留在台上的筱月英老师道出了一段她俩之间的未了情缘。原来五十多年前,当时只有19岁的筱月英就被尹小芳的精湛演技所打动,一心想与她合作演出,但出于当时剧团体制等原

"情缘未了"演唱会谢幕时尹小芳(中)接受观众献花(2002年)
(左二为韩婷婷)

因,始终未能如愿。不想在历经半个世纪后,如今都已年逾古稀了,却有了这次难得的合作,令她十分欣慰。

散场后,观众们仍久久不愿离去,都聚集在后台门口等候小芳老师,为的是能亲口送上一句对她的问候。

承前启后　桂艺常馨[1]

孙正阳　筱月英

　　新年伊始的逸夫舞台,一场"承上启下——一代传人尹小芳艺术专场"拉开了帷幕。深沉委婉、韵味醇厚的尹派弦下腔声声入耳,流畅舒展、缠绵柔和的尹派四工腔浸淫耳膜,仿佛尹桂芳老师又从天上回到了人间。
　　尹桂芳老师独创的尹派唱腔和塑造的舞台艺术形象曾令几代人迷恋,连我们这些梨园中人也成了她的忠实观众。我们不止一次地前去观摩、学习尹老师的演出。她的扇子功、水袖功、靴子功令人叫绝,她的一板一腔、一招一式都深深地印在我们脑海。当然,我们只是学到了尹老师的艺术皮毛而已,而尹小芳却是踏踏实实、数十年如一日地随着恩师学艺,真正学到了老师的艺术真谛。她吸取了尹派的精髓,融合了自己的艺术特长,创造性地发展了尹派艺术,塑造了一系列令人难以忘怀的尹派舞台艺术形象。尹小芳是尹桂芳老师收的第三个徒弟,十几岁就跟随尹老师学艺,加上刻苦勤奋和悟性极高,使自己在尹派艺术的

---

[1] 原载于《新民晚报》2008年2月8日。

殿堂里取得了辉煌成就。

解放初期,尹小芳在杭州演出时,我们已成为好朋友。当时,尹小芳只有十几岁,但已崭露头角,已有不少的"粉丝"。当时,虽然尹小芳在尹桂芳越剧团担任二肩小生,但当尹桂芳老师有事不能演出时,尹小芳就毅然顶上尹老师的角色,独挑大梁,得到观众的首肯。最难能可贵的是当她已有名声时,有剧团用高价包银邀请她加盟,她毫不动心,寸步不离其宗师,可见其艺术品德和对艺术的执着。

20世纪50年代,由尹小芳主演的《西厢记》《桃花扇》《珍珠塔》连连获得观众赞誉。80年代她进入上海虹口越剧团后,重新整理演出的尹派名剧《何文秀》《沙漠王子》等剧目,更使尹派艺术光彩夺目,重新焕发青春。她创作新编的《张羽煮海》《浪子成龙》《毛遂自荐》等剧目,在观众中引起轰动。她博采众长,凝

尹小芳(中)与孙正阳、筱月英夫妇合影(2002年)

175

聚了自己的艺术个性，体现和发展了尹派艺术的特色。她在舞台上塑造的人物形象形真神似，高雅脱俗，潇洒飘逸，格调清丽。其唱腔除了继承其师的风雅外，还善于以腔传情，声情并茂，韵味隽永，醇厚质朴。我们不仅是她几十年的老友，而且是她几十年来每出新戏最早的观众。她不仅邀请我们观看演出，而且总是要来征求我们的意见，不断修改，精益求精，可见其谦虚和对艺术认真的态度。每当孙正阳演出时，她同样每戏必看。我们经常切磋艺术于剧场和厅堂，几十年来，我们成了艺术上的诤友和挚友。

　　作为越剧尹派创始人尹桂芳老师的嫡传弟子，她不仅在舞台上塑造了一系列性格迥异的尹派艺术形象，成为尹派艺术的"王子"，而且是传授尹派艺术的辛勤"园丁"。尹桂芳老师晚年多灾多难，中枢神经损伤，一手一足瘫痪，难以登台演出，更无法亲自将尹派艺术传授给其门生。为了使越剧尹派艺术不致湮没无迹，作为"掌门师姐"的尹小芳毅然挑起了重担，代师传授尹派艺术二十载。始执教于浙江艺校，培育了不少越剧新秀，后又在舞台实践中手把手地对尹老师的门生一字字、一句句地传授。昔日尹小芳代老师栽培的种子，目前已是"桃李满天下"。虽然尹小芳是茅威涛、赵志刚、王君安等人的大师姐，但他们至今仍亲热地称尹小芳为"先生"。当我们耳闻一声声韵味儒雅的唱腔，当我们目视一个个潇洒自如的艺术形象，我们不得不感谢尹派传人尹小芳。

三生路上有约定:
记"承上启下——一代传人尹小芳艺术专场"[①]

曾 嵘

岁末年初,"承上启下——一代传人尹小芳艺术专场"在沪杭两城举行。专场阵容可谓群星辉耀,不仅有茅威涛、赵志刚、王君安等尹派中坚登场,还有"越女争锋"金奖获得者张琳、王清、李霄雯、陈丽宇等的加盟。

一、一个"怕"老师的学生

尹小芳原名钱汶均,1943年在龙门戏院拜师从艺,初习花旦。然而,钱汶均被尹桂芳那醇厚委婉的唱腔、飘逸优美的身段所倾倒。钦慕之余,她用心模仿其一腔一调、一招一式,并下决心跟随尹桂芳。1946年,她正式拜师尹桂芳,取艺名为尹小芳。

"我是很怕老师的,"尹小芳说,"这种怕,直到我自己当了老师后才明白,其实这是一种出于对老师的敬重,同时担心自己做

[①] 原载于《上海戏剧》2008年第3期。

天蟾舞台张贴的尹小芳专场演出海报(2007年)

得不够好的忐忑心情。"在年轻的尹小芳眼中,尹桂芳是高不可及的艺术偶像。她每天都站在台侧,目不转睛地揣摩老师演出,但在老师下台后,她却失去了走近老师的勇气,只好在无线电上一字字、一句句、一段段地学习老师的唱段。一天,尹桂芳突然打电话来点唱《浪荡子·叹钟点》,尹小芳顿时心头一紧。不过,她马上镇定下来,完整地唱完了那一百多句的段子。"原来老师一直在关注我,心里一直有着我!"尹小芳的心里充满了温暖和感动。她渐渐懂得,学习不能只是"描红式"地模仿,而是应该主动探索尹老师的艺术精髓,并创造性地继承、发扬。"文革"结束后的1979年,文化广场隆重举行"尹桂芳越剧流派演唱会",当尹小芳在舞台上又一次唱响《浪荡子·叹钟点》时,全场为之震撼,掌声雷动。这个当年"怕"老师的学生,正因一个"怕"字而踏踏实实学戏、勤勤恳恳演戏,风风光光地站在了成千上万的"尹迷"面前。

二、"小先生"传艺又传神

在"文革"的摧残下,尹桂芳半身瘫痪,几乎丧失了艺术生命。在老师"承上启下"和"残了尹桂芳,自有后来人"的殷切期待中,尹小芳挑起了传承尹派艺术的重担。

继1979年"尹桂芳越剧流派演唱会"后,尹小芳于次年随尹桂芳赴闽重组芳华越剧团,排演了大戏《何文秀》;1982年,她又在老师的关心下进入上海虹口越剧团,整理并上演了尹派名剧《沙漠王子》。《沙漠王子》连演数月,创下当时上海越剧舞台公演场次最多、上座率最高的纪录。尹派剧目重新上演,情势火爆,形成了极大的艺术磁场。不仅老观众不减,新观众频添,而且更吸引了众多青年才俊的加入——茅威涛、赵志刚等正是听着尹小芳唱的《浪荡子·叹钟点》《何文秀》和《沙漠王子》,最终选择了尹派艺术。

尹派弟子们对尹小芳有一个特殊的称呼——"小先生"。这是因为尹桂芳被弟子和戏迷们称为"老先生",而代师传艺的尹小芳自然就成了"小先生"。茅威涛回忆自己的学艺经历时说,每次学完戏、离开威海路"小先生"的家,她是从来不敢回头的,因为她知道,"小先生"一定站在三楼阳台上目送她远去。这个习惯,和住在淮海路的"老先生"同出一辙,尹小芳老师的严格和期待,成为茅威涛不断前进的动力源泉。赵志刚深情地说:"小芳老师不仅向我们传艺,也把尹派精神传给了我们。"

"承上启下——一代传人尹小芳艺术专场"帷幕甫开,那段脍炙人口的《浪荡子·叹钟点》又如约而至。它代表着尹小芳与尹桂芳的师徒情缘,代表着尹小芳对先师恩情的眷念,代表着后辈弟子对尹小芳代师传艺的感激,代表着人们对尹桂芳"德艺双馨"品格的追慕。尹派师徒,似乎早已有着"三生路上的约定"——约定在至美的艺术中相识相会,在至善的人品中相知相得。

高山流水真情在
——《尹小芳艺术人生》画册观[①]

杨蕊敏

不久前,一本展现著名越剧表演艺术家尹小芳舞台艺术和生活点滴的《尹小芳艺术人生》画册正式出版了,拜读再三,感慨万分。一是粗读,了解个端倪,二读细则,三读品味。

全文编排与别家不同,由浅到深,一个脚步一个脚印,艺术足迹是那么辛苦,那么坚韧,印证了、验证了"承上启下"四个字。试问当今越剧界各大流派,有哪一个像尹小芳这样的无名英雄传承?尹派艺术仍然星火不息,与尹小芳老师的贡献是分不开的。

二读细则,胡晓军主编的代序一文,好啊!看了一遍又一遍,他指出21世纪年轻的越迷,他(她)们可能是通过影视传媒或新型娱乐手段去喜爱尹派的,而很少或者不甚了解尹小芳的杠杆作用。因为她不事张扬,长期为师配戏,代师传艺。我是一个跨世纪的老越迷,早在抗日战争胜利后,由盛行话剧的重庆返

---

① 本文原为作者在欣赏画册后有感而发,写给小芳老师的一篇文章,后由"高山流水今相逢"网站发布,标题为编者所加。

回上海,当时以袁雪芬、尹桂芳为主的新越剧振兴了戏剧舞台,我随着酷爱越剧的舅母(她崇拜李艳芳)辗转于尹桂芳、范瑞娟、徐玉兰这"三鼎甲"的舞台下,1950年被《英雄与美人》中尹小芳扮演的卡洛王倾倒,英俊、勇敢、佩剑、拔剑、斗剑……风采不亚于乃师!半个多世纪过去了,不论是越坛第二还是第三代,再无"英雄与美人",爱也。

细读1979年"尹派演唱会"一章有感:一曲难忘,终生难忘。早年曾看过尹桂芳、竺水招舞台热演《浪荡子》,事隔几十年,在容纳万人的文化广场,由尹小芳独唱《叹钟点》。全场鸦雀无声,她衣着朴素大方,脚穿布鞋,对着话筒,含着表情,举手投足,一字一句,清清爽爽,有声有韵,抑扬顿挫,绕梁三圈送入耳膜,嵌进心膛。曲已终,情未了,全场皆是如雷贯耳、不是粉丝却超越粉丝的观众自发的热烈掌声!众人呐喊:好,好,好!尹派传承下来啦,嫡亲真传的尹派艺术。

而今已有了《叹钟点》的录像、CD,千古流传,感谢这些热心肠的人。至今我还是将《叹钟点》的CD放置在写字台旁,每逢想念、烦心、疲倦,就放上一曲。此曲唯有尹小芳!

三读更有感慨。小芳老师1959年在浙江省艺校执教;1986年被上海越剧爱好者协会聘为艺术顾问;1989年受聘于同济大学工会越联分会艺术顾问;1999年受聘复旦大学越剧团艺术顾问。小芳老师从学徒到主要演员、主演、名家,从演员到团长,从群众到党员,又红又专,默默无闻地为越剧事业耕耘了大半辈子,不是她,能有今天尹派的桃李满园吗?我是一名医务人员,从住院医师、主治医师、副教授、教授、硕士生导师一路走来,能体会小芳老师从实践到理论,再用理论来指导实践的教学工作。

无论是整理恢复传统剧目《何文秀》《沙漠王子》,还是创作新编的《张羽煮海》《浪子成龙》《毛遂自荐》等,都受到了同行专家和观众们的一致好评。其师尹桂芳在"文革"中被迫害致残,她又义无反顾地担当起代师授艺的重任,在这位慈母严师的精心传授下,尹派新人层出不穷,尹派艺术再现辉煌。尹小芳的艺德人品广受称赞,备受尊重。

祝小芳老师艺术青春常在!

《尹小芳艺术人生》画册(2009年)

编者按：

2013年，为纪念越剧改革七十周年，上海越剧院与逸夫舞台等多家单位携手推出了汇聚九代越剧人的压轴大戏《舞台姐妹情》。虽然三组主演都是越剧舞台的当红中生代演员，观众的目光却更多地被剧中配演各种小角色的众多老艺术家所深深吸引。其中，就包括已告别舞台多年的尹小芳老师。

对于观众而言，能一睹老艺术家舞台上的风采，自然是喜从天降，但想到已是耄耋之年的她们还要为了给越剧摇旗呐喊而辛苦操劳，又觉得相当心疼。此文正是当时越剧观众那种激动而纷乱心情的反映，在微博上发布后引起观众强烈的共鸣，短短几天内点击量便达到四万多人次。

观《舞台姐妹情》七日归来[1]

李声凤

很久没有这么想写点什么了，但真到了这种时刻，手中的笔又是多么无力啊。

不管曾读过多少报道，见过多少照片，那一代人曾经的光彩，终究是我们这些后辈所难以切身感受的。比如她，20世纪50年代演出《红梅阁》的盛况，80年代《沙漠王子》连续爆满三个月的辉煌，戏迷在寒冬腊月里带着被子排队买票的热情，在剧场

---

[1] 原文于2013年6月21日首发于作者的新浪微博，收入本书时略有修订。

里从日戏散场围到夜戏开场只为不舍她离沪赴杭的依恋……这些素来为老戏迷津津乐道,我们却只能心中向往与惆怅。

原以为今生再无缘见她粉墨登场,因为,甚至连她自己的专场,她都只是便装。但,这样的契机居然真的来了。惊喜之余,我却突然质疑起自己的期盼来。耄耋之年的她,究竟能不能承受这样一连多日的辛劳?而这样一个庆典式的拼盘戏演出,又值不值得她以一贯的认真执着态度去玩命投入?然而,不管心中如何千回百转,各类新闻却日复一日地向我们证实消息确凿。开演的日子,终于走到了我们面前。

七天,我观看了从彩排到收官的全部场次。我眼看着她在舞台上一点一滴把这段新加出来的过场戏打磨成了一件艺术品。首演次日,新闻上说她"为了六句唱词准备多日",其实又何止如此。即便在登上舞台之后,她仍然在不停地做各种改进。七天,我日日坐在台下,七天,她日日都有变化,有时是一句白口的处理,有时是一个动作的增删,有时是一点节奏的调整。有些变化我能清楚地列举出来,也有些变化我只能隐约感觉到。但显而易见的是,戏在一天天紧凑,气氛在一天天浓重,人物形象在一天天厚实,而感情的表达在一天比一天细致真切。

演出之初,出场的设计是她坐着乌篷船缓缓而上,此后所有的唱念,也是安排她坐着完成的——这原是导演的一片好意,希望身带腰伤的她可以不用那么辛苦。但在她看来,既然上了台,那么她要考虑的第一件事是人物,而不是她自己。于是,在她的修改后,有了人物焦急地站在船头招手,小船急匆匆驰上的上场;于是,有了她听到叫声,转身回望,高举着颤抖的双手,与远远向她磕头的春花、月红挥泪而别的尾声。这一站,站出了魏师伯坐船追赶的焦急和关切、送别晚辈的牵念与不舍,站出了人物饱满的情感。

初见时,剧本安排她要叫两人一声。她起先是连着叫的。几场下来,渐渐有了新的处理。她拉着两人的手,先这边叫一声"春花",深深凝望,再回头叫一声"月红啊",相对无言。语带深情,叫得人心头发颤,眼神中又好似有万语千言。有了交流感,台词就不再空泛,一句简单的称呼,就这样被她化作一段深情讲述的开场。

《舞台姐妹情》剧照(2013年)

伴随着这样精心打磨过的唱念作,那个经历过艰辛闯荡岁月的师伯,那个对后辈满怀忧虑与关爱之情的师伯,就这样生动地出现在观众面前,自然亲切得就像某个生活在我们身边的熟人。

整段戏,她一直待在一条小小的乌篷船上,春花、月红侍立两旁时,船上几乎连转身的余地都没有。区区弹丸之地,短短两三分钟,如此有限的时空,却被她诠释出了丰富而深厚的内涵。当人物有了内心,有了灵魂,有了精准的、富有感染力的外部表现时,这个简单的片段好像突然间变成了一本厚厚的书,包含了太多可以回味咀嚼的东西。

她,一直以来都是一个创造奇迹的人。20年未上台,一朝重任在肩,一曲《叹钟点》仍然艺惊四座。我曾不止一次听过1979年那场万人空巷演出的完整录音,观众的掌声在她唱完最后一句时便如潮喷涌,经久不息,甚至一直延续到下一个节目开场之后。但录音终究是录音,我虽深深感染于现场观众的激情,却很难复制他们的心境。80年代她离开舞台,一晃又是三十多年。而这七天,我看着她在我眼前的舞台上,以83岁的高龄创造出又一个奇迹。最后一晚的演出,我目瞪口呆,除了拍手,除了欢喜,不知道还能做些什么,说些什么。面对这样的场景,文字真的是太过苍白的东西。那种丰富而复杂的情感,只在亲历者心中激荡。

收官那天的谢幕长达二十多分钟,她向观众致意后,在台上平静地坐着。这如海一般深邃的平静之下,该蕴藏了多少心潮起伏,思绪万千。我说不出话来,只能在台下默默地望着她,一张接一张地按快门。

20日的戏票是花了1 200元从黄牛手里买来的。一掷千金,我并不心疼,因为真心觉得值。这一刻的感动与震撼难道是金钱能换到的?坐在我身旁的一个老太太听闻后对我笑道:那

《舞台姐妹情》谢幕(2013年)

你也的确是个戏迷。长久以来,我对于戏迷这个身份其实多少是有些拒斥和疏离的,但今天我突然觉得,面对着这样的艺术家,做个戏迷也可以是一件值得骄傲的事。

20日观剧归来,只觉满怀惆怅,好像心头积压了太多沉重的东西。明知道她们演了这七八天,其间必有无数不足与外人道的艰辛,演出终于圆满结束,我该为她们高兴。但眷恋与不舍却仍然一波又一波袭上心头,无从排遣。于是,在网上,一个因故无法脱身前来观看演出而苦闷无比的朋友,和看了七天却益发觉得惆怅无限的我,有一搭没一搭地聊到了深夜。戏迷究竟是怎样一种生物?不看难过,看了也难过。又或者,更该问的是,艺术究竟是什么,可以让人如此梦牵魂绕?

其实,我是不够资格来写她的。尹派原是一个充满传奇的流派,而她更是传奇中之传奇。只是由于她一贯的低调,人们对她了解得太少太少。但她必会说,这不是很好?你们只需关心艺术就好。这话也对,艺术与她原本就是一体的。不论上天给她的机会多么少,但她在舞台上的每一分每一秒,都令我相信,她真的是一个为艺术而生、为舞台而生的人。

谨将此文献给敬爱的尹小芳老师,也献给所有那些一同铸就了越剧辉煌的老艺术家们。

四

艺韵篇

喜见尹派有传人

——介绍越剧演员尹小芳和她的几个唱段①

周 捷

著名越剧表演艺术家尹桂芳在"文革"中因病致残,留下右肢偏瘫、发音困难的中风后遗症,至今仍未复原,不能重返舞台。广大越剧观众深为遗憾。然而,值得庆幸的是,人们从尹桂芳的学生尹小芳的演唱中,仍然能够欣赏和领略到尹派小生醇厚隽永、洒脱深沉的唱腔特色。

越剧老观众对尹小芳是不陌生的。可是,青年观众对这位虽曾负盛名,却已离开舞台多年的尹派演员,就不很了解了。早在20世纪40年代初期,尹小芳十多岁的时候,就到由尹桂芳担任主角的剧团学艺。她深深热爱尹桂芳的小生表演艺术,始终刻苦地揣摩、钻研老师的唱腔和表演。这期间,她还经常随团到电台播唱,争取到了更多的艺术实践机会。终于,尹小芳以善于模仿老师的唱腔而受到群众好评。为了加强基本功的训练,尹桂芳又让尹小芳去科班学艺。在练就了比较扎实的功底后,尹

---

① 原载于中央人民广播电台文艺部编:《戏曲群星(第三集)》,广播出版社1984年版,第163—168页。

小芳又回到芳华剧团。于是,她如饥似渴地继续向尹桂芳学习,努力想把在越剧界享有盛誉的尹桂芳老师的扇子功、水袖功、靴子功以及眼神、台步等表演艺术学到手。建国初期,在党和政府的关怀和帮助下,尹桂芳重建芳华剧团,尹小芳也回到老师身边,在此后六七年间,她在剧团里担任了二肩小生,并且经常代老师演主角。每逢剧团歇夏,尹小芳她们这些小字辈的青年演员就独立演出。由于老师的精心传授和自己的勤学苦练,她逐步掌握了尹派艺术的风格。尹小芳不仅扮相俊美,而且唱腔感情真切、韵味醇厚,表演细腻优美、潇洒自然,善于表现和抒发人物的思想感情。她的扇子功运用自如,水袖飘逸美观,台步俊逸大方,深得老师表演艺术的真谛。

现在,我们向大家介绍尹小芳演唱的《浪荡子·叹钟点》《何文秀·哭牌》和《桃花扇》中"侯朝宗追念"等尹派著名唱段。

《浪荡子》是20世纪40年代中期的尹派代表剧目。《叹钟点》是其中的主要唱段。它表现了一个青年回忆起沉湎在十里洋场、堕落成乞丐的往事。这段叙述性的以清板为主的唱腔,长达一百多句,素以充分挖掘人物内心活动,细致刻画思想感情而脍炙人口。尹小芳所唱的这段唱腔,一气呵成,扣人心弦。她不仅音色酷似老师,而且较好地掌握了尹桂芳在处理这类大段清板时,根据内容需要、感情转折而频繁变换速度的艺术手法。因此,她的演唱感情波澜起伏,较好地表达了人物悔恨交加的心情,把一个旧上海败家子的形象栩栩如生地展现在人们面前。

我们还能从《何文秀·哭牌》一场中,欣赏到早期的尹派"四工腔"的特色。如"路遇大姐得音讯,九里桑园访兰英"到"啊呀,窗口高来看不见,哦有了,垫块石头就看得清"一段尹派"四工腔",唱得优美舒展、明快流畅,其中淳朴稳健的清板,感情深切,明白如话,富有浓郁的浙东乡土气息。欣赏了这段具有尹桂芳早期唱腔风格特色的唱段,就可以了解到尹小芳所掌握的尹派唱腔艺术是比较全面的。这段唱腔中的清板部分,尹小芳唱得字字清晰,句句分明,颇见功力。而整个唱段,曲调和语言结合得自然熨帖,充分体现了尹派唱腔以字行腔、字重腔轻的特色,达到神似的艺术效果。

根据古典传奇剧本《桃花扇》改编的同名越剧,是20世纪40年代末尹桂芳与傅全香合作的优秀剧目。最近,尹小芳重新整理了其中侯朝宗追念李香君的著名唱段。这段"弦下腔"十字句唱腔,具有鲜明的"尹派"唱腔特色,柔媚委婉、起伏多变,成功地揭示了侯朝宗情深意切、不胜感慨的复杂心情。尹小芳在认真学习老师唱腔的基础上,略做加工,使之更臻细致完美。这段

《桃花扇·追念》(1980年)

唱腔处理得层次清晰：它的第一个层次，从"思今日,想从前,泪容满面"到"度甜蜜;祝偕老,谁不艳羡",饱含仰望李香君画像,"十年生死两茫茫"的朝思暮想的感情；回叙如过眼烟云的往事,悲叹香君遗恨九泉的遭遇,追忆当年双双在秦淮河畔"朝花夕月"的甜蜜生活等三个内容。尹小芳唱的旋律舒徐、音调沉郁的慢中板,把人们带进一个悠然神往的回忆意境之中,尽情地渲染了剧中人无限惆怅的心情。

接着,唱腔进入从"哪知道,阮大铖,将我害陷"到"玉已碎呀,香已消,尸骨不全"的第二个层次。与抚今追昔、心潮澎湃的内容相适应,尹小芳处理这些唱句时,以稍快的速度、铿锵的旋律,来表现侯朝宗激动的心情。在陈述阮大铖对他的陷害时,用较快的速度、紧凑的节奏来反映主人公的愤怒情绪;当唱到"累香君,受重伤,桃花片片"时,速度撤慢,节奏放松,以哀伤的音调和凄婉的拖腔强调"桃花片片"的鲜血淋漓情状,成功地表达了侯朝宗此时此刻激动、哀痛、内疚的复杂情感。后面,运用更慢的速度及低回深沉的拖腔,表现出"害朝宗,走天涯,流浪在人间"那种不堪回首话当年的心绪。"流浪在人间"这一句唱腔,是尹派的典型甩腔,给人以言虽尽而意无穷的韵味。然而,在接唱"总以为,是小别离,携手重见"时,尹小芳又异峰突起地加大旋律的起伏,用上颤音加滑音的唱法,表现小别离后携手重见的强烈愿望,细致而充分地显示了尹派唱腔的丰富表现力。为了突出小别离的"小"字,尹小芳另辟蹊径,出人意料地用拖长字的手法来体现,把听众引入回首不幸遭遇但又并未完全绝望的淡淡的哀怨之中,把侯朝宗的感情表现得丰富而深刻,达到淋漓尽致的程度。下面,在唱"又谁知,清兵到,忽然惨变"时,速度加快,突出激动的情绪。最后,仍以舒徐抒情的基调,深沉地唱出"听说是,你卿遭难,死在金殿。玉已碎呀,香已消,尸骨不全"两句,表达了无限感慨的生离死别之情,结束了第二个层次。在这第二个层次中,尹小芳有意识地运用了节奏强弱、旋律起伏的交替变化来塑造侯朝宗追念李香君的生离死别的激荡情绪。

由"想不到,成永诀,相隔人天"到"寄哀思,我每日里,焚香祭(呀)奠"四句,是这个唱段的第三个即最后一个层次。开端的"想不到"再次渲染了追忆的情思,然后将"成永诀"这句中的"诀"字,运用顿音的唱法,随即又用了个明显的小气口,以加强悲切伤感的情绪;再把"相隔人天"中的"人"字故意拖长,将"天"字在强拍后唱出来,给人以"人天"相隔、遥不可及的形象感觉,把侯朝宗深切怀念李香君的情绪趋向内心化,达到千言万语无从说起的呜咽欲语境界。紧接着,"再不能,与香君,相爱相恋"一句,表达主人公无可奈何的情绪,与第一层次中采用相似曲调表现的"朝看花,夕对月,常并香肩"的往昔甜蜜生活的回忆,在唱腔布局上具有前后呼应的作用,从而更加深了听者的印象。通过对"常并香肩""相爱相恋"唱词的细致处理,着力刻画侯朝宗热衷于个人爱情的生活情趣,在同情中略含贬义,这跟他政治上的软弱动摇相吻合,使整个唱段的意义更为深刻。后面唱到"空对着,堂前画"时,进入最低音区,既使之体现深切的追念,又为后面中心唱词"此恨绵绵"的高音做了铺垫,形成旋律由低跃高的鲜明对比,突出剧中人大幅度的悲痛情绪。而且,把"此恨绵绵"的唱词重复了一遍,更突出侯朝宗因失去理想的伴侣而终身遗恨的心情。末了,"寄哀思"这句,尹小芳把"寄"字的字位节奏拉宽,突破越剧一般的唱法,以加强主人公追念的深邃内在的感情。最后,"焚香祭(呀)奠"的唱腔,是典型的尹派落腔,虽然拖得并不很长,但唱来既潇洒热情,又缠绵感慨,恰如其分地把侯朝宗的哀思表现得含而不露、富有余味,惟妙惟肖地显现了侯朝宗这一宦门公子的思想性格。

尹小芳之所以能够充分发挥尹派唱腔的潜力,把这段弦下腔十字句处理得深刻动人,是她虚心向老师学习、刻苦钻研尹派艺术的结果。我们衷心地希望尹小芳在尹桂芳老师的指导下,与越剧音乐工作者密切合作,为继承和发展越剧尹派艺术,不断做出承前启后的新贡献。

尹小芳"尹派"唱腔艺术特色[①]

杜秀珍

我是个古稀老人,看越剧已有六十余年。对尹派情有独钟,特别喜欢尹小芳,可以说达到痴迷程度。众所周知,她是尹派创始人、越剧"皇帝"尹桂芳的第一代最佳传人。早在1946年从电波中传出她那可以乱真的唱腔时,我和一批姑娘们就开始迷上了她。这次"中唱上海音像公司"出版的《义救孤儿记·诛奸》一场中,师徒俩对唱,简直就像一人所唱,我爱不释手,无数次地反复聆听。它又把我带进了20世纪四五十年代,打开了记忆之窗。记得50年代初,尹小芳曾演过《卖油郎》《秦楼月》《红梅阁》《西厢记》等(还有时装戏,名字忘了),受到了广大观众的好评。曾有家小报预言:试看16岁的尹小芳,将来是红遍大上海的红小生。事实果然印证了这位记者的预言。1979年在文化广场尹派演唱会上,尹小芳的一曲《浪荡子·叹钟点》赢得了同行和观众的普遍赞赏,对掀起学习尹派的浪潮起了十分重要的推动、示范作用。她确实是全面继承和弘扬尹派艺术的佼佼者。

[①] 原载于《上海艺术家》2002年第3期。

凭着她的天赋和勤奋，在半个多世纪的舞台实践和执教生涯中，尹小芳还放眼京、昆、绍剧和评弹等兄弟剧种，借鉴吸收，博采众长，不露痕迹地融进了自己的唱腔之中，大大地丰富了越剧生角演唱的独特魅力，逐步形成了自己富有都市气息、符合时代特征的海派艺术风格。她会同有关人员整理、重演《何文秀》《沙漠王子》等尹派名剧，使之得以复活、普及。特别是《沙漠王子》一剧在中国大戏院连演一百余场，场场客满。这是在戏剧不太景气的情况下一道独特的风景线。她在《张羽煮海》《浪子成龙》《毛遂自荐》等剧目中塑造了性格各异、栩栩如生的艺术形象和音乐形象，令人折服，久演不衰。近年来"中唱"为她制作的CD、VCD和几盘录音带，一经接触，就像磁铁一样使人欲罢不能。她那字重腔轻、深情含蓄、柔美委婉、朴实多变、潇洒自如、甜润清香的演唱风格，给人以美的享受，使人荡气回肠，回味无穷。尹小芳又是一个锲而不舍、永不满足、不断探索创新的艺术家，为越剧音乐改革积累了宝贵的资料，做出了不朽的贡献。

1999年我曾与邵敏合作写了《浅析尹小芳唱腔艺术》一文，谈及她独具匠心的"起腔"、精雕细凿的"弦下腔"和多姿多彩的清板等。随着时间推移，自己在学唱中又有了新的体会，仍想就该题再谈些新的体会。

一、别具一格的"落调"

"落调"是一段唱词的结束。整段唱的意韵往往体现于此。如《沙漠王子·叹月》，最后两个"两茫茫"，把双目失明的王子深切思念失散的恋人，但人海茫茫，无处寻找的苦闷形象地展现出来。"茫"字出口后,中间加了个小气口,起起伏伏,延长了4个小节,这种缠绵悱恻的落调是个创新,受到专业、业余观众的普遍欢迎,使《叹月》成为屡屡获奖的优秀剧目之一。

《张羽煮海》中,尹小芳以浓墨重彩,细致入微地刻画了一个书卷气十足的儒生对爱情的忠贞不渝。一招一式都环绕着这个基本点。如《煮海》中用飘逸潇洒的"二凡"唱"按不住喜悦翘首等",唱出了秀才为救恋人历尽艰险,此刻想煮干海水救出琼莲那种渴望见到恋人的急切心情。与《沙漠王子·访旧》中"心头常记一年期"有共同处,又有区别,足见她的艺术功底。

《张羽煮海》中的"落调"颇具特色,别具一格,在各个不同的场景中唱出了秀才各个不同的境遇,如《听琴》中"难道说高山流水今相逢",《闯海》中"我要学一学相如凤求凰",《煮海》中"恍见琼莲盼归雁"和"高高兴兴向往百年甜",《求仙》中"我置身在何方桃源洲"。同样,在《煮海》一场,秀才久久不见恋人出海,心急如焚,做了各种假设,连唱了四个"难道说",以后旋律突然上扬,节奏加快唱"降龙王、除天龙,劈礁破洞救琼莲",特别这个"救"字加强了力度,唱出了张羽"为知音何惜将身献"的决心,充分体现秀才对爱情矢志不渝的"傻气"。

以上这些听似尹味十足,但又不同于老先生乡土味浓郁的"落调",是时代赋予了小先生的需求和机遇,被她紧紧抓住,尹派艺术实际上不知不觉中在创新、发展。

再来谈谈《浪子成龙》,小芳老师整个演唱跳出了"私定终身后花园,落难公子中状元"的俗套,着重刻画"浪子回头金不换"的过程。该剧集童生、穷生、巾生、官生于一身,一波三折,演唱都是栩栩如生、入木三分。《书房劝读》一场,以"啊呀,我的表姐呀"起腔,到"表姐呀,我俩定然是一世安逸恩恩爱爱享悠闲",明快的尺调腔落调,给人以轻松愉快之感;而在《雪地》中韦英因历战乱,家破人亡,沦为乞丐,在肆虐的暴风雪中唱出了"是一根万人厌弃的掏粪棒"和"风雪交加实难忍,饥寒交迫难抵挡"。旋律慢慢下降,身影渐渐倒下,使人想起旧社会"路有冻死骨"的惨象,向观众揭示"战争的残酷"和"不学无术"的下场。劫后余生的韦英,懂得了生活的甘苦,学会了对人的理解和宽容,尽管重返旧家门,见到未婚妻受骗误嫁,他的心情是复杂的,但他还是忍住了屈辱、辛酸和哀怨,唱道:"往事不必再记念,望表姐,善自珍重解愁颜。"听来那么洒脱恳切,但又带几分压抑酸楚,这个当年的小霸王确实"比以前深沉多了"。《浪子》的最后一场还是在韦府书房,情况却不大一样。河山光复,母子重聚,韦英已中举当上府尹。他接到的第一张冤状是救命恩人被害,乡亲们将他当年的狐朋狗友吴豪告下。一张丰厚的礼单,一封内廷太监的亲笔信,吴豪的伶牙俐齿,软硬兼施,加上母亲怕惹是非的唠唠叨叨,面对这一切,尹小芳几乎是内心独白似的唱出:"难道说权贵压人须屈从,难道说身有伤痕(过去的错误)步难行!"这种源于生活的思想斗争,真实可信。最后,她用嚣板对冯姑娘唱:"你凛然大义拼玉碎,韦英我何敢钓清名!"这种干净利落、铿锵有力的落调,唱出了韦英宁愿丢弃前程,也要除暴安良的坚定决心。一身正气,为民请命,对当前反腐倡廉也有着很好的警示意义。

二、独树一帜的"念白"

戏曲中有句行话,即"千斤念白四两唱"。这固然是一句形容,但也充分说明"念白"的难度和重要性。尹小芳的念白和她的唱一样优美动听,充分揭示人物内心世界。只有深刻理解人物,才能把一个个活生生的人物树立起来。如《浪子》第一场,韦府总管来找韦英回家,韦英满不在乎地说:"你没见我正忙着呢,没有空!"然后对着一批追鹰逐兔的朋友说"走",头也不回地走了。韦英输了银子,回府朝着母亲撒娇"你赔我银子",他母亲答应给他100两,韦英催着僮儿"快去,去,去,去"。当韦英急于要和未婚妻叙谈时,举起双手朝母亲背后边推边说:"放心吧,去吧,去吧。"转而又对表姐调皮地说:"母亲要你来管我,我倒是服管的,嗳,倒怎样的管法?"16岁少年的天真无邪、调皮淘气,多么逼真,活灵活现。当表姐说:"我们来读书消遣。"韦英竟睁大双眼,诧异地大叫:"什么,消遣还要读书?"然后,油嘴滑舌地说:"我有头痛病。"观众送给这浑浑噩噩的浪荡公子"哄"的笑声,是对尹小芳念白的肯定和赞许。紧接着吴豪等一批恶棍企图借助尚书公子的威势强抢民女,占为己有。韦英漫不经心,拉拉姑娘的小辫子说:"原来是个黄毛丫头。"姑娘怒斥他们不讲理时,这个玩世不恭的韦英,指着自己的鼻子说"你要和我讲道理",然后招招手说"来来,来来",让人看了又好气又好笑,小霸王的霸气暴露无遗。又如《张羽煮海·听琴》,当龙女和张羽邂逅在石佛寺前,问张羽:"敢问秀才,这绿绮琴可是你的?"张答:"正是。"又问:"那刚才弹琴的也是你啰?"张答:"也是。"琼莲说:"我冒昧借琴一弹,望勿见怪。"张又答:"哪里。"当琼莲称赞他"秀才琴艺高超,构思奇特,令人敬佩",张还是两个字"惭愧"。这"正是""也是""哪里""惭愧",总共八个字的回答,足以描绘这位饱学秀才手足无措、局促不安、敦厚中带点傻气的形象,这种念白多么深刻!

还有《浪子成龙·雪地》中两个"天哪",深刻、精美至极!前面已说过,韦英因战乱,家破人亡,沦为乞丐。饥寒交迫之时,闻到酒香的诱惑,但摸摸自己囊中空空,无可奈何。巧遇一阵狂风,把他单薄的身躯吹进了酒店,他用颤抖的声音恳求道:"店主人,外面雪大风紧。求你给我一杯热酒,暖暖身子!"当店主人怜悯地端上一杯热气腾腾的老酒时,韦英喜出望外。但他刚闻了一下,还没来得及进口,就被店主人发现,原来是当年的小霸王,主人立刻夺回酒杯,将他赶出店门。在肆虐的暴风雪和众人的嘲讽中,韦英自觉再也活不下去了,有气无力地叫了第一声:"天哪!"伴随着一声抽泣,倒使人有点同情他了,接着又是一声声嘶力竭的"天哪"!这是呼天抢地的求援,这是绝望地在生死线上的挣扎。求生,是人的本能,叫得多么生动,多么逼真。学起来又多么地难!哪怕吃过萝卜干饭,也未必能学像三分。

三、多种板式巧妙结合的弦下腔

弦下腔是范瑞娟老师和琴师周宝才合作首创的。以后徐玉兰、毕春芳都运用得很有特色。尹桂芳老先生在《桃花扇》中也用过,但很少。如今尹小芳的弦下腔与之大不相同。她主演的剧目几乎都设计一段脍炙人口的弦下腔,而且根据塑造人物的需要,充分运用越剧音乐优美的旋律,或低沉委婉,或高亢激昂,或两者兼而有之。一刚一柔,刚柔相济。这一切,无不倾注了她的大量心血。仅她本人唱的《桃花扇·追念》便有好几个版本。她精雕细琢,不断完善,使之成为极品,曲调柔媚委婉,韵味深厚。在唱完"思今日,想从前,泪容满面"到"度甜蜜,祝偕老,谁不艳羡"的传统唱段后,一反缠绵之音,速度加快,旋律向上,激昂地唱出了"哪知道,阮大铖,将我害陷"。稍作停顿,伴随着优美的拖腔,然后转入"累香君,你受重伤,桃花片片",一刚一柔,起伏多变,把这个封建士大夫侯朝宗失落忧伤、无限追思之情充分体现出来。这种起伏还在于从"又谁知,清兵到,忽然惨变"进而转入"听说是,你卿遭难,死在金殿。玉已碎,香已消,尸骨不全",使人陷入悲愤凄然之中。这种层次分明、层层迭起的唱腔设计,是尹小芳呕心沥血、千锤百炼的艺术瑰宝。"弦下腔"往往与大段清板结合起来叙事或抒发人物感情。众所周知,尹小芳善用清板,《浪荡子·叹钟点》《浪子成龙·书房》足以证明。但是她并不安于现状,设计了多种板式巧妙运用,收到了极其理想的效果。《沙漠王子·算命》最后"果然伊丽未变心,顿叫罗兰喜欲狂",王子与亲人重逢、欣喜若狂的欢腾情绪,在弦下腔反尺调中体现出来。《沙漠王子·叹月》中的"到夜晚,坐深宫,我九转回肠",这"肠"字意味深长地延长了两拍;而在《浪子成龙·雪地》中"大雪飞,寒气入心",把原本用在欢快中的南调,在弦下腔中夹着使用,使人听了有瑟瑟发抖的感觉。这一切用得多么巧妙呀!在《毛遂自荐·奇冤》中,"我满腹冤屈谁知音,谁知音?更把湘君念",又是很自然地转入尺调腔,来叙述他们俩相识相知的过程,以表现毛遂这位文人谋士壮志未遂身先捐的遗恨绵绵。另外,她又把弦下腔与紧拉慢唱相结合,如"望南天,晨曦微明天拂晓,出使楚邦时将到",唱完三个"若是联楚成泡影"字字递进的排比句,接着有力地向苍穹发出怒吼"我撕心裂胆对天嚎","裂胆"是用强音来烘托毛遂蒙受不白之冤的心情,使人自然地想起那个年代的冤假错案，申辩无门。台上台下，一片共鸣。

弦下腔一般低沉委婉，可尹小芳的低沉是一字一字送入观众耳中的。可见她音域之宽，难能可贵。不由使人想起歌唱家关牧村、沪剧艺术家杨飞飞、京剧大师周信芳，等等，实是异曲同工。各人用自己特有的音乐语言，塑造了一个个性格各异的艺术形象。

戏曲是祖国的民族文化遗产，它凝聚了几代人的辛勤和智慧，形成了精彩纷呈的流派，但流派要"流"，必须不断地创新和发展，才能跟上时代步伐，它才能有生命力。尹小芳正是因为具备了这种锲而不舍、不断求索的精神，所以不仅全面继承了尹桂芳创始的尹派艺术，还形成了她细腻生动的表演、柔媚委婉的唱腔。她塑造的人物贴近生活，栩栩如生，成为越剧百花园中一朵鲜艳夺目的奇葩；她的不朽之作将成为尹派代代相传的艺术瑰宝，也将成为业余票友永远的学习教材。

简述尹小芳表演艺术
——兼贺尹小芳系列 VCD 出版[①]

张璐瑾

欣悉尹小芳系列 VCD 最近在南京出售,我有幸购得《张羽煮海》《浪子成龙》《沙漠王子》《何文秀》四套,再次领略了尹小芳表演艺术的风采和魅力。

记得我初次观看尹小芳的演出是在 1990 年 5 月,她在南京演出的《沙漠王子·算命》表演非常逼真,给我留下了深刻的印象。当尹小芳饰演的罗兰王子一进场由仆人扶到座位旁时,她首先用手中的琴儿轻轻地碰了一下座位,模拟了类似盲人持棍探物的动作,然后才小心翼翼地慢慢坐下。这一细致入微的表演,把双目失明的王子刻画得惟妙惟肖。同时,在一整段的表演中,她没有用大幅度的形体动作,也不能用眼神,而是用情真意切的语气和脸部表情来揭示人物的内心世界,如当伊丽说"我要算的是西萨王子的命"时,尹小芳的脸上露出了难言的微笑,示意"啊,亲爱的公主,我正是罗兰王子,我终于找到了你,我就在

---

① 原载于《戏文》1999 年第 5 期。

你的面前"。接着明知故问:"请问,你是他的谁?"当尹小芳唱道"王子是今年十九好青春,十月初十寅时生,十二肖中本属龙,问小姐算命灵不灵"时,在表演上和唱腔上都很有特色。她用柔情和带有几分俏皮的声腔及脸部表情暗示:"伊丽啊伊丽,我已经说出了连你都不知道的王子的生辰八字,难道你还听不出我是谁吗?"同时,唱腔也十分婉转流畅,小腔间的衔接娴熟动听,特别是在"问小姐算命灵不灵"的前一个"灵"字上采用了下旋式的颤音装饰音,而增加了几分俏皮逗趣的生动气氛,再加上稳健而韵味十足的落腔收韵,足以使观众听而欲醉。剧场内顿时响起了暴风雨般热烈的掌声。

尹小芳的舞台形象很美,她不仅具有越剧小生的英俊仪表和潇洒举止,而且儒雅中不失阳刚美,俊秀中不带脂粉气。如她在《何文秀·私访》一折中的表演既有深度,又有分寸,既表现了急切寻访妻儿的亲情,又体现了巡按大人的持重和冷静。其中有几处表演颇具独创精神,例如在表演虚拟的门推不开,窗又太高,窗内的情况看不到时,一般的表演方式是从地上去寻找"石头",而尹小芳此时表演的特点是翘首踮足,面对窗户边望边后退,突然脚后跟踩着了"石头"而跟跄止步,由于接触到"石头",从而想到可将"石头"搬至窗下,登高眺望,从思维逻辑上分析,后者更合乎情理。尹小芳的另一个独特表演是何文秀站在"窗外石头"上引颈观望多时,想跨下"石头"稍事休息,突然又听到王兰英放声大哭。何文秀刚跨下的脚又跨了上去,由于匆忙间没有站稳,一脚从"石头"上滑下而使下巴磕碰到了"窗沿"。磕痛了!连忙捂住下巴,但又不敢作声,心中着急的是妻子在内已哭昏了过去……尹小芳通过一系列虚拟的动作,把何文秀的心态和现场情景刻画得淋漓尽致,逼真的表演功力,使观众似乎也感受到了何文秀下巴磕到"窗沿"时的痛感。

《张羽煮海》是尹小芳是20世纪80年代演出的新编神话剧,她塑造的张羽是一位二十多岁正处于初恋时的书生,其腼腆、儒雅、憨态等不可名状的可爱形象足以令人倾倒。她那出神入化的形体动作与剧情的发展丝丝入扣,而且十分优美,下举两例加以说明。如第三场中,张羽践约在海边等待琼莲时表演得温文尔雅,沉浸在甜蜜的回忆和遐思中。一句"你怎么还不来呀"的道白洋溢着万种风情。当听到琼莲的妹妹碧莲前来说明她姐姐"不是人间女红妆"时,尹小芳立即表演了在原地云手转体360度接双手交替甩袖的动作,完成得娴熟而优美,强调了张羽闻讯时的惊讶和愕然,以及人物的感情由静态至动态的突然变化。另一个例子是张羽决心去蓬莱求仙救琼莲一节,尹小芳一边唱着"不到蓬莱死不休",一边表演了一个后踢袍动作,衣服后片高高飘起,然后奋步前进,行动潇洒飘逸,着重表达了张羽的殷切心情。

尹小芳在80年代演出的另一个新戏是《浪子成龙》。她成功地塑造了浪子韦英在四个不同阶段的特点,可以主要概括为四个"气"字,即年仅16岁时养尊处优的尚书公子的"娇"气及其伴生的一系列坏习惯,然后是韦英在安禄山叛乱中深受颠沛流浪之苦而沦为乞丐阶段的垂头"丧"气,继而是他从劳动人民的救助和教育中逐步醒悟的"朝"气,以及最后得中官职荣归故里并在办案中显示清正廉明的"正"气。特别难能可贵的是韦英集四个迥异的形象于一身,充分体现了尹小芳的高超艺术表演功力。她十分细腻地多次表现出韦英在特定情况下的心理特征。

如在该剧第五场中,韦英在饱尝战争磨难后,冒险闯入被侵占的自家府邸营救恩人,在物是人非的情景中与表姐重逢,当她表演从表姐手中接过飞龙图时,做了一个突发的双手持图上举又迅速中止的动作,微妙地表达了韦英触景生情的激动与震撼的心情。尹小芳在《浪子成龙》中表演最生动、最令人叫绝的是韦英沦为乞丐的一场戏。她背台持棒出场,有气无力地边退边驱赶着追赶而来的狗群,她退至九龙口转身亮相,给观众照面的是一张蓬头垢面、满目凄凉的苍白脸孔,以及在风雪凛冽中裹着破烂的单衣,浑身寒颤地蜷缩着身子的模样。随着小酒店内散发出的酒香,那张凄苦的脸上又绽露出一丝苦恼的笑,并表现出乞求喝口热酒的欲望。当人们的蔑视和讥讽的语言伴随着暴风雪一起向他袭来时,只见尹小芳的眼中噙满了闪烁的泪花,在两声短促而又感人肺腑的抽泣声中呼出了"天哪"!第二个"天"字出口后,"哪"字立即减轻,尾音掺和在哭声之中,目光中充满了无望的痛苦和悔恨。在饥寒中挣扎的身子终于经不住暴风雪的肆虐,而带着有所醒悟的思绪慢慢地倒下了。看到尹小芳表演的这场戏,我的心被沉沉地揪住了。最后看到那慢慢倒下的姿势,又使我联想起芭蕾舞剧《天鹅之死》的场景。实在太美了!其表演之完美已达到无以复加的地步。

  从尹小芳最新出版的系列 VCD 中,我不仅领略到她在表演方面的许多特点,而且非常欣赏她的唱腔。她的唱腔特点是婉转流畅,柔中有刚,声情并茂,咬字清晰而富有力度。听尹小芳的唱好比喝杭州的龙井茶,清香淡雅而耐人寻味。她 80 年代的代表作在尹派唱腔的基础上又融入了新的内容。首先是加强了小腔和一字多韵的装饰,而增强了韵味的色彩,例如在《张羽煮海·闯海》中一段源自四工调的唱腔中,有许多字韵处理成多韵字,而显得特别悦耳动听,如"我日出等到月影移"一句中的"影"字是由下旋转为上旋的两组韵律组成,又如在"好容易盼得圆月笑微微"的后一个"微"字,由通常的一次旋律改进为加速的两次旋律后转为上扬收韵。诸如此类的改进,既增加了唱腔的难度,又增强了韵味的效果,使得原本比较平缓的运腔增添了起伏和弹性,而显得更加生动活泼。

尹小芳唱腔的另一个特点是吸收了不少兄弟剧种的营养,使尹派唱腔变得更丰满。她在《浪子成龙》中有多处融入了评弹的韵味。如第五场中所唱的"飞龙图双手捧……今日见图热泪涌"一段唱腔中的"泪"字,在字腹部分由中低音调突然向高音区上扬。这一运腔特点与著名评弹演员徐丽仙所唱的《新木兰词》中"登山涉水长途去"一句中的"水",以及余红仙在《蝶恋花》中所唱的"忽报人间曾伏虎"一句中的"曾"字的唱腔极为相似。此外,在《浪子成龙·雪地》一折的唱段中所唱的"只叹我青春年华空蹉跎"中的"春"和"只能够到处流浪赖乞讨"中的"处"字,与评弹名家蒋月泉演唱的《莺莺操琴》中的"水动风凉夏日长"一句中的"动"字,以及徐丽仙演唱的"情探"中"花谢春归你郎不归"中的春归的"归"字之间,在字首和字腹的前半部分的韵味是一致的。同时,在《浪子成龙·雪地》的念白中也渗透着某些京剧的味道,如"求你给我一杯热酒"的"酒"字和呼喊第二声"天哪"的"哪"字的收尾,都与京剧相似而显得很有力度。

尹小芳唱腔的第三个特点是情融于腔,一切行腔都有感而发,为情所动。例如在《沙漠王子·叹月》中的首句道白和起调腔:"伊丽,你到底在哪里啊?在哪里啊?"总共采用了五起五落的十个小腔,并且按照逻辑重音,在"你到底在哪里啊"的"到"字和"哪"字上的语调有所加重,特别是在唱词的感情抒发和抑扬顿挫中蕴含着弦外之音,那就是:"伊丽,我每天都在等你,想你,我等得好苦!你到底在哪里啊?!"这句唱腔因为带有上述的浓厚感情色彩而显得格外悦耳动听。如果唱不由衷,那么再好的曲调听起来也会像听背书一般味同嚼蜡。尹小芳的演唱既能润人心田,也能催人泪下,这就是她的艺术魅力所在。

  尹小芳系列 VCD 的出版给我们带来了丰富的艺术享受,希望她的其他剧目,如《毛遂自荐》等,也能制成 VCD 出版,同时,希望 VCD 中增加卡拉 OK 功能,诸如《张羽煮海》中的《闯海》和《浪子成龙》中的《雪地》等唱段能制成 OK 带或伴奏带,以便于她的唱腔的推广和广大越剧爱好者们的学唱。最后,祝愿尹小芳艺术青春常在,并为越剧艺术的发展做出更多更新的贡献。

尹小芳表演艺术浅析[①]

叶秋依

日前有幸聆摩到尹小芳老师主演的《沙漠王子》等CD、VCD,她那细腻的表演,优美的唱腔,令我倾倒、钦慕,如痴如醉。本文我想着重谈谈我对尹小芳老师高雅脱俗的表演艺术和打破越剧程式化特点的一些认识,不妥之处敬请专家批评指正。

一般演员初次出台亮相,一站定,双目向四周一扫,与花旦相遇时四目相对。但小芳老师却很少使用越剧这种老一套程式,这并不等于她不会用眼神演戏,相反,她那顾盼生辉的眼神总是随着剧中人的心理活动自然而然地流露出来,恰到好处。如《沙漠王子》中,王子双目复明后唱到"我看见伊丽瘦减旧模样"时,就充满着温柔爱怜的目光;在《浪子成龙·书房》中劝慰表姐"休要抱怨莫自遣,人海沧桑本多变"时用宽容委婉的目光劝慰表姐;在《张羽煮海·煮海》中,龙女因不能再化人形而要离开张羽时,张羽唱"莫悲凄,休回避,今日重逢非容易……誓与你人间海底,生死相随永不离"时,那眼神是何等至诚坚定,表达了

---

① 原载于《戏文》2001年第5期。

张羽对爱情的忠贞不渝,更完美地表现了主人公的高尚品德。

《浪子成龙·雪地》中韦英打狗的动作是那么逼真,那么形象,有口皆碑。在《拒读》一场中,向母亲撒娇索赔银子,又嫌母亲唠叨,顽皮地把母亲推开,叫表姐一起斗鸡,读书有头痛病,看到表姐说:"我常常想你,你想我吗?"通过一系列的表演,把一个养尊处优,终日浑浑噩噩而又天真烂漫的尚书公子演得栩栩如生、活灵活现。

在《书房》中唱到"只有耐心等待在书房"时,一般演员的表演是双手挥水袖,边落调边缓缓坐下。而她则不然,双手向下一拢,微微地叹一口气,一副无可奈何,只得继续等待的样子,更显生活化。

同一场中,唱到"乱世变迁难怨你,叹只叹,你未能嫁得乘龙婿"后,韦英低首看了一下自己,将手向旁边一挥,头微微摇了一下,言下之意,我呢,也不能算什么乘龙婿。再如与表姐第二次同卷飞龙图时,韦英将表姐手中的图用力一拉,这一拉将主人公几年来所受的屈辱、辛酸,那种哀怨、错综复杂的内心世界表现得淋漓尽致,也深深地揪住了观众的心,真是"此时无声胜有声",令人回味无穷。

在突见飞龙图时,韦英一惊,随后倒退数步,一个亮靴,扑向飞龙图,显示出主人公深感自己辜负了老父的苦心而内疚自责,为以后浪子成龙做了很好的铺垫,而尹小芳老师的亮靴美得在越剧界实属少有。

在《张羽煮海·听琴》中,她跳出了张生惊艳的套路。因为张羽是一个游学四海,以琴棋书画自娱的饱学秀才,当他突然发现知音是个女子时,顿时变得手足无措,只能正襟危坐,目不斜视,但是又敦厚风雅,富有浓郁的书卷气,别具神采。《求仙》一场,一开幕,一束追光照着张羽一袭蓝衫,顿觉清丽脱俗,将观众带到美的意境中去。音乐过门中只见张羽将手一点一点挪动,想站起来,但是又无力地跌坐,这足以说明他已历尽千难万险,筋疲力尽;当唱到"一阵阵冷气森森寒彻骨"时,通常演员总是利用水袖做全身发抖状,尹小芳老师则用她那极富磁性、醇厚而又回肠荡气的弦下腔唱得让人感到主人公已经冷得一个字一个字像是从牙缝里抖出来似的。唱到"不到蓬莱誓不休"时,那个前蹬后踢腿的表演,也是她打破越剧程式的一个创举。整段唱腔太动听了,每次听到"步跟跄奋力往前走"这句唱时,我总情不自禁地拍案叫绝,"奋力"二字唱出了张羽此时此刻强迫自己一定要坚持住,竭尽全力赶往蓬莱,求得仙助解救心上人。我也曾经是一个演员,但从没想到两个字竟有如此强烈的艺术感染力。

又如,在《煮海》一场中,每当唱到"按不住喜悦翘首等"时,尹小芳就将水袖在身后翻动(一般这种动作丑角运用得比较多),配着轻快的节奏跑小圆场,飘逸得如玉树临风,博得满场喝彩。

作为人民艺术家尹桂芳大师的第一代传人,尹小芳老师继承了老先生的精湛技艺并有所发展。作为承上启下的一名园丁,她为发扬光大尹派艺术倾注了毕生心血,培养了茅威涛、赵志刚、萧雅等一大批优秀的尹派艺术传人,更难能可贵的是,她对广大的业余尹派爱好者也一视同仁,不辞辛劳,口授身教,为发展越剧,弘扬尹派艺术做出了不可磨灭的贡献。尹小芳老师在演出中作风严谨,一丝不苟、全身心地投入角色之中。表演落落大方,丝毫没有脂粉气,唱腔既有醇厚隽永、刚柔相济的尹派特色,更有一股都市气息、时代气息。她的唱,真可谓"此曲只应天上有,人间能得几回闻";她的表演,至真至美,至尽至善,真是多看一次多迷一点,多听一次多痴一层。

淡妆浓彩正相宜[①]

陈秀芝

尹小芳的艺术功底全面扎实,不但在曲子、唱词和表演手段上十分讲究,而且在道具、服装方面也具有独到的思考、深刻的造诣。

20世纪80年代,尹小芳对尹派名剧《何文秀》进行整理并担任主演。剧中新增《私访》一折,表现了何文秀赴考高中,奉旨到家乡海宁巡查的情节。何文秀衣锦还乡,照理应身着官袍,至少该衣着光鲜。然而尹小芳却有着自己的想法和做法——她一不穿官袍,二不着书生常用的衣服,而是头戴黑色方巾,身穿一件贫民的青色褶衣。她是这么想的:海宁是个小镇,为避开当地恶霸张堂的耳目,不露声色地微服私访、取得罪证,衣着定然不能光鲜耀眼、惹人注目。这样处理服装,既合乎剧情戏理,又显示出何文秀此时已非三年前的幼稚书生,而是一个谋略过人的巡按了。在台上,尹小芳虽身穿褶衣,却凭着潇洒的尹派演艺将人物的神采栩栩如生地表现出来,给人留下了深刻的印象。

[①] 原载于《上海戏剧》2008年第9期。

在具有神话色彩的名剧《张羽煮海》中,尹小芳对于人物服饰的理解和安排,在继承传统的前提下做了大胆的创新。

尹小芳在1983年首演张羽时即提出了自己的服饰理念,并与服装师达成共识。在剧中,张羽的主体服饰为素色褶衣外披大坎肩,头冠双翅璞头,寓意人物的博闻好学、温文尔雅;龙女琼莲则采用与张羽色彩相近的衣裙,与之遥相呼应。在《听琴》一折中,张羽的琴声传入龙宫,使琼莲出海寻觅,两人首次相遇,在优美的旋律和动人的舞姿中,两人的服装一蓝一绿,烘托出"碧海青天夜夜心"的诗情画意和美妙氛围。

《张羽煮海·闯海》(1983年)　　《张羽煮海·煮海》(1983年)

在《闯海》一折中,张羽闻知龙女被囚,决意闯海相救。此时的张羽换上淡黄褶衣与墨绿坎肩,寓意人物性格上的成熟,对琼莲的感情由朦胧上升为坚定明确。而坎肩上的梅花纹样除象征人物的高洁与爱情的神圣外,更隐含着张羽将面临严峻考验,获得"梅花香自苦寒来"的结局。《求仙》一折,张羽身着青袍,璞头的两根飘带系在前额左面,对表现人物精疲力尽的状况和焦急心境同样十分贴切;《煮海》一折,张羽身穿绣有梅花的紫罗兰大坎肩,内衬鹅黄褶衣,以暖色调来暗示人物的喜悦心情,反映出"有情人终成眷属"的主题,与琼莲出海时身着的桃红衣裙相得益彰。

在传统戏中,坎肩只是配衣的一种;而在《张羽煮海》中,尹小芳运用的坎肩成了塑造人物性格、暗示剧情发展的重要服饰,大大增强了戏剧张力。坎肩的直领表现为两条对称的垂直线,使人物显得更为挺拔,具有稳重、大气、向上的美感;大坎肩衣长及足,两侧开衩较高,与褶衣下摆合二为一,便于起舞以及用褶衣、甩水袖。在尹小芳身上,坎肩成了整个服装设计的"主角"。

尹小芳塑造舞台形象,已不仅仅停留在唱、念、做、舞等方面,她对人物服装的要求,同样充满了艺术创造。这种全方位的综合创造力,正是尹派艺术不断发展的重要成分。

艺术感与真实感的水乳交融
——以《何文秀》为例谈谈尹小芳的表演艺术[1]

李声凤

尹小芳是深受越剧观众尊敬和喜爱的表演艺术家。她是尹桂芳老师的嫡传,1946年拜师尹桂芳,1950年起在芳华越剧团担任二肩小生多年,每日与老师同台演出,耳濡目染,深得尹派艺术精髓。她才二十多岁时,就经常为尹桂芳老师顶戏代演,每每获得观众的认可。"文革"结束后,她虽已年近半百,病痛缠身,但为了重振尹派艺术,仍克服重重困难再登舞台。在1979年的"尹桂芳越剧艺术演唱会"上,尹小芳以一曲《浪荡子·叹钟点》打动了全场万余名观众,极大地促进了"文革"后尹派艺术的复苏。昆曲艺术家郑传鉴曾赞誉道:"自从1979年尹派演唱会上《浪荡子·叹钟点》一曲以后,尹派如雨后春笋般地发展起来。"她在20世纪80年代整理复排的《何文秀》《沙漠王子》等剧,成为年轻一辈尹派弟子学习的样本。尹派唱腔中脍炙人口的《桃花扇·追念》《沙漠王子·叹月》《何文秀·私访》《张羽煮

---

[1] 原载于《艺术评论》2023年第3期。

海·听琴》等唱段,均是由她整理修订或全新创作而成。她塑造的人物形真神似,高雅脱俗,朴实而不失多变,生动而不失风雅。尹桂芳老师曾亲笔题词,称她为"承上启下"的"爱徒",昆曲艺术大师俞振飞更盛赞其为"越剧小生中一位不可多得的人才"。

尹小芳的越剧生涯始于1943年,她入"龙门"大戏院学戏之时,正值袁雪芬发起的"新越剧"改革方兴未艾。此后,她因长年追随尹派宗师尹桂芳,置身于当时得风气之先的芳华剧团,故而深得越剧改革之精髓。虽然其间她也有过入科班受训、接受京剧武戏师傅的基本功训练、向昆曲老师学戏等经历,不过,在表演上,她与越剧改革前的老艺人已有明显的差异。她在八十年的从艺生涯中,成功主演了《桃花扇》《西厢记》《珍珠塔》《御河桥》《天山雪莲》《沙漠王子》《张羽煮海》《浪子成龙》等众多传统和新编剧目,塑造了何文秀、罗兰、张羽、韦英、侯方域、宣登鳌、帕洛阿特等生动鲜活、性格各异的人物形象,既出色地继承了尹派艺术,又形成了独具个人特色的风格。她的表演始终秉承着"新越剧"以话剧之内心体验化用传统戏曲之程式表达的独特风格,融会贯通,运用随心。此处不妨以尹小芳老师"文革"后复排的第一部大戏——尹派名剧《何文秀》为例,来谈谈她精妙的表演艺术。

一

《何文秀》是一部越剧传统老戏,据学者考证,其最初的剧本大约源于《何文秀宝卷》。[①] 尹桂芳在科班学习此戏后,于20世

---

① 参阅黄静枫:《越剧〈何文秀〉剧本来源考》,《阜阳师范学院学报(社会科学版)》2012年第6期。

纪四五十年代多次修订上演,使其成为尹派的代表剧目之一。"文革"后,尹小芳为帮助老师重建芳华剧团,重振尹派艺术,在极其艰苦的排练环境下复排了这部大戏,于1980年在福州、上海两地成功上演。

虽然在复排完成、即将正式上演时,尹小芳为了扶持芳华的后辈,让B角演员获得更多的上台机会,主动提出将原定的AB角演出改为她与B角分演上下半场,使得此剧仅留下了她后半场的实况录像,但尹小芳的表演艺术即便在这半部《何文秀》中也展现得淋漓尽致。

《何文秀》的故事背景是明朝嘉靖年间,书生何文秀之父与奸臣严嵩同朝为官,因全家为严嵩所害,何文秀孤身一人逃出,偶遇王兰英,对他心生爱慕,私赠银两,却为王父所不容。幸得王兰英之母怜悯相救,二人得以结为夫妻,逃往外乡。越剧舞台上的《何文秀》是从何文秀夫妻二人逃到海宁开始演起的。戏的上半本讲述他们在海宁偶遇当地恶霸张堂,张堂觊觎兰英的美貌,先设计陷害何文秀,后又带人强抢兰英。屈打成招的何文秀在押解途中被衙役所救,改名换姓上京赴试;王兰英也幸遇开茶馆的杨妈妈打抱不平而脱难,她认杨妈妈为义母,随杨家到海宁乡下避祸。下半本则从何文秀考试高中之后,以巡按的身份重回海宁,微服私访演起,讲述何文秀如何寻访兰英以及惩治张堂的故事。

传统上,《何文秀》这本戏的重头在下半本的《哭牌》和《算命》两场。这两场唱做并重,历来非常受观众欢迎。尹小芳在复排时,将何文秀重回海宁的一段过场戏加以扩充,成为下半场的第一折《私访》。这新创的一折看似不长,却令整本《何文秀》为之增色,使得这部经典老戏有了更丰富的意蕴。

《私访》开头,先行上岸察访的童儿向观众略述前情,紧接着何文秀就登场了。从边幕走到九龙口这几步,是何文秀从官船上下来后,重新踏上海宁的土地。尹小芳迈出几步后,在九龙口一个漂亮的亮相。随后沉着地放眼四望,非常气派地抬手示意童儿前面带路,自己则缓缓迈步向前。几个简单的动作,将何文秀此刻的身份清晰地展现给观众。对于传统戏曲比较熟悉的观众,看到《私访》开头这段尹小芳迈步上场的气派,心中定会有所触动。因为此刻的何文秀虽因微服私访,保持了书生装扮,但走的却不是越剧舞台上普通书生的那种轻盈潇洒的台步。她开场这几步台步走得沉稳而有分量,气场非常强大,应当是在巾生台步中掺杂了官生台步的特征。这一方面是表示何文秀此时已身为巡按,举手投足间自然而然有了为官者的做派,虽然为避免暴露身份,仍装作寻常读书人,但迈出步来已不完全是书生——这既是考虑到贴合人物,更是为了告诉观众,归来的何文秀身份已经不同了;而另一方面,这种台步也传递了何文秀此刻的复杂心情。因为当他重新踏上自己遭人陷害、死里逃生的旧地时,心情是沉重的。虽然已经身为巡按,但此行要办的惩治恶霸、找寻妻子这两件大事,还不知能否顺利。心头既是沉甸甸的,脚下自然难以轻快。这个出场的台步,既顾及了人物的身份,又考虑了人物的情绪;带戏出场,大气沉稳,既美观又饱含感情,令观众瞬间入戏。

尹小芳也曾说过,当年复排时,她对《私访》这个出场曾颇费思量,因为《私访》是做官归来的何文秀第一次亮相,也是下半本戏的一个开端,这个出场,需要在第一时间将何文秀此时身份的

《何文秀·私访》(1980年)

转换、心情的复杂清晰地传达给观众,才能将观众快速带入后面的情境。所以她为这个出场反复推敲斟酌了很长时间,到实际排练时,当她迈着这独特的台步出场时,团里经验丰富的鼓师都快被难倒了,简直不知手里的板要怎么打下去。最终效果也不负众望,这新颖独特而又契合人物的表演,在下半场一开头,就给观众留下了深刻的印象。

何文秀亮相后,眼神沉着地往两边缓缓一扫,这是表示他的警觉,看看有没有闲杂人等在旁,不要被人识破他的身份。四顾无人后,他示意童儿前面带路,自己也向前迈步。这时,何文秀的眼神和神情稍稍放松,一路向前,已是在观看沿岸的景物。《私访》这一整场都是空台,但随着何文秀的开扇、迈步、观望,观众仿佛也看到了海宁岸边此刻的花红柳绿,一片春色。这时尹小芳开口唱道:"春风送暖万物新,来了我文秀再世人。"起句大气开阔,是巡按大人的气派,但"暖"与"新"两字的小腔细腻丰富,则又蕴含着复杂的心绪。下句承接上句的基调而来,但感慨之情又进一步加深,"再世人"三字更是唱得百感交集,深可回味。尹小芳在唱腔和表演上,往往特别注意开头的设计,因为第一个亮相,第一句唱,会奠定人物给观众的第一印象,关系重大,所以她的唱段,第一句不论旋律复杂与否,感情的表达上多有独到之处,往往有一锤定音之效,学唱难度很大,这里也同样如此。"再世人"三字,可谓《私访》一折的戏眼,后半场的何文秀有别于前半场的地方,正在于此。在前半场中,何文秀虽然也是从家族的灾难中侥幸逃脱,但毕竟还对世情的险恶没有充分的认识,所以才会轻易被张堂诓骗,落入圈套,险些丧命。但到后半场时,他因被诬陷杀人,饱受牢狱之灾,又险些被张堂差人在途中害死,已经是一个切切实实在鬼门关边走过一回的人,心智陡然间成熟了许多。当他历经生死劫难之后,重回旧地,不知不觉间便会有一种恍若隔世的感觉。看着四周花红柳绿,似乎还是三年前初到海宁时那个样子,但似乎一切又都与原来不同了。其实并不是景物不同了,而是人物的心境不同了。死里逃生的情节在传统戏里本是极为常见的桥段,但传统的表演大多流于泛泛,并不能使观众有代入感。而尹小芳所饰演的何文秀,因为以新越剧的思路引入了人物的内心体验,更通过唱腔与身段的设计,将这种内心体验外化为既具美感又非常真实的人物形象,令人物"劫后余生"的心境变得真切可感,因此才能深深打动观众的心。

《私访》是何文秀回到海宁后一路的见闻与感触,它就像是揭开了帷幕的一角,让观众得以窥见何文秀内心沉重与感伤的底色。有了这一折,再看他《哭牌》《算命》时的诙谐风趣,《除霸》时的威严淡定,感受就丰富得多了。《私访》这折所塑造的何文秀形象,外在沉稳、克制,但内心里蕴藏着极其复杂的情绪,有激动,有伤怀,有感叹,更有一种物是人非的恍惚。这种丰富的人物内心感受,借助传统的唱腔、念白、身段,自然流畅地在人物的一举手一投足之间传递出来,因而人物虽看起来沉稳平静,却蕴含着戏剧的张力。正如人们常说的:伟大的喜剧内核都是悲剧。《私访》一折所奠定的人物内心基调不仅像压舱石一样把这场戏稳稳地压住,使它有了诸多回味和咀嚼,不再是一场简单的过场戏,更影响、渗透到整部《何文秀》,与前半部人物涉世未深的单纯感形成鲜明的对照,也令下半本的《哭牌》《算命》在轻喜剧色调中增加了厚重感。小小一段《私访》,乍一看不显山不露水,却悄然不觉地将整部戏连通带动起来,完善了整部戏的结构,丰富了人物的内涵,增加了作品的层次和深度,可以说有"四两拨千斤"的功效。

尹小芳曾说,《何文秀》是一部已经非常成熟的戏,所以她在复排时绝不会随意去破坏原先的核心部分,增加《私访》这折是为后续的戏增加一些铺垫,以便更好地把后面的重头戏托起来。可见这折《私访》的诞生并非偶然,而是经过深思熟虑的。不过这一补笔之精妙,则远非上述朴实而谦逊的言语所足以涵盖。

二

戏是前后相连,牵一发而动全身的。所以,当尹小芳以《私访》这一折奠定了做官归来的何文秀的身份和情感基调时,也必然要对后面的《访妻》和《算命》的表演节奏加以微调。这种微调将这两折中轻喜剧外表背后何文秀的内心进一步凸显出来,既是对传统的继承,也是对传统的提炼与升华。

尹桂芳在一篇讲述她对《何文秀》演出体会的文章中曾说过,《访妻》时,何文秀虽然已经打听到王兰英的下落,稍稍放心,但毕竟三年未见,不知妻子是什么情形,心里还不太踏实,所以这段戏的心情虽然喜悦,但还是带着焦急的。桃花渡、杏花村对他都无关紧要,他只是按卖花女的指引,一路找寻而来,并没有心情去观赏风景。① 可是现在很多演员演《访妻》,都好似少年游春,轻松愉快,无忧无虑,实在流于皮相。前面《私访》中何文秀看风景时物是人非触动愁肠,此刻看到的"桃花渡""杏花村""七宝凉亭",只是前往他妻子住处的标识,哪有闲情细赏。《桑园访妻》中何文秀唱途中所见风景,一重又一重,唱的不是春光明媚,而是他期待见到久别的亲人时内心的喜悦与不安。所以这里尹小芳的表演,虽然眉宇间充满喜色,语气里也是欢喜的,表演上比《私访》略多了一些书生的潇洒儒雅,但人物内心里的张力依然在,身段上仍保持一定程度的沉稳和克制,这既符合人物,也是与前一场《私访》的自然衔接。

---

① 参阅尹桂芳口述,卫明整理:《谈谈〈何文秀〉》,《中国戏剧》2001年第10期。

《访妻》的戏眼是"近乡情怯"。何文秀到了门口,却没有进去。如尹桂芳文中所说,不能立刻与妻子相认,是因为考虑到农村里人来人往,任何消息都捂不住。如果急于相认,容易走漏风声,耽误了惩治张堂的大事。但他心里挂念妻儿,也不忍离开,所以最后打算从窗户里窥探一下。① 不立刻相认,是一个理性层面的决定,但隔窗观望这段戏之所以成为经典,更在于它刻画了何文秀此刻感性层面的复杂体验。终于要看到久别的妻子,他当然有喜悦,有怜惜,有思念,而同时,也不可避免地有忐忑与不安。这就是古人常说的"近乡情怯"。

近乡情怯,来自一种时间而造成的忧虑。害怕时光流转,有意料之外的变化发生,害怕三年之后一切已物是人非。他虽然历经艰难,终于活着回来,而且有了巡按和钦差的身份,但妻子会不会已经无奈改嫁了,会不会已将他完全忘记,开始了新的生活呢?对一个劫后余生的人而言,所有这些不确定性想必是常常在心头萦绕的。正是这种复杂的思绪使这个人物变得丰满而有张力,而非寡淡如水。这种忐忑不安,也为后面何文秀看到妻子一片诚意在祭奠他"三周年"时的那种感激与欢喜做了情绪上的铺垫。《桑园访妻》中为什么要一碗一碗历数王兰英祭奠他的"六碗菜",因为这是妻子对他爱的证明。何文秀一碗一碗看过去,每一碗看到的都是妻子对他的一片情义,这段"六碗菜"之所以脍炙人口,不仅仅是因为唱词生动,唱腔优美,更是因为这段唱饱含着何文秀看到久别的亲人对自己的思念时那种深深的感激与感动。

---

① 参阅尹桂芳口述,卫明整理:《谈谈〈何文秀〉》,《中国戏剧》2001年第10期。

《何文秀》这部戏的喜剧感主要来自舞台上演员的限制性视角和舞台下观众的全知视角之间的对照,这种手法在越剧里是比较常见的,如传统的《梁祝·十八相送》也是如此。在《何文秀·哭牌》中,误以为丈夫已死的王兰英的悲痛与在外窥探的何文秀的喜悦的对照效果,在《何文秀·算命》中,门内为了要不要算命思来想去的王兰英和门外假扮算命先生使劲劝说的何文秀之间的反差感,在全知视角的观众这里,常常能造成许多喜剧效果。尹小芳的表演精准地把握了何文秀的内心。她不仅保留了这部戏在《哭牌》《算命》两折中应有的喜剧感,更在内心的沉重与深情和外在的诙谐与喜感之间,以恰到好处的分寸拿捏,精彩细腻的舞台呈现,成功地构建起一种平衡,使这两者达成相辅相成、相得益彰的艺术效果。

例如在《哭牌》中,何文秀为了看屋里妻子的情形,搬来石头放在窗前,然后站上石头、踮起脚,戳破窗户纸,手扶着窗台向内观看。但是,当他听到王兰英因为伤心过度,哭得昏厥过去时,使劲踮起脚想看看王兰英,结果一不小心脚下踏空,下巴重重地磕到了窗台上,他赶紧走下石头,使劲揉下巴。这是一大段精彩的虚拟表演。因为何文秀是个文弱书生,虽然他也是卷起袖子,撩起衣服去"搬",但他不可能像武生那样真的把一整块石头"端"过去,何况小生如果要这样去做身段,舞台形象也会很不美观,所以尹小芳表演的何文秀实际上只是把手伸到自己这侧的石头底部,把石头往前翻了个身——这种处理和越剧舞台上的《黛玉葬花》只用花锄,不用花帚是一个道理——这样朝窗子方向翻了两次,石头也就到窗跟前了。然后何文秀先用一只脚踩上去试试,觉得有点不稳,又找了一块小石头,垫在大石头底下空的位置，把它垫稳当一些，最后才站上去。尹小芳曾说，这块石头本身不会是特别厚的，不然何文秀这样的书生是翻也翻不动的，再说他从石头上踏空踩到地面时，并没有崴到脚，也是因为石头本身不是非常高。虽然是虚拟表演，但是演员在做这段身段时，眼睛里要体现出这块石头的大小厚薄，手里要表现出这块石头的重量，观众才能看得懂。表演精细到这种程度，充分反映出她对日常生活观察把握的细腻深入程度，令人叹为观止。而她圆融漂亮的身段又令这一系列动作非常具有舞台艺术的美感，使人看得津津有味。所以当尹小芳以一系列虚拟动作，生动地展现出这个"磕下巴"的场景时，总是能令台下的观众开怀大笑。这种笑并不像时下很多影视剧那样，源于无厘头搞笑，而来自尹小芳非常生活化的生动鲜活的表演，因而观众笑完之后，自然而然地会从何文秀心系妻子、关心则乱的表现中感受到他内心的一片深情。

三

作为一个有着高度舞台敏感性的艺术家，尹小芳在复排《哭牌》《算命》两折时不仅继承了尹桂芳表演的精华，也增补了一些细节。这些细节或出于精心设计，或出于排练中的灵光一现，它们同样兼顾了艺术感和真实感，不仅把人物立起来了，而且非常有美感；不仅为这部戏增添了光彩，也使得人物更为生动丰满。

比如，当何文秀在屋外想向屋内观望时，发现"窗口高来看不见"，于是她步步往后退，边退边仰头，想努力让眼神够到窗户。但在后退过程中，小芳老师做了一个很巧妙的设计：她突然身体一个趔趄,上半身后仰,书生巾的飘带飞起,好似真的脚后绊到了一块大石头。她顺势一个小腾步转过身来,看到石头,心头灵光一闪(右手执扇在左手手心里一击,表示内心突然有了主意),接着唱"垫块石头就看得清"。之后就开始撩起袍子,卷起袖子,俯身搬石头。

在上述这个表演片段中,边仰望边后退,绊到石头,转身,获得灵感,正是小芳老师在复排时增加的小设计。这个小环节一则增加了场景的真实感,因为农村里随处都是石头,所以一不小心就会绊到,有了这个环节,戏看起来就显得更为流畅自然;二则这段设计也为这个片段增加了趣味性和技巧性,使得舞台表演更富于戏剧性和观赏性。

再如在《算命》一折中,假扮算命先生的何文秀在"算出"自己的身世,得到杨家信任后,尝试暗示妻子自己还在人世,说"今年正当二十一,金榜得中做公卿,目下夫妻可相会,破镜重圆得欢庆",又说"他命中实在不该死,目今还在世上存"。杨妈妈听了,虽觉得是哄人的话,但还多少有些将信将疑,但坐在里屋的王兰英根本不信,想到丈夫三年前"枉死",又痛哭起来。尹小芳演的何文秀听到妻子如此悲痛,情切关心,趁杨妈妈听到哭声低头叹气,下意识地朝里屋方向走了两步,想远远望一眼妻子怎样了。杨妈妈抬起头时,正看到何文秀往里屋走,以为他有不轨之心,立刻大喝一声。何文秀被吓了一跳,一顿,赶紧回过身来,假作无事,借故询问。此处杨妈妈叹息低头、何文秀迈步窥望、杨妈妈一声喝止、何文秀受惊回身,这一系列动作,丝丝入扣,连贯顺畅,既生动自然,又富于喜剧性,从实况录像中都能听到底下观众笑成了一片。尹小芳曾说,这个细节并非来自设计,而是排

《何文秀·算命》(1980年)

戏时两人突发灵感,自然触发形成,可见她在舞台上情绪的投入和两位合作多年的老演员之间的默契。在这段表演里,何文秀的情切关心、机智灵敏,杨妈妈的善良朴实、对王兰英的爱怜维护都表现得淋漓尽致,令人不由得想起俞振飞回忆和梅兰芳修改昆剧《断桥》时,无意间形成的白娘子用指头一戳,许仙往后一仰,白娘子见他往后倒,伸手去搀,但想起许仙负心又轻轻一推的那个经典场面。① 两者同样是在演员在进入角色后,根据人物和情境自然生发出来的,而效果也同样自然浑成,生动真切。

尹小芳表演艺术的魅力,正来自无数这样出色的构思,精到的细节,细腻的舞台呈现,而在此背后,是她对人物的深入理解,

---

① 参阅俞振飞述,王家熙整理:《〈断桥〉之革新》,载俞振飞述,王家熙、许寅等整理:《俞振飞艺术论集》,上海文艺出版社1985年版,第82—90页。

对生活的细致观察和对舞台表现手段的熟练巧妙运用。当前的越剧舞台,经常热衷于炫技,全然忘了表演最终追求的是什么。而看尹小芳演出的《何文秀》,人物形象生动丰满,手法运用不显山不露水,内在与外在,表演与唱腔,技巧与生活,都浑然一体,流畅自然,恰如《诗品》所说,"羚羊挂角,无迹可寻",其实,这才是舞台艺术的最高境界。

多年来,无数观众曾为尹小芳所塑造的何文秀、罗兰、张羽、韦英等人物在儒雅潇洒之外还特别真切可亲而赞叹不已,人们称赞她"朴实而不失多变,生动而不失风雅",其实正是对于她在表演上能充分地将艺术的审美性与生活的真实感融为一体的体察与肯定。传统的戏曲艺术非常强调形式的美感,这固然是值得后人继承的财富,但尹小芳的表演艺术更难能可贵的在于成功地给这种形式的美感注入了内心的体验与生活的真实感,于是,舞台上的人物便陡然间鲜活起来,"美"由于与"真"相融合而拥有了更深刻、更触动人心的力量。这正是尹小芳的表演艺术最动人的魅力所在。

如泣如诉话身世

——谈《沙漠王子·算命》的唱腔[1]

张 巍

《沙漠王子》是尹派的代表性剧目,可惜20世纪40年代尹桂芳和竺水招两位的演出剧本大部分失传,80年代初由尹小芳老师重新创作整理,才使这部经典剧目得以流传下来,成为众多尹派传人演出的保留剧目,其中《算命》一段更是广大越剧迷们耳熟能详的唱段。

这段唱以1946年流传下来的剧本作为基础,80年代重排时,小芳老师又对唱腔做了重塑,赋予其浓郁的尹派特征。以下,笔者从一个越剧爱好者的角度,对尹小芳老师在这段唱第一部分的唱腔设计,谈几句直观的感受。

《算命》这段唱的背景是罗兰王子复国成功,却双目失明;四处寻找伊丽公主下落,好不容易访得芳踪,却听说心上人将另嫁新郎。戏曲唱腔的设计,始终要建立在人物、剧情的基础之上。鉴于以上背景,罗兰在《算命》这段唱里的情绪是十分复杂的。

---

[1] 原文2022年1月15日首发于"高山流水今相逢"微信公众号。

有找到久别的心上人的惊喜,有听闻公主要嫁与他人的悲伤,又有对传闻是真是假的疑虑。不仅是多重情感的交汇,更重要的是,尽管其中每一重感情都十分强烈,但在当时当地,王子乔装成一个算命人,面对既熟悉又陌生的公主,这种种感情又都要抑制下去,希望借助命词的层层推进,来拨开心头的层层疑云。

《沙漠王子·算命》(1982年)

《算命》这段王子的独唱分为三个部分,第一部分从"手抚琴儿心悲酸"到"公主的芳名叫伊丽"。在这部分里,浓情不由自主地翻滚与对感情有意识地压抑这一对矛盾表现得尤为突出。这部分讲述的是公主曾经听闻,却未曾亲历的王子幼年的身世,王子从此讲起,是为了让公主能将眼前的算命人,从一位纯粹的陌生人,在心中转换成一位可以信赖之人,从而为第二部分——回顾王子与公主的共同经历,以及第三部分——讲述王子与公主分别后的际遇,打下可靠的基础。

然而,此一部分正是王子面对久别的公主时的心境中最难把握的部分,于是,也就成了最需要抑制住心中种种激情的部分,整段唱始终处于浓情不得尽吐的基调之中。因此,这部分唱腔充满张力,表现得如泣如诉——在算命人以第三人称诉说"他人"身世的同时,又不由自主地融入王子作为当事人的悲怆和欣喜之情。整段唱采用了尺调腔,有利于表现如此丰富的情绪。

《沙漠王子·算命》(1982年)

起首四句是王子的内心独白,并不是说给公主听的,因而这四句唱流露了王子的真实情感。对整段唱的第一个字——"手",小芳老师充分运用了依字行腔的手法,利用这个上声字先落后起的调值,将音乐设计得同样曲折有致,一上来就把观众带入了王子曲折的情绪之中。接下来的"抚"字是整句唯一的动词,在唱腔上予以强调。而紧接的"琴儿"则做了相对弱化的处理,尤其是"儿"字非常短促,使得"抚琴儿"这三个字承接"手"字,利用音节的长短和强弱,再次形成一种波折感。

连下来的"心悲酸"三个字,"心"字处于相对抑势,音乐下行;而"悲"字尽管是被强调的,但其音乐却大致平稳,没有多少起伏,使得原本一个处于扬势的字变得收敛;再到"酸"字尽管音乐有上下四度的起伏,但小芳老师将唱腔做了渐弱处理,使其仿佛逐渐没入哽咽之中。此三字唱腔可谓淋漓尽致地展现出人物强抑感情的特殊张力。

第二句归入算命这个正题。"自己的命儿"这几个字的旋律与第一句"手抚琴儿"几乎相同,但"命"这个字却是长音,与前句的"琴"形成对比。这种上下句唱腔上对仗式的设计,是小芳老师的一个艺术特色,暗合中国传统审美追求在变化中寻求对称的趣味。它不仅体现在字音的长短,还体现在音乐的曲直,乃至气口的迟早。如果在演唱这两句时,将"琴儿"与"命儿"一并拖长,就丧失了这种中国的传统审美之风。不过,除去审美需要之外,"命"字拖长也完全符合语意剧情,因为"命"字无疑是"算命"的核心,拖长字音能自然地突出这个核心。同样,"自己算"这三个字也被做了加长处理,尤其是最后这个"算"字,不再做渐弱处理,由此突出"算命"的另一个核心字。

第三句中的"坐着"两个字每字只有半拍的节奏,紧接一个半拍休止符,让旋律展现一定的跳动,用于表现王子见到久别的心上人时的激动心情,同时也让这句的前面四个字形成蓄势待发的感觉,为后半句的"心爱人"三字做铺垫。有的演员拖长"坐着"两字,不仅令旋律失去跳动的感觉,也让原本的铺垫喧宾夺主。这句最后一个字"人"的旋律有一个三度的起伏,但在结尾处被做了收束性的处理,产生戛然而止的感觉,将观众的注意力不由自主地引向这第一小节的高潮——第四句。

小芳老师对第四句的处理可谓出神入化。首先是在第三句戛然而止之后,"可"和"叹"两字分别运用吸气和呼气的方法唱出,使得三、四两句产生形断神连的巧妙意境。接下来"我"字有五度起伏的滑音,表现王子的心潮澎湃。而再接下来的"有目"二字又是两个短促的半音,且被虚化,一方面展示王子的无奈之情,另一方面铺垫最后的"不能看"这个小高潮。在此小高潮中,"能"字先高后低,上下七度的滑音,最后在底部以一个短促的半音"看"收尾,将王子欲哭无泪的苦楚生生贴上观众心头,令他们不禁潸然泪下。

一声轻唤"小姐"之后,唱段进入第二小节,由王子的内心独白变成对公主的诉说。"开言叫声好小姐"一句唱腔柔情似水,尾字"姐"尽管记谱与前面"心爱人"的"人"字完全一样,但小芳老师在唱法上将"姐"字的收尾略为上扬,表现出恳请对方仔细聆听的语气,与下句"王子的命儿你听仔细"自然衔接。下句中,"命儿"二字前短后长,与前面"自己的命儿"中"命儿"二字的前长后短形成又一个音乐上的对比。"听仔细"三字各占一拍,地位并重,提示公主细听以下的命词。

在"他是个眉清目秀聪敏儿"一句中,"清"字的唱法再次凸显了小芳老师依字行腔的特色,顺着这个阴平字的调值(423),使用一个短促的先下后上的音调;接下来的"目秀"又是两个短音,其中"目"字只有四分之一拍。这样的处理使得四字连缀呈现跳跃感,流露出王子诉说自己身世时的自豪之情。然而,假如在演唱这四个字时不恰当地拖长,并将"清"字曲调做下行处理,就会让这种自豪感转而变成一种自恋感。接下来"西萨王宫"的"王"字使用了整段唱的最低音,既衬托王宫的庄严肃穆,又与紧接而来的"好"字的八度大跳形成对比,让王子的自豪与自信再次浮现在观众面前。

后两句中上句"父母钟爱"四字的唱法"父"沉"母"柔,"钟"平"爱"折,再接婉转起伏的"似珍宝"三字,将观众带入一幅天伦之乐、其乐融融的图景。下句延续了上句的意境,而尾字"记"的拖腔中间部分被刻意弱化,形成短暂停顿的感觉,仿佛将一字分为两部分,其后半部分与接下来的"玉佩上"三字连缀相接,彰显语意的前后连贯。后面"沙漠王子"四字突出第一、三字,第二、四字则一掠而过,形成跳跃感,烘托出沙漠王子的年轻与机敏。而"四个字"唱腔逐字抬高,层层提升,随后紧接一个停顿;再由弱拍起唱"千载万世永不移",又是一个层层提升的旋律,从"千"到"不"更是完成了一个八度上行,还在"不移"二字中间加入"啊"这个衬词,使旋律进一步饱满丰富。这样前后两句宛如海水的波涛,一浪方停,一浪又来,后浪更比前浪高,由此逐次递进,展现出沙漠王子不同寻常的地位与才华。

此段的最后一小节讲述的是沙漠王子的命运剧变。这一小节首句依然采用慢板,其中"正望日子多欢乐"的"日子"二字短促而加重,既与此后的"多欢乐"形成对比,又预示灾祸的降临。随后,"谁知平地风波起"的后半部分开始,板式由慢板转变为快中板,"风波起"三字更是一字一顿加以强化,表现千钧一发的急迫形势。"起"字又以拖腔中间虚化,似断非断的唱法,将前后两句紧密衔接起来,带动观众的情绪。

此后,"安达叛变"中的"叛变"二字与前面"正望日子"中的"日子"二字曲调、节奏完全一致——前面的预示为后面的灾祸所印证,以音乐的形式完成了前后呼应。

再接下来的"一家骨肉各分离""乳娘忠心救王子"和"他从宝剑之下逃出去"几句,以紧凑的叙事交代王子命运由安转危,又化险为夷的两度转折。小芳老师以一气呵成的唱法,其中"离"字再次使用了拖腔中间弱化,一分为二,令前后两句贯通如一、连绵不绝,让观众的心绪有如坐过山车一般,短时间内此起彼落。假如放缓这几句的节奏,尤其是拖长"逃出去"三字,不但无法牵动观众的心弦,更是与此处剧情格格不入——慢慢吞吞的王子哪里还能逃得出去,岂不早就成了安达的猎物?

值得一提的还有上面提到的"记""起""离"三个字的拖腔唱法,虽然与早期越剧倾向于将前后句紧密连接的唱法有相通之处,但小芳老师的独特之处是以虚化代替完全停顿,使旋律不仅显得更加连绵不绝,还进一步产生了如泣如诉的感觉。

这部分最后六句板式重新放缓,由快中板逐步回归中板和慢板,刻画出王子此后十余年漂泊四方的际遇。其中前两句——"光阴流水容易过""一季过去又一季"——运用虚化的手法,任由观众想象王子其间经历的各种磨难,以便突出后面王子与公主相遇的再一次重大命运转折。因此,小芳老师在唱腔上同样对这两句进行了写意式的处理,尽管这两句的旋律起伏比较大,但节奏上却很紧密,气息运用十分连贯。

随之过渡到王子人生中即将到来的华彩时刻——十七岁。"王子长成到十七岁"中的"成"与"到"之间、"人海飘航在客地"中"航"与"在"之间以及"客"字中间,各出现了一个停顿。前两个停顿仿佛省略去王子成长中的种种波折,而后者则意在表现王子流落他乡一言难尽的心酸。这前四句节奏贯通,有一种类似进行曲的感觉,衬托王子在艰难旅途上步步迈进,直到下一个转折到来的语意。这四句整体处于蓄势待发的地位,末尾"在客地"节奏进一步放慢,并稍加停顿,为引出最后讲述王子与公主相遇的两句做好铺垫。

最终,所有的波折与心酸在王子偶遇公主的激情喜悦面前都将褪色。王子款款深情地唱出"无意之中遇公主",其中"遇公主"三字节奏舒缓,曲调整体上行,呈现出王子沉浸于爱情的甜蜜之中。这句唱终于让伊丽公主再也按捺不住激动之情,不禁开口询问王子的姓名。对罗兰王子来说,公主的这一声问也恰好实现了《算命》第一段身世诉说要达到的目的——让公主跟随算命人的诉说,再次走进王子的世界,也让王子由此了解到公主依然眷恋着旧日深情。

在一段对白之后,这部分的尾句以清板起唱,为这段从天而降的姻缘增添了一分神秘的色彩。此句节奏逐渐放缓,末尾"伊丽"二字先扬后抑,再次运用八度起伏,以尹派逐步下行的典型落调收尾。唱到此处,说者与听者的两颗心终于碰撞到了一起,迸发出炽烈的火花,王子仿佛再也无法抑制自己的激情,只盼即刻与公主相认。《算命》的第一部分至此也告一段落。

寂寥月夜惆怅人
——听《沙漠王子·叹月》[①]

宋思聪

小芳老师的唱段我都很喜欢。尽管她的声音与我素来喜爱的清亮、柔美相去甚远,而且现在能看到的录像都是她年过半百以后的演出,初听时甚至觉得太过低沉喑哑,稍显粗粝。可是再听几句,就觉得那声音像不知溶了多少食材精华的高汤,一旦咂摸出滋味,就根本停不下来。

各种板式、各种情绪的唱腔在她的演绎下各具意趣,不过我始终觉得她演唱深沉哀怨的唱段时最为动人。十多年前,她的《沙漠王子·叹月》抓住了我,几乎成了那段时间我睡前的必听曲目。闭上眼睛,她沙沙的声音低低响起,轻轻地,缓缓地,一字一句直击内心。一些"听"后感不由自主地生发出来,于是有了下面这篇浅显直白的记录。翻看多年前的文字,觉得那些伴着罗兰王子的自思自叹入眠的日子好像就在昨天。

流逝的时间无从追寻,过往的岁月里那些心动的瞬间却可

[①] 原文 2011 年 6 月首发于"高山流水今相逢"论坛。

以永远铭记。

　　大概是以前听广播留下的习惯,有时候觉得闭着眼睛听可以听出很多睁开眼睛听不到的东西。可能是因为每个人的注意力都是有限的,听、视觉共用的时候,听觉感受到的部分会被视觉分散遮蔽。

　　《沙漠王子·叹月》是复国成功却双目失明的沙漠王子在月圆之夜的忧思哀叹,以尹小芳尤为擅长的尹派弦下腔演绎,这种沉重而又内敛的情感大概只有她唱得出这么摧人心肝的味道。

　　"伊丽,你到底在哪里,在哪里啊……"只是听到起调我就很难控制自己的情绪了。简简单单的几个字包含了希望与失望交织的悲苦,期待与等待杂合的无奈。寻而不见,探而不得,人海茫茫,自己又身罹大难,不知何时何处才能与伊人重逢。此心此情,融在这短短的几个字里,沉痛而又哀伤。这样的一个深情的王子,让人敬慕之余又多了几分怜惜。京剧讲究唱戏分三个层次:喊、唱、说。如果舞台上与旋律配合的表达像说话一样自然流畅,观众的注意力就会集中在语句情感的表述上,而非研究这个句子用了哪几个新腔。说到底,演戏演出来的应该是人物,唱词、唱腔、身段等都是工具,目的都是把人物更有血有肉地立在台上。

　　"想当初,遇知音,喜诉衷肠。"初次相逢,未必能留下甜美的回忆。但如果恰好有,那么这份温暖可以在以后的岁月里抵挡掉无数现实的寒冷。当一个人用历尽沧桑的眼光回顾当初,留在脑海里的,应该都是美好的瞬间吧。

　　"总以为,大功成,并翅翱翔。"我相信人在做一件事,尤其是一件很有难度的事情的时候,一定是有信念支撑的。当然,不是说罗兰在复国的时候就一门心思想着跟伊丽百年好合,但是能与这样一位深明大义又美貌绝伦的佳人共度春秋,一定也在罗兰对胜利的憧憬之中吧。看《访旧》中他那样不顾风尘、快马加鞭疾驰而来的样子,就可以想见伊丽在他的心目中的地位。毕竟,替父报仇、为民除害象征着过去的纠结,而知音重逢、家邦重振则代表着未来的希望。

"又谁知,风波起,掀卷恶浪。"可是这未来的希望就像是一只汪洋大海中飘摇的小船,不知何时何地掀起的一个浪头就把它打翻了。前面几句的唱腔都是舒缓而又温情的,而从"风波起"开始,节奏和音高都出现了明显的变化:王子的情绪激愤起来了。希望越是美好,破灭的时候给人带来的悲痛就越发深重,越让人想不通。

"害得我,眼失明,孤凤折凰。"这几句,情绪重又缓和下来,叙述中有世事难料的哀怨,有无辜受伤的悲愤,也有直面现实的坦然。现实打乱了计划的一切,但是事已至此,激愤有什么用呢?虽然伤心难过,但是,总还是要好好地生活下去。

"连日来,理国事,要重振家邦。"在人海漂航过十几年的罗兰是清醒而理智的,面对种种未曾意料到的现实,他清楚地知道自己应该做什么。他生来就是有使命的,即使完成使命的路途与他预想的并不吻合,但既然已经踏上征途,就只能义无反顾。

"到夜晚,坐深宫,我九转回肠。"有些事,总还是放不下的。

唱段到这里是第一段落,主要是叙前情,"叹月"是下面的事。

"一声声悲笳惊牛羊,一阵阵寒风送夜凉。"这一段戏确实非常适合闭上眼睛来听。闭上眼睛,才会明白听觉和触觉的重要。

古时候的乐师也叫瞽乐,"瞽"就是失明的意思。大概人们在那个时候就已经发现,对于音乐,盲人其实有着更敏锐、更深刻的理解和认识。罗兰本来就是借音律抒情怀的王子。深夜独坐之时,耳畔传来胡笳声声,牛羊低鸣。这些声音在双目失明的罗兰耳中便都化作了阵阵悲凉之音,直捣心头那些白日无暇念及的伤心处。夜深风寒,露重衣单。寒意伴着夜风而来,透过衣衫,凉至心间。

"一阵阵寒风送夜凉"(《叹月》)

"一缕缕愁丝剪不断,一重重心事添惆怅。"体寒皮裘尚可御,心痛何物可疗伤?那个放不下的人,那些忘不掉的事,那份剪不断的情,在这样一个寂寞的夜晚都显得越发清晰,心头的痛楚也变得越发深刻。

"说什么玉盘似镜月儿圆,为什么不照人间影成双?说什么银河泻影月皎洁,为什么不照鹊桥渡牛郎?说什么碧天如洗月儿明,为什么不照伊丽在何方?"

终于到了"叹月"的段落了。这三个问句从不同的角度倾诉了王子对有情人不得相伴的失落和伤感,也把王子的情绪推向了高潮。

其实我觉得这段不如叫"问月"更合适些。中国人对这个距离地球最近的天体有着近乎痴迷的兴趣:月升月落、月缺月圆都可以入歌、入诗、入文、入画。有人说《沙漠王子》这个戏的诡异之处在于,它明明要写一个异域番邦的故事,却处处都是中原文化的影子。比如这段唱词当中就出现了银河、牛郎、碧天等纯中国的意象。我对这个倒是从来不曾纠结,大概是我对"改良"和"本土化"这两个词已经习以为常了吧。真正的异域人懂不懂得这些不重要,唱戏的和看戏的人懂得,这就足够了。没看过《图兰朵》的剧本,不知道里面是不是也有些纯西方的意象呢?

"伊丽啊"(《叹月》)

"伊丽啊,我盼不到,你鸿雁传书留踪影。到如今海角天涯两茫茫,两茫茫。"

"伊丽啊"就是发自肺腑呼喊出的声音。与起调"在哪里啊"的缠绵哀婉不同,这一句是情绪在制高点处的发泄,近似呐喊略带哭腔又富于韵律美。她的高音并不好,沙哑略失圆润,但在此处却似乎非此声不能达意。记得有次看《白蛇传》,白蛇唱到断桥的时候嗓子明显有些疲劳,但是这种疲劳恰恰与金山遇险即将临盆的人物状态相契合,所以听来竟是特别对劲的。这句"伊丽啊"在我听来也是类似的效果。心心念念的你竟然消失得这样彻底,生不见人,死不梦魂。如今双目失明的我得不到你的哪怕一点点消息。你还在人世吗?我怎样才能寻到你?我何时才能再见到你?

《叹月》部分到此结束。满腹愁思的王子带着纷乱的思绪沉沉入梦,梦中的情形亦真亦幻。月夜之梦,似乎格外独特。

最终极的幸福
——谈谈《沙漠王子·访旧》

宋思聪

首演于1946年的《沙漠王子》,是尹桂芳与竺水招组建芳华剧团后主演的第一部新戏。出于多种原因,这出戏此后曾多年未与观众见面。20世纪80年代初,尹小芳老师牵头重新排演《沙漠王子》。她克服了演出剧本遗失、尹桂芳老师罹患重病等重重困难,凭借对尹派风格的深入理解、对经典剧目的深刻记忆和艺术实践的深厚功底,在仅有《算命》部分唱词可供参考的基础上,经多位艺术家协助,重新为《沙漠王子》建构起完整的剧情框架,补充了《访旧》《叹月》等全新场次,终于使此剧重现舞台。

主人公沙漠王子罗兰幼年因宫廷叛乱失去双亲,被乳娘救出,流亡沙漠。他长大后背负报仇复国的使命四处奔走求援,与偶然邂逅的伊丽公主一见钟情。两人约定一年后重访旧地,不想公主赴约时被叛贼安达掳走。王子兴高采烈地如约而至,却只等到了公主遭劫的消息。

《访旧》指的就是王子赶赴约会的这场戏。小芳老师通过唱腔、表演、服装等全方位地展现了王子策马赴约的兴奋、憧憬相

《沙漠王子·访旧》(1982年)

见的羞涩、惊闻噩耗的愤恨、欲闯虎穴的勇毅……我尤其喜欢这段戏中王子的出场，那是他最欣喜、最激昂、最意气风发的段落，小芳老师的演绎更是堪称精妙。

罗兰在出场前先呼唤了一声"伊丽"，小芳老师刻意放低了音量，收敛了气息，使这声呼唤听起来格外空旷悠远。在"扬鞭催马插翅飞"的伴唱应和下，观众仿佛看到从辽远的地平线外奔来一匹骏马，马背上王子俯身策鞭，不顾风尘疾驰而来。很快，王子伴着颇有异域风情的旋律登场了。这一场的服装色调不同于《邂逅》的"清冷白"、《入宫》的"富贵紫"以及《叹月》《算命》的

"忧郁蓝",而是一袭"娇嫩粉",只在袖口和腰带点缀了一些金红,配上雪白的帽子和斗篷,像朝霞晕染了的白云翩然而至,清新淡雅又蕴含着喷薄而出的力量,正如王子此刻内心充盈的喜悦和希望。

罗兰来到旧地,先四处观察了一番,小芳老师为各个方向的张望都设计了不同的身段,特别是最后望向下场门方向时,王子高抬腿,撩斗篷,快步迈上台阶,风尘仆仆,英武飒爽。没有发现心上人的身影,他虽也感到些许疑惑,但很快便继续充满期待地瞭望远方,并开始缓缓倾诉衷肠。

"心头常记一年期",开启整段唱腔的是紧拉慢唱的[二凡],外化了人物心急怨马迟的迫不及待和近乡情更怯的丝丝紧张。"今日旧地来重游"的拖腔,王子提着斗篷走了半圈圆场,快速巡视了周围,脚下生起的风将斗篷托起、展开,他的心情似乎也随之舒展开来,开始细细斟酌将要与心上人分享的点点滴滴。"见了面我千言万语从何提",板式自"从何提"起转入中板,用平稳的节奏梳理思绪。在板式转换的小停顿间,王子抿着嘴角略带羞涩地微微低了低头,小芳老师用这个稍纵即逝但极富少年气的幸福表情,带领观众走进了王子的温馨回忆和甜蜜憧憬。

"哦我告诉她一枝杜鹃伴晨昏,对花犹如对伊丽。我告诉她日望鸿雁寄相思,夜对圆月数归期。"回忆的开端,小芳老师垫了一个"哦"字,伴着豁然开朗的表情,俏皮、灵动,为前面提到的"千言万语"找到了话头。这几句对公主的思念之情,小芳老师演唱得热烈而深情。唱词中的杜鹃、鸿雁、圆月都是象征相思和团聚的经典意象,特别是罗兰与伊丽的定情信物"杜鹃花",既包含杜鹃啼血的故国之思,也代表了热烈美好的明媚春光,从多个维度完美契合了罗兰的身世和情感，对于本剧有着其他任何花卉都不可比拟的适配度。

"告诉她八方酋长表同心，千里奔波多如意。"从这句开始，罗兰的告白从单纯的倾吐思念转入汇报一年来的收获，音高和音量都有明显提升，节奏也有所加快，高调展现了他的"如意"。"告诉她已经定下里应外合计，功成奏凯指日里！"这句极为精巧地设计成了弱拍起，听得出罗兰不仅对指日可待的成功胸有成竹，而且恨不得把这一切都一口气告诉公主，满是胜券在握的得意与欢悦，活脱脱一个自信满满甚至有些逞强称能的少年英雄。这个小小的细节在人物塑造上进一步凸显了王子的心忙意切，节奏安排上与前一句衔接更为紧密，从艺术欣赏的角度也避免了句式雷同极易造成的审美疲劳，可谓一箭多雕。

"告诉她只等光复河山报深仇。"最后一个"告诉她"，王子的思绪从过去延伸到了未来。报仇、复国，是他过去十几年最重要的人生目标，没有任何妥协商榷的空间和余地。小芳老师的眼神凌厉而坚毅，抚剑演唱"报深仇"时，眼中更是有杀气闪过。这句唱没有任何拖腔，结束得斩钉截铁、干脆利落，表明了王子取得胜利的坚定信念，也暗示了他希望就此了结过去的怨仇，酝酿迎接全新的生活。

"伊丽啊，我与你花开并蒂永不离。"替父报仇、为民除害终结的是过往的宿怨，而知音重逢、家邦重振则代表着对未来的期望。唱腔的结尾，旋律更加舒缓。与登场前的呼唤遥相呼应，王子在憧憬中再次深情呼唤起心上人的名字。前一次的呼唤来自远方，迎着日光，卷着风沙，伴着飞奔的马蹄，有些微弱，有些缥缈。而此刻，是柔声轻呼，是细语呢喃。罗兰的目光由此前的远眺转为近处的凝视,原本自言自语的"告诉她"也变成了直抒胸臆的"我与你",仿佛爱人真真切切就在眼前。一年来的朝思暮想,一年来的东奔西忙,饱尝分离后的相思之苦,忍耐沙漠中的奔波劳碌,为的就是河山重光、爱人相伴。罗兰此时的一举一动、一字一句都情不自禁地散发喜悦的气息,王子对公主的绵绵爱意显得内敛深沉,格外动人。这个小小的片段在舞台上的演出时长不到4分钟,但小芳老师的表演足以让观众感受到罗兰的青春洋溢、果敢坚韧、热血柔情。而这,只是《沙漠王子》众多精彩段落中的一个。吾生也晚,没有机会在现场欣赏小芳老师演出的这部戏。任何舞台艺术的观众都知道,影像资料的感染力完全无法与现场演出同日而语,但我仍然无数次被小芳老师的演出影像所吸引、所震撼、所折服。小芳老师的戏,是精美的艺术珍品。粗看时,只觉得浑然天成,就像河水本该从山涧流出,细雨本该从云中坠落,一切都那么理所当然,那么水到渠成。细品后,才发现台上的每分每秒或静或动无不经过精心的雕琢打磨,无不融入了她深入的揣摩思考。这巧夺天工的妙手,令我每每叹为观止。能够欣赏到艺术家投入全身心用真爱打造的作品,是观众能够获得的最高端的尊重和最终极的幸福。我很庆幸,拥有这样的幸福。

但开风气不开宗

——以《张羽煮海·听琴》和《舞台姐妹情·风萧萧》为例①

张 巍

越剧界常将小芳老师称为尹派艺术的"一代传人",有承上启下之功。在我看来,小芳老师的贡献甚至可以称得上"再造尹派"。我这样讲,是因为在欣赏了尹桂芳老先生20世纪五六十年代的一系列演出录音——如《屈原》《信陵君》《王十朋》《西厢记》《盘妻索妻》《宝玉与黛玉》《义救孤儿记》《陈琳与寇承御》等——之后,发现尹老先生的唱腔音调非常多变,与我们现在通常认识到的尹派基本音调有不少差别。

这当然体现了尹桂芳作为一代艺术大师丰富、活跃的创造力,不过,这种富于变化的音调也给后人的传承造成一些困难。由于演员个人的嗓音条件差异,后学者要模仿前辈的"腔"难度颇大,所以,很大程度上,越剧流派的传播和继承是依靠"调"。

尹小芳老师对尹派的贡献体现在:她一方面让"尹派"的音

---

① 本文2021年10月20日首发于"的笃越剧"微信公众号,修订版发布于"高山流水今相逢"微信公众号。

乐更加细腻化——这方面,比较尹桂芳和尹小芳两位老师的《浪荡子·叹钟点》唱段就会有直观的感受——而另一方面又将尹派的音调规范化,使得尹派成为一种音乐标记,深深刻入戏迷们的脑海中。总体而言,20世纪90年代以来越剧中生代和年轻一代演员们演唱的尹派,正是这种经过小芳老师规范与升华之后的尹派。无论演员的嗓音条件、表现风格如何,只要那熟悉的旋律一起,观众们就会马上意识到:尹派来了。

尹小芳老师传承尹派艺术,是重在承其"神",而非承其"形"。坦率地说,要分辨出尹桂芳和尹小芳两位老师的声音,对很多戏迷来说都不会是一件难事。然而,两位老师的神韵却又实实在在如出一辙。这种神韵正是来源于"道法自然",来源于"天然去雕饰"。尹派的音域起伏不大,润腔也谈不上华丽,却胜于平淡中传情,使人在不经意之中,不知不觉地心潮激荡。尹小芳老师可谓将这一艺术特色发挥到了极致,她特别善于打磨演唱的舒缓节奏,把控抑扬顿挫,加上尖团分明的吐字,以此紧紧扣住观众的心弦。这方面,我想举《张羽煮海·听琴》和《舞台姐妹情·风萧萧》两段唱为例。

这两段唱一为八句,一为六句,音乐板式几乎一致,熟悉小芳老师表演的观众,一下就能听出后者由前者化来。然而,两段唱要体现的人物场景却完全不同。前者是张羽欣遇知音,不胜愉悦;后者则是魏师伯忆旧思今,深情寄望。一以欢畅,一以悲壮,小芳老师充分利用了节奏的变化和切分音,来表达这两种截然相反的场景。

两段唱起首都是三四三式的十字句。《听琴》中,"疏剌剌"的第一个"剌"字极其短促,迅速滑到第二个"剌",加以一气呵成的拖腔强调,让张羽的愉悦之情立刻浮现眼前。而《风萧萧》中的前三个字——"风萧萧"——却几乎是一字一拍,再连用三个短促的"ao",代替连贯不断的拖腔,魏师伯悲壮沉重的心绪便油然而生。接下来,《听琴》中的"恰似"二字大体平缓,而《风萧萧》中"犹似"二字则有一个小小的起伏,虽然两者都是在为后面的唱做铺垫,但后者的起伏则在铺垫之中掀起一个小高潮,进一步展示人物的复杂心情——对后辈闯荡大上海既怀期许,又充满忧虑。

再接下来的第八个字,也就是十字句最后一个小节的第一个字,《听琴》里的"落"字一笔带过,紧承前面的愉悦感,而《风萧萧》的"鸣"字却感觉异峰突起,让人不禁心头一颤。首句结尾部分,《听琴》一如既往地舒展愉悦,如果仔细分辨,在最后一字"松"的最后部分,音调有一个略显俏皮的小起伏;而《风萧萧》的最后一字"空"最后的音调却缓步推升,没有这样的起伏——此时的人物显然不会有俏皮的心思。正是由于这样精心的唱腔节奏设计,第一句唱罢,观众便立即接入了特定的人物,走进了特定的场景。

《听琴》的第三、四句是《风萧萧》所无。而这两句唱摆在《听琴》中既是语意上的承前启后,又是音乐上的烘云托月。语意上,这两句唱把张羽从对琴声的陶醉引入对奏琴者的钦慕。假如说语意多在编剧之功,那么,这颈部两句的音乐设计就不能不说来自小芳老师的艺术魅力。表面看来,这两句很不规则,上句"这分明是我试谱的鱼龙曲",下句"却为何竟在这仙客指下弄",分别都有十一个字,不符合越剧典型的七字句和十字句句式。

可是,在小芳老师的创造下,这十一个字的两句唱,被以七字句的形式表现出来,巧妙地将每句里多出的四个字转变为衬词。于是,这两句的音乐构造变成了"(这)分明/(是我)试谱(的)/鱼龙曲","(却)为何/(竟在这)仙客/指下弄"(括号内为衬词)。由于七字句善于表现活泼愉悦的心情,这番设计便烘云托月般地刻画出了张羽当时的欣喜之情。(感谢越友"桃花坞"对此两句音乐分析的提点。)

说明了《听琴》中这颈部两句的妙处,就很容易看到《风萧萧》里去掉这对颈联,无论从语意,还是从音乐上,都对表现人物场景恰到好处。《风萧萧》的第三句用的也是三四三的十字句唱法。"此一去"三个字突出第一个字,后两字虽然在节奏上稍有弱化,但整体唱法依然坚实。相比之下,《听琴》的第五句尽管也是十个字,我以为却是戴冠七字句的唱法。"适才我"三个字整体被虚化处理,以便突出后面"琴思忽断曲未终"七个字。同样十个字,以两种不同的音乐形式呈现,充分利用越剧十字句沉重、七字句活泼的特点,又一次展示出两段唱凝重与喜悦的差异。

再到《风萧萧》的第四句,依然是表现沉重的三四三的十字句结构;而《听琴》里对应的第六句也仍然是前虚后实的戴冠七字句唱法。在此,特别值得注意的是《风萧萧》第四句里"多自重"的"多"字,竟然出现了同一个字里的八度落音,也正是这个大幅又紧凑的音调落差,使得魏师伯的语重心长生生嵌进观众心中。而《听琴》中相应的"天"字的音调则完全没有这样的落差,实际上,这句后半部分将八个字嵌入七字句结构,因此,"天"字还有意被虚化,以气息连缀到"衣"字,产生舒展起伏的感觉,再次映衬出人物的愉悦之情。

最后来对比两段唱的末尾两句。《听琴》里的第七句呈现抑制态势,以便烘托最后一句"高山流水遇知音"这一整段唱的核心。但在《风萧萧》中,第五句虽然整体上也在为最后一句做铺垫,处于抑势,但这句结尾"不忘本"三个字本身又是一个小高潮,再承接末句,出现前后相连的两轮高潮。《听琴》与《风萧萧》结尾处的这种差异当然也是根据具体人物和场景设定的。前者中张羽从惊讶、欣快、钦佩,变为结尾"遇知音"的满足,其喜悦无疑也达到了顶点。

而后者的末两句则是魏师伯对后辈层层递进的两大嘱托,首先是要她们做到"不忘本",在此基础之上,再渴望她们得以"迎春风"。对于前一个嘱托,魏师伯认为是可以靠自身努力实现的——就像他自己做到的一样。而后一个嘱托则不仅要靠自身,更要依赖一个新的社会环境,因此,师伯只能殷殷期盼。在这样的递进关系下,第五句的"不忘本"自然成为一个重心,在唱腔上形成高潮也就理所应当了。

很多越剧表演艺术家都强调唱腔设计必须从人物出发,我想尹小芳老师对《听琴》和《风萧萧》这两段唱腔的设计,可谓淋漓尽致地诠释了这一越剧表演的要义。两段音乐板式几乎一模一样的唱,一段听来心旷神怡,一段听来却催人泪下,这正得益于尹小芳老师鬼斧神工的艺术表现力!魏师伯或许也是时年82岁高龄的尹小芳老师创造的最后一个舞台形象,而这个仅有六句唱词的形象却如张羽、韦英、何文秀、罗兰王子一样,成为小芳老师留给观众们的一个经典。

越剧界所谓"十生九尹",诸多中青年优秀尹派传人也都有着自己忠实的戏迷群体。然而,借用《风萧萧》里的三个字唱词,无论是后辈尹派演员,还是广大尹派戏迷,当沉醉于尹派诗情画意的唱腔之中时,我们始终应该"不忘本"。而这尹派之本,除了开山鼻祖尹桂芳老先生之外,还有再造尹派的一代传人尹小芳老师。说"文革"以后,越剧界尹派遍地开花的风气由小芳老师一手开创,我想是恰如其分的。

温柔书卷尹小芳
——从《张羽煮海》说起

楼佳维

引言:

　　这并不是突发的念头,早在读书时期,电脑文档中早已记录着想写写小芳老师。此情长系,一晃过去十几年,或许是我懒惰、拖延症、行动力差,总下不定决心,或许是近乡情更怯的矛盾、纠结、不自信,或许是昔日情愫渐渐掩埋于生活的纷乱琐碎……种种缘由,终未付之笔下。

　　又或许,是我本不想以一种完全个人情感主导的视角和姿态去写她,尽管时刻提醒自己要客观、要理性,但一下笔便发觉长久以来形成的审美意趣及行文风格恐怕一时难以更改。也罢,不苛求自己了吧。长长二十几年,也许平静之下偶有暗涌,但对她的这份钟情,明净纯澈,细水长流,不曾改变。不多不少正正好,一如她的戏、她的人,中正平和,清微淡远。

　　故事的渊源已是遥远得模糊,但有一些印记从不曾磨灭。彼时还是十几岁的初中生,于越剧还懵懂,看到报纸上、电台戏曲节目预告,当时对她尚一无所知的我,一下被《张羽煮海》的定妆照击中了:这位小生也太儒雅俊秀了吧。后临时有事不得不外出,我特地带了随身听,边骑自行车边听完了她的访谈节目。

再看到《张羽煮海》的录像,已经是七年之后。在一阵热烈的掌声中,她款款登场了。张羽一出场,是一身的淡蓝色与白色,侧耳倾听琴音的姿态。镜头渐渐拉近,是陶醉的笑意,却又那么恰到好处而不过分。真的,我真的被震住了。这是我记忆中那张照片上的她吗?是的,是的,一样清瘦的脸庞,清澈的眼神,可分明又多了几分年轻与自然的本色,多了许多清新之气。她给了"玉树临风"一个最完美的解释。又如戏中龙女所说,温文典雅有风貌,敦厚老实世上少。伴着琴声、笛声和掌声,我仿佛也跟着当年台下那些观众们"心潮激荡如浪涌"。没错,就是记忆中那个她!偶然又必然,我猝不及防地陷入。

如果说看到剧照是被击中,那看戏时受到的震动简直是直击心底,涤荡灵魂。一直都说《张羽煮海》是我最爱的戏,没有"之一",过去是,现在是,永远都是。想来,大约首先因它符合了少女时代对爱情最美好的想象与期待。嗯,即便人到中年,已历世事不再天真,我依旧认为,那是最好的爱。小芳老师的张羽,占尽了世间男子所有的好处。品性、志趣、理想契合,由知己之心萌生情意。深刻而坚定,源自对彼此内心的真正认同,故能经受考验无所畏惧。这样的感情,让两个人共同成长,若说人生不可避免要走向庸俗,也希望这过程慢些吧。张羽真是典型的温良恭俭让,谦谦君子,彬彬文质,更可贵的是有不畏强权艰险的勇气与重情守义的担当。

《听琴》一场末尾,台前表演配上幕后伴唱,简洁又巧妙地完成了二人情感的转变和递进,除了结构上的作用,我更想说说它所呈现出的美。雅致的词曲,优美的身段,台前无声与台后有声的结合,使整个舞台更加情景交融,境幽意远。这个戏的主创们,心思该是多么细腻温柔啊,方能呈现出如此纯洁、含蓄又无比动人的感情,"碧海青天夜夜心",舞台上的时光,美好得仿佛静止了。

《张羽煮海·听琴》(1983年)

曾与好友聊起越剧演员的书卷气,一致认为小芳老师的张羽是最突出的。其实,在我看来,不论文弱而坚韧如张羽,还是劫难过后从容正气如何文秀,抑或背负深仇、隐忍压抑的罗兰王子,从家仇国难中清醒和成长的韦英,甚至只有清唱的《叹钟点》《追念》,只能闻其声的《盘妻》,等等,她的人物角色性格背景各异,但大都有着一致的温文与内敛,世家子弟的书卷气,沉郁深厚,余味良久。连《沙漠王子》这种想象中应带些异域粗犷风的戏,都被她演得满是郁郁文人气。

这样的舞台气质,于我太有杀伤力,如此撩动人心,但好像又非仅此而已。一直觉得,越剧舞台上,小芳老师是一个特别的——或者更应该说——独特的存在。在越剧大体上生强旦弱的格局中,她,明明是绝对的主角,却始终是温柔敦厚、克己复礼的模样,不曾独占台上所有光芒,却夺走了我眼中所有的光。她的饱含深情而又自我克制,看似矛盾,在她身上却又如此和谐熨帖。再未见其他人有如她这般的风格气质。从这种特质中,我能感受到的是,她所塑造的生角,对于感情的态度或者说认知有别于其他人,那是建立在对对方真正理解与尊重基础之上的爱意,甚至有些屈己的低姿态。越剧小生中,温柔的、多情的,遍地都是,一抓一大把,但小芳老师传达出的,不是见惯了的甜蜜宠溺,也不是张扬奔放,而是温柔多情之下对等的知己之意和彼此的惺惺相惜。

深情而又克制,礼貌却不疏离,春风送暖便是她这样。小芳老师的谦和知礼,不仅仅只在对手戏中,她对身边所有人,皆是如此,这是她一贯的风度,或者待人接物的习惯。梁玉书对丫鬟说话尚且轻声细语,毫无居高临下的意思,何文秀拜谢过路好心大姐,一个个行礼,躬身作揖超过90度,连底下的观众都笑了起来。不知道是自身性格个性化,成了台上的下意识,还是长期训练后成了一种自觉性。有时会想,生活中的她,应该也是这样的人吧,善良温和,严谨谦逊到可能有一点点木讷,又带一些孩子气的可爱与天真。

曾见过一种说法,尹派现今为人所误读的只有缠绵悱恻,始于并发扬于尹小芳。这话对她,未免苛责乃至刻薄。诚然,她的唱腔和表演,可能在柔的一面发展更多,诚然,也是她代师传艺授业尹派众弟子,但越剧女小生的柔化乃普遍现象,非尹门独有,与时代、与环境都有关系,并非三言两语所能说清。唱腔和表演须为人物服务,也须结合演员的自身嗓音条件、台风特点等,岂可一概而论。1979年她的《叹钟点》,长长15分钟一气呵成,反复的板式变换,清晰的情绪转换,声声泣血,不失劲骨;一小段《天问》也是掷地有声,有磅礴之气。即便她的戏中所呈现的更多是温柔的面貌——这恰恰是最吸引我的——却也有深刻的人物内心、层层复杂的情感在其中,有力量,有厚度,只是有些后学者没有细腻的唱腔处理、深层的情感逻辑与人物的精神内核,只学到表象的温柔,才会索然无味。

《沙漠王子》结尾处,罗兰双眼复明,白口,起腔,叙述重见景物的前三句唱,满腔喜悦豪情,唱得放开,吐字有实劲,最后一句转至心爱之人身上,"我看见伊丽/瘦减旧模样",忽然间轻声回收,吐字落音略为虚化,欢喜中夹一丝心疼,昂扬中又多了低回,瞬间就把人抓住了。她对唱腔和人物的揣摩,精益求精到极致完美,也有可能,这是她表达人物情感的一种下意识处理,这才是有内心、有层次、有力量、有厚度的温柔,引人入胜,只愿长醉。劫后重逢,来之不易的幸福才更显珍贵,罗兰看向伊丽,浅浅笑,眼里是满满的爱意,千般感慨万种情愫,都写在了那温柔深情的眼神中。我的心,也要融化在那眼神中了。演戏的是不是疯子我不清楚,但此刻看戏的我,一定是傻子。

翻出我微博上一句关于她的话:自制故至诚,清淡愈悠远,温暖而坚定。是我十年前所写,今日重看,仍觉得这就是她,我心中最好的她。

赤心孤胆奋吾身
——谈《张羽煮海·求仙》的唱腔

张 巍

众所周知,小芳老师对尹派弦下调的发展做出了重大贡献,《沙漠王子·叹月》《桃花扇·追念》和《浪子成龙·雪地》等唱段都已成为尹派艺术中的瑰宝。然而,在小芳老师一系列的弦下调经典唱段中,《张羽煮海·求仙》也许是最为与众不同的一段。

书生张羽在与龙女琼莲相识相恋、相守相望之后,又一同沉沦海底,同历海难。在琼莲舍却颌下神珠,付出不能再化人形的沉重代价之后,张羽方才得以脱离险境,离开海底。此时,对琼莲满怀爱恋和感激的张羽肩负起了一项重大使命——去往蓬莱岛寻求仙姑相助,以图搭救琼莲摆脱海底的苦难,再续两人高山流水的知音情缘。凡夫俗子,孤身一人,要奔赴万里之外不知所在的神仙境地,实实有登天之难。可是,张羽一身孤勇、满腔挚诚,甚至完全没有意识到如此巨大的困难。执着孤念伴孤身,九死一生寻一途,张羽身外的世界冰冷空寂,而其内心的情愫却炽热如灼。《求仙》这段唱正是在这外冷内热的张力中展开。

这段唱不同寻常地以导板开头,散拉与散唱之间的张力恰

《张羽煮海·求仙》(1983年)

好天然地诠释了人物的身冷心热。首句"昏沉沉"三字，小芳老师巧妙运用了轻重强弱的对比，尤其是后一个"沉"字的拖腔唱法，一波三折，以连绵不断的气息层层推送出来，生动逼真地展示出张羽的气若游丝、筋疲力尽，与此前合唱部分的尾句"筋疲力尽难支撑"可谓无缝衔接。张羽首句唱紧接下来的"神魂飘荡"四个字继续以散唱的方式送出，"神魂"二字加重，"飘"字较短，随即滑入"荡"字的长拖腔中。这个拖腔重音起，伴随音调四度上扬，力度却逐渐转弱，接着从最高音下滑的同时，力度则再次加强，随后又一次音调上升，再次推到最高音后，随即四度音下落,在最低音处平稳收住,力度亦呈渐弱。唱腔与唱词一同飘荡,实在是天衣无缝!这两个拖腔都有六拍之长,小芳老师均一气呵成,把张羽的孤、晕、冷、弱刻画得淋漓尽致。

在经过一个长过门后,首句的最后四个字"地转天旋"逐次送出,"天"字前后各有一个气口,把四个字分成三段,呈现人物神志不清、气息不畅的状态。与此同时,此四字的唱腔音调比前面七个字明显提升,力度也显著增强,把人物的疲惫昏眩之感生生推到观众面前。尽管这句唱有形式上对应的下句,但导板的运用使得上句就落在高处,十分特别,令这段唱的首句即成为高潮。在舞台上表演时,这句唱在幕开灯亮之前,让观众只闻其声不见其人,以一种特别的悬念感抓住观众的心弦。再接下来又是一个极其长的过门,硬生生把上句与下句拆开,有意渲染了首句导板的铺垫效果,而唱句的孤悬难道不正是在烘托人物的孤寂?

"迷茫茫,两眼朦胧,道路难辨"这句虽然是第二句,但在小芳老师的唱腔以及作曲的音乐处理之后,它倒仿佛整段唱的起始句。自此,张羽缓缓睁开双目,慢慢醒悟到周遭情事。"迷茫茫"的"迷"字运用了切分音处理,使其后半部分与第一个"茫"字相连,而后面的一个小气口反倒把两个"茫"字分割开。这三字仍然保留了散唱的因素,在音乐上是一种承上,继续给人空悬之感。而"两眼朦胧"则开始落到了地上,小芳老师在"两"和"眼"之间加入一个气口,特别加强了"眼"字和"朦"字,令人物的场景由虚转实。加上此时舞台上大幕拉开,灯光亮起,观众由此真正进入张羽的求仙之途。第二句最后的"道路难辨"四字一字一顿,字字沉重,凸显出步履之艰难沉重。还值得一提的是,前两句采用了三四四的十一字句式,在越剧中非常罕见。这种不太规整的句式更加适合散唱,也更能映衬人物似梦似醒、半昏半清的状态。

在第二句的承上启下之后,第三句开始进入规范的三四三式十字句。第三句"一阵阵"三字中第一、三字短,第二字加长,而且第三个字略带促音,使人听来自有打了一个寒战的感觉。

"一阵阵冷气森森寒彻骨"(《求仙》)

后面"冷气森森"四字一字一拍,唱得坚实清晰,没有过多装饰,向听众交代清楚这个冰冷的环境,清晰地刻画出《求仙》这段唱的"外冷"。接下来一个"寒"字非但小腔丰富,而且力度先由强转弱,再由弱转强,传神地展示了如此恶劣的环境对弱质书生张羽的蹂躏。此句最后"彻骨"二字融入了顿音的唱法,"骨"字被一拍休止符分为前后两段,前半字头部分较短,后半拖腔部分长,并逐渐减弱,用以显现人物历经艰辛后的虚弱。此后"软绵绵四肢无力目晕眩"一句的唱腔风格与前一句类似,同样在于烘托张羽神志虽然转醒,体力却依旧虚脱的状况。

连下来"乱纷纷似梦似醉心恍惚"这句唱,语意上承接前面两句,描写张羽身虚神迷之态,唱腔上大体仍以轻重相间体现人物的神情飘忽,可是,"心"字的唱腔却陡然上扬,并以一个倚音润腔,随之又陡然下落,有如一把钩子将观众的心提起。这一提既用以展现张羽由神志散漫转入后面的聚焦往事,有启下之功,又要让观众集中注意力,倾听人物后面的唱词。紧接着,"往事历历浮眼前"一句正式转入这段唱的第二部分,从眼前的身体感受,切换到对过往的心灵回味。起首"往事"二字音高声重,点出这部分的主题,随后"历历"二字八度下降,再接"浮眼前"三字在低音区缓缓推出,恰似将沉入心底最深处的记忆慢慢翻出。而这一部分唱出了人物无法被周遭的严酷环境冷却下来的火热之心。

以下是一句戴冠七字句,"曾记得"三字不仅是这一句的"冠",也是整个回忆往事部分的"冠"。此三字唱腔低沉和缓,引人徐徐步入人物的忆旧画景。后面"窗前调弦"四字中第一、三字唱腔短而平,第二、四字则长而折,既足以展现人物心头泛起的甜蜜,又无烦冗堆砌之感。再往下"共切磋"三字每字唱足四拍,节奏缓慢,而音调由低到高再到低,上下八度跳跃,使得张羽潜伏于虚弱之体、冰冷之身底下的那颗火热之心,犹如蕴藏于地壳之下的滚烫熔岩一般上下涌动。

下面"月下对弈心相连"一句中的"心"字唱腔与前面"心恍惚"中的"心"字迥然不同。小芳老师先低后高,将一个"心"字分为两段,每段各占一拍,给人的感觉好似两块砖石错落叠放,岂不是正如两颗爱心彼此依傍?再往下"情趣投合论丹青"一句中,"合"字加长加重,强调张羽与琼莲两人琴瑟和鸣的意境。"论"字唱得异常沉稳有力,以鼻音归韵,体现出人物的不凡气度,一个高谈阔论的翩翩书生立刻在观众面前升起。紧接"论"字后,"丹青"二字先八度上行,继之缓缓下降五个音阶,如此低高低的音调与前面"共切磋"三字相呼应,让观众心头再一次涌过暖流。再于低音区和缓送出"谈笑风生把诗联"这句,使观众

"情趣投合论丹青"（《求仙》）

们继续得以浸润于这股暖流之中，分享主人公的幸福时光。

再往下张羽回想起琼莲借赠帕表明心迹，自己却浑然不知错失良机，心头又是激动又是懊恼。上句"她临行赠帕情无限"中，前四字又运用了一、三字短而平，二、四字长而折的唱腔。一个"行"字音调先升后降，缓缓唱来，仿佛琼莲款步盈盈，欲走还留；一个"帕"字同样上下起伏，既沉且柔，宛若鲛绡帕随风飘摆。"情无限"的"情"字运用切分音，有如一股正待怦然而出的浓情忽而被强行抑制，逼真地描绘出琼莲欲向爱人倾吐心境，却又无法明言这一充满张力的画面。最后一个"限"字加重，又紧接一个短促的停顿，再次凸显人物欲道还休的矛盾心情。

下句"恨我未解深意在当面"中，"未"字再次使用切分音形成一字中间的停顿，既在音乐上与上句相呼应，更在感情上流露出张羽的懊恼。而"在"与"当"两个字的衔接处，小芳老师运用了七度跳跃，突然拔高音调并加强力度，再逐渐滑到低音处，减轻力度送出最后一个"面"字。这三个字的起伏节奏把张羽的懊悔毫不掩饰地展现出来——恨当初错失良机一吐衷肠，到如今恐成永诀追悔莫及。

第二部分的最后两句进一步诠释了张羽一误憾终生的悲情。原本是"只盼着月圆佳节早来临"，期待情侣重逢再诉衷肠，"谁料想此心未托人难见"，一时的失误竟可能再难弥补。这两句唱腔整体上低沉委婉，却又包含两处明显的变化。第一处是上句的"早"字,小芳老师在收尾处轻轻将音调上扬,随即流露出人物甜美的期盼。第二处是下句的"难"字,此前的"人"字音调平缓、力度减弱,而在一拍停顿后,"难"字突然加重,而且音调快速上升七度。在此强烈对比之下,观众的注意力一下子就被引入张羽那痛如刀绞的心境之中。还值得一提的是,《求仙》这段唱的第二部分糅合了电声伴奏,烘托出空灵悠远的气氛,与此段人物所处环境十分贴切,可谓越剧电声伴奏中难得的佳作。

接下来在一个长过门后,张羽接连唤了三声"琼莲",这三声呼唤各不相同,却各显其妙。第一声小芳老师短促地轻轻唤出,这是再次陷入昏沉的张羽,于梦境中见到琼莲,是一声梦中下意识的呼唤。第二声唤声调略高,而语气却更柔,乃是张羽由梦转醒后,寻觅爱人的呼唤。第三声唤则不仅声调大幅上扬,力度明显加强,而且节奏放缓,此乃张羽完全清醒后,意识到爱人深陷囹圄时悲痛欲绝的呼唤,怎不催人泪下?

三声呼唤之后进入第三部分,音乐节奏由弦下调慢板转入尺调二凡板。随着音域的升高和节奏的加快,张羽心中的炽热之情全面迸发。第一个"你为我"前轻后重,突出张羽对琼莲付出的深切体会,"甘犯天条"四字又是一、三字虚化,二、四字加强的唱法,尤其是"犯"字音调上扬,气息饱满,凸显琼莲不同寻常的举动。接下来"遭禁囚"的"禁"字采用滑音润腔,让观众们仿佛见到了琼莲殊死搏斗抵抗的场景,最后一个"囚"字发音沉重,以表现严峻的现实。

第二个"你为我"三字较为短促,对应张羽越来越激越的心情。底下"鲛人洞中"四个字速度也较快,蓄势待发,小芳老师将这句唱所有的分量几乎都集中到后面"把苦受"三个字,尤其是最后一个"受"字,音调先下后上,越到结尾处气息力度越强,使得观众对琼莲被困鲛人洞受尽折磨的苦痛感同身受。第三个"你为我"则唱得字字着力,让张羽沉重的心情伴随沉重的身躯一同刻入观众心头。"忍痛"的"痛"字延续三拍,上下跨越五个音阶,使人真切地体会到那种忍不住要上下翻滚的疼痛。接下来"舍出"二字小芳老师的气息运用十分独特,给人以耗尽最后一点气力之感,"出"字一出口,仿佛气力皆尽。在一段急促的过门之后,再缓缓唱出"颌下珠"三字,其中"下"字又使用音调多次上下起伏的长音,显示琼莲公主舍珠之不易。

三句"你为我"唱罢,接下来张羽轻唤一声"琼莲",视角由"你"转向"我"。你已经为我不惜一切,现在到了我为你付出所有的时候,于是,张羽坚毅地唱出"你等着我"这几个字,实乃对爱人的郑重承诺,我定要"求得仙助将你救"。这句唱也是先抑后扬,前四字积蓄起力量,后三字怦然而出,"你"字音调急速上升,可谓拼尽了张羽的所有气力,最后一个"救"字收尾则重归气息奄奄的状态。

再往后,"千难万险不回头"和"不到蓬莱死不休"两句唱腔气息运用恰到好处,"回头"的"回"字强起弱收,"死不休"三字则连用三个重音,把人物体乏而心毅的形象展现得淋漓尽致。下面"步踉跄"三字中"步"字音调中间高两头低,仿佛张羽艰难提起沉重的步伐,又重重落下,举步维艰的形态跃然眼前。紧接着的"奋力往前走"这几个字小芳老师唱得极其传神,其中"奋力"二字一如深呼吸之后屏住气,再拼全力把身体往前送的姿态。经过一段急促的长过门之后,音乐再次转缓,由紧拉慢唱的嚣板变为慢中板,预示张羽历经艰险之后,终于来到了目的地蓬莱仙境。最后一句"我置身在何方桃源洲",小芳老师后半拍弱势起唱,展示张羽再次从梦境中恍惚醒来,"置身"二字较为短促,其后稍停半拍,再接"在何方"三字,用以表现人物的困惑与思索。最后"桃源洲"三字虚实相间,音调高低浮动,刻画出仙境的缥缈空灵,也埋下了张羽劫后余生、苦尽甘来的伏笔。

《求仙》这段唱,配合人物与场景的需要,音乐旋律上下跌宕,板式节奏丰富多变,力度强弱时时转换,气口位置各尽其妙,可能是小芳老师所有唱段中最为复杂困难的一段唱,也将尹派艺术推向新的高峰。而对此高难度唱段的完美演绎,让我们真切体会到小芳老师深厚的艺术造诣。尽管除了小芳老师之外,罕有其他专业演员在舞台上展示,然而,对于众多小芳老师的忠实戏迷而言,《求仙》都是心中的最爱。

编者按：

　　这篇文章撰写于 2020 年新冠疫情暴发之初。那年 2 月，尹小芳以《毛遂自荐·送征》为基础，策划了一个抗疫的唱段，由浙江音像邀请两位专业演员录制发布之后，收到了非常好的反响。这让作者感受到了尹小芳身上时常被忽略的一个层面，那就是她作为一位艺术家、一名老党员的社会责任感。

　　《浪子成龙》上演于 1984 年那个拨乱反正的年代，当时的报纸上时常会看到很多有关青少年犯罪的新闻。在 1985 年有一部颇有影响的电视剧叫作《寻找回来的世界》，也是以工读学校一批违法犯罪青少年的故事为主题。理解了那个时代，才能明白《青年一代》杂志上为什么会出现这样一篇讲述韦应物改过自新的故事，也才会明白《浪子成龙》里的韦英为什么是这样一个人物。

　　对于尹小芳这一代在新中国成长起来的艺术家而言，类似《浪子成龙》这样的创作，不仅来自戏曲"高台教化"的传统，更来自她们对于自己身为文艺工作者的一种自觉。正如创作《抗疫·送征》一样，她们相信文艺应当与广大的民众"同呼吸共命运"，在时代的伤痛面前为人们纾解情绪、树立榜样、照亮心灵。这种责任感和使命感即便在今天也仍然令人动容、发人深省。

灾难中的成长与反思
——重看越剧《浪子成龙》[①]

李声凤

　　《浪子成龙》是尹小芳在 1984 年主演的一部大戏，由陈曼编

---

① 原载于《上海戏剧》2020 年第 3 期。

剧,杨关兴导演。此剧取材于唐代诗人韦应物早年的经历,以安史之乱为背景和转折点,讲述了主人公在时代变乱面前痛定思痛的转变。可能是出于方便进行艺术加工的考虑,创作者将主人公的名字改为韦英。尹小芳在剧中成功展现了多种小生行当,从《拒读》中的童生、《雪地》中的穷生,到《书房》中的巾生、《明志》中的官生,都生动鲜活,精准到位。主人公韦英的唱腔更是设计精妙,真挚感人,尤以《雪地》和《书房》两段唱腔最为脍炙人口,广为传唱。

不过,对于这个戏的剧本,我曾感到有些困惑。因为从表面上看,这部戏是非常传统的"浪子回头"套路,但是具体到人物的设定和情节的安排上,似乎又有很多不合乎这一预期的内容。比如,一般的"浪子"戏为强调人物转变前后的反差,会将前半段的人物设定得更恶劣一些,为什么此剧要将韦英定位为一个内心单纯,只不过有些顽劣任性的少年呢?比如,倘若表姐云婉是一个用来作为对照的人物,为什么前半段是她在劝说韦英读书上进,后半段两人相遇时却"逆转"为韦英"教导"表姐呢?再如,传统概念中的"成龙"无非金榜题名,所以类似的戏往往写到主人公发奋读书后考中做官就结束了,为什么此剧要增加一个处理吴豪案件的尾声呢?我隐约觉得,这个戏想表达的内容或许超出了一般的所谓"浪子成龙"主题。考虑到"安史之乱"这一背景,我曾猜想作者是想一改《长生殿》等作品高屋建瓴地从全局角度来讲述"安史之乱"的写法,以越剧所熟悉和擅长的民间路线、个人角度来切入这一事件,但对于应如何理解韦英这个人物与"安史之乱"这个巨大的社会变乱之间的关系,一时还没能理清楚。

今年年初，新冠肺炎疫情的暴发使我开始重新思考一些问题。我切实地意识到所有的灾难都不只是灾难本身，而往往伴随着众多人性的较量。2020年的疫情，看似只是人类与病毒的斗争，却由于文化背景、利益冲突、价值观念等的差异而成为人性交锋的战场。我虽安坐家中，但依托网络，也看到了许许多多前所未见的场景，经历了多次心灵的震撼。往日所认定的人性善恶的极限，在巨大的危机面前似乎接二连三地被打破。极端的善、极端的恶，以及原本似乎一体的人群由于价值观的鸿沟所产生的严重撕裂，都令我震惊。4月4日举国哀悼之时，我想起《浪子成龙》这个戏，心中突然有所了悟，特殊的情境让我似乎触摸到了此剧创作者们当年的心境。韦英的那个时代，创作者们身处的那个时代，借着《浪子成龙》这部作品，突然与2020年的今天得以相通。

我认为，《浪子成龙》这部作品，想要展现的并不是一个"浪子"幡然悔悟后金榜及第的励志故事，而是一幅灾难面前的众生相，更是一个在灾难面前看清了自身的责任、找回了纯良本心的年轻人向着正确的道路艰难前行的历程，是这个曾经懵懂无知的年轻人在巨大灾难面前的心灵成长史。

一

为什么此剧的主创人员坚持把开场时的韦英设定为一个虽然顽皮捣蛋但本性并不恶劣的少年？因为他们想塑造的，只是一个在灾难面前开始反思自身过错的普通人。韦英虽然也可算一个"浪子"，但他所承受的"果"和他所种的"因"是缺乏充分逻辑关联的。

"安史之乱"这样一场大变乱，并不是区区一个年轻人成日斗鸡走狗所能导致的。在一场社会大变乱中，秩序毁坏所造成的苦难必然覆盖于广泛的民众群体，也不能被简单地视为对个体行为的"报应"。因此，虽然韦英前期由于显赫的身份，在旁人的怂恿和狐假虎威下，也对百姓进行了欺压，但他并不是真正的灾难缔造者，而后期更完全成为灾难的受害者。因此，他的自责并不单纯是对个人"自食其果"的悔恨，更包含一种责任感的觉醒。

再则，从作品来看，创作者显然认为，只有那些天性纯良而被外界环境迷惑蒙蔽的人，才有可能在灾难面前反省。真正有意作恶的人，正如剧中的吴豪——前期怂恿并助长韦英为恶，"安史之乱"爆发时立刻卖国投敌，叛乱平息后又通过投靠权贵摇身一变，继续掌握权势、横行霸道——是永远也不会懂得反省和改过的。创作者对于韦英的这种认识和定位，既源于人生体验，也蕴含着对青年人的爱护与包容。

为什么《浪子成龙》的故事没有结束在韦英考中做官之时呢？因为作品真正的主题是灾难面前的内心成长，这种成长并不以做官与否为标尺，而以是否真正经受住了考验为表征。

从结构上说，韦英思想的重要转折在《雪地》一场。"安史之乱"的突然爆发，让他从繁花似锦的生活突然跌落兵荒马乱的尘埃中。他经历了逃难中的家破人散，目睹了乱兵的残暴，更发现了昔日"好友"吴豪骨子里的无情无义和对利益不择手段的追求，于是，当韦英在风雪之夜陷于绝境时，他开始反省自身的所作所为。"文不能济世腹中空，武不会杀敌兴家邦。"这个懵懂少年大梦初醒，意识到自己对于社会本该担当起责任，却因沉迷于享乐，完全丧失了介入这个世界的能力。这种自我认知令他痛心疾首，而从未经历过的孤苦无援更加重了他内心的煎熬。

《浪子成龙·雪地》(1984年)

酒店老爷爷不计前嫌的救助让他感受到人世间的善意，韦英在感动之余开始悔过，他反思自身的过错，宽容未婚妻的改嫁；而当吴豪再度作恶，甚至倚仗权势向他要挟并施加压力时，当母亲九死一生之后战战兢兢，凡事不想问是非曲直，只想息事宁人保全自身时，他选择了追随酒店老爷爷的教诲，勇敢面对，不向恶势力低头。

创作者让韦英在"安史之乱"后走上了读书做官的传统道路，源于史实，也源于人物所处的历史环境，但编导真正着意刻画的是韦英内心的成长和转变。所以故事并没有在韦英做官后戛然而止，更没有如一些俗套剧情一样来个"大登科后小登科"，甚至和云婉破镜重圆。相反,他们让韦英在上任不久就遭遇了现实的严峻考验。与吴豪所代表的恶势力之间的这场正面交锋,意味着韦英的成长成功经受住了实践的考验,而不是止步于头脑中的想法。以人物心理层次的推进而论,《书房》一折是全剧的最高潮,而韦英做官后处理吴豪案件的《明志》一折则是收梢前的一个小波折。这个波折一方面暗示韦英未来的道路仍然会充满艰辛,另一方面也表明韦英已经用实际行动证明了他在坚持公义的道路上前行的决心。因此,这个结尾并非多余。

二

再来看为什么从《拒读》到《书房》,表姐杨云婉的形象会有所谓的"逆转"。

在《浪子成龙》一剧中,韦英的内心成长是主线,表姐杨云婉和酒店姑娘两人的故事是两条支线。酒店姑娘的性格天真可爱、嫉恶如仇,为传统戏曲中所常见,而杨云婉这个类型的人物则似乎比较少见,她其实有着相当复杂的内心戏。杨云婉初次登场是在《拒读》一折中,虽然当时的韦英只知道和表姐斗嘴玩闹,但两人从小青梅竹马,且早就定下了亲事,感情层面是融洽的。之后"安史之乱"爆发,故事的进展聚焦于韦英这条线,表姐的故事则转入幕后。直到《书房》一场,云婉才重新出场。两人在书房最终相见之前,编剧借书童吉祥之口将云婉在此期间的遭遇告诉了观众,从中可以知道,云婉这个人物在两次出场之间,已经发生了巨大的变化。

云婉为何会在乱局中委身于吴豪,其实也不难想象。从剧本的整体设定，可以大致感觉到，云婉这个人物的个性，类似于《射雕英雄传》中的包惜弱。《射雕英雄传》是全知视角的小说，对包惜弱落入完颜洪烈之手后的心理有详细的剖析，我们可不妨借此拟想杨云婉在变乱发生时的状态。

包惜弱大为踌躇：自己家破人亡，举目无亲，如不跟随他去，孤身一个弱女子又到哪里去安身立命？那晚亲眼见到官兵杀人放火的凶狠模样，若是落入了他们手中，被充作官妓，那真是求生不能、求死不得了。但此人非亲非故，自己是个守节寡妇，如何可随一个青年男子同行？此刻若是举刃自刎，此人必定阻拦。只觉去路茫茫，来日大难，思前想后，真是柔肠百转。……见他十分迁就，心中反觉过意不去，除非此时自己立时死了，一了百了，否则实在也无他法，无可奈何之下，只得低头道："你瞧着办吧。"(《射雕英雄传》)

包惜弱所处是乱世，杨云婉所处的"安史之乱"中的唐朝更是乱世；完颜洪烈隐瞒自己的恶劣行径，吴豪也是巧言诓骗；完颜洪烈捏造杨铁心的死讯，吴豪同样欺骗云婉说韦英已死；完颜洪烈尚且顾念包惜弱与己有恩，始终客客气气，只待她自己应允，而书童吉祥的叙述中，还说到吴豪有"强逼成婚"的成分。

所以，到《书房》一折，痛定思痛的韦英在内心成长上已走在了表姐的前面。云婉重见韦英时的惊愕、难堪和痛悔，实与包惜弱重见杨铁心时的心情异曲同工。而此时的韦英虽然也满心苦涩，但已经开始懂得包容，面对表姐的无限愧悔，他反而能强压悲痛去劝慰她："休再抱怨莫自谴，人海沧桑本多变。往事不必再记念，望表姐善自珍重解愁颜。"尹小芳在《书房》里这四句唱腔的沉痛，为一般越剧所罕见，实在因为此情此景让人难以承受。

《浪子成龙·书房》(1984年)

　　唯有同样从灾难和伤痛中走过来的人,才真正懂得宽容和理解。韦英的劝慰,是一颗已饱受伤痛的心灵对他人苦难的体谅与抚慰,令人动容。当初的书房劝读,是他们曾共同拥有的美好前尘往事的缩影。那时候,灾难还不曾来,他还可以玩耍胡闹度日,可以在母亲和表姐面前耍赖撒娇;而云婉也还可以安心做个乖乖女,温语劝慰表弟,娇羞憧憬未来。但转瞬间,一切便已经不同了。一场大变乱让他们看到了生活的残酷本相。于是,虽只相隔短短数月,但两个人一下子都长大了,甚至已满怀沧桑,再不复当初的小儿女心境。书房相见之初,两人久久相对无言,并非编剧偷懒,实在是此情此景,无声更胜于有声。

　　《书房》一折,从全剧来说,是以两人对于现状的无奈接受完成了韦英与往日生活的最后诀别。仔细分析,就会觉得两人的表现并没有所谓"逆转",只是两个不同个性的人物随剧情自然发展的结果。云婉与韦英,曾经同是温室里娇生惯养的花朵,在历经灾难之前,他们都不懂得时局的危险、百姓的困苦或世情的复杂与险恶,因而大浪袭来时,他们便一同成为这个时代的受难者。两人既相似而又有别的个体经历和心路历程,则是灾难面前人们因个性、境遇、能力之别所做的不同选择的缩影,对于主题起到了烘托映衬的作用。

三

这部作品对于传统"浪子"戏的改造和提升,与其背后的时代精神是紧密相关的。洪子诚在《中国当代文学概说》里谈到1979年至1984年的文学创作时曾说:"这个阶段的文学,其内容、情绪与社会各阶层的思考、情绪基本同步。重建中国作家作为'启蒙者'的人文意识,以文学承担社会批判、思想批判的责任是作家努力的着重点。"[①]

从这部作品来看,《浪子成龙》的创作者虽然身处戏曲舞台,但并未自外于这一时代浪潮,他们以其创作共同参与了这场全社会的反思。尹小芳曾说,此剧最初的创意,来自《青年一代》杂志上一篇关于韦应物的小故事,旨在教育青年人改正错误、重新振作。由此可见,创作者心中的韦英,其实是那些曾经迷失的年轻人。他们的本性就如韦英一样,是单纯而天良犹存的。固然,雪崩之时,没有一片雪花是无辜的。但创作者仍然带着一份悲

---

① 洪子诚:《中国当代文学概说》,北京大学出版社2010年版,第93页。

悯情怀看待这些少年,包容他们因年少无知而犯下的错误,怜悯他们在时代的变乱中经历的迷茫与无措,理解他们的伤痛和愧悔,希望他们能通过反思,开始懂得承担起对于国家和社会的责任。

正是创作者这种对青年人的悲悯情怀与理解包容心态造就了剧中并不令人生厌,而是令人惋惜、同情并最终受到认可的韦英形象。而在历史上,该故事主人公的原型韦应物在"安史之乱"之后也的确一改之前的放纵不羁,不仅立志读书,而且为官勤政爱民,时时反躬自责,为自己没有尽到责任而惭愧。《明志》一折中韦英所唱的"邑有流亡愧俸银",就源自韦应物的诗句"身多疾病思田里,邑有流亡愧俸钱"。可见,韦英这个人物的塑造,虽然寄寓了主创者对于青年人的期望,但也并非生编硬造,而是建立在历史事实的依据之上。

《浪子成龙·明志》(1984年)

韦英这样一个人物，其实与传统越剧中的贵胄公子是很不同的。虽然乍一看他好像有些类似《红楼梦》中的贾宝玉，从小生长于锦衣玉食之中，因被百般骄纵而任意胡为，但这个人物与贾宝玉的根本性差异在于：贾宝玉是一个从头到尾没有责任感和行动力的人，他看着贾家由盛而衰，看着晴雯死去、黛玉死去，家族覆亡，除了伤心之外，只有无限追怀。他最大的勇气也不过是下决心离开这个家，逃遁避世。而韦英则不同，他小时候纵情玩乐是错以为出生在世家大族，享受富贵荣华就是人生的全部，但在遭遇外族入侵、家国大难时，他不仅内心开始深刻反省，意识到自己对社会的责任，更有改过自新、勇于担当的行动。这样一种个性，对于戏曲人物而言，是富有新意的。他不惧权贵，力求为百姓做个好官的想法，虽然不可能超出他所处的历史时代，但放在这种前后对比之中，却显现出这个人物身上坐言起行的强大行动力。

越剧自20世纪50年代"戏改"起就有意识地将社会的视角引入传统的道德叙事中，譬如《情探》同样演桂英和王魁的故事，却并未像传统戏那样将悲剧简单地归因于王魁的负心，而着眼于揭露社会环境对于个人的压力，也就是展现了田汉所说的，悲剧的责任"三分在个人，七分在社会"。

作为一部着眼于人物内心成长的戏，《浪子成龙》同样探讨了个人与社会的关系问题。它从另一个侧面指出，社会环境固然可以影响个人，但每个个体也应当承担起对社会的责任，正是这种观念使这部《浪子成龙》清晰地区别于传统叙事框架中那些仅限于探讨个人道德问题的作品。这虽然在一定程度上使这部作品相比传统的才子佳人越剧而言显得有些沉重，但正如洪子诚在评价80年代中国文学整体呈现出的沉重、紧张倾向时所说:"如果文学要真正面对中国人的现实处境,而不是采取逃遁的态度的话,那么,完全的'放松'闲适,不仅不可取,也是不可能做到的。"①

《浪子成龙》一剧的创作者们通过展现韦英这个有着鲜明个性的人物在灾难中的成长与反思,呼唤着青年人树立起正确的人生观和社会责任感,寄托了对年轻一代的无限期望。或许,在2020年的今天,我们仍然能从此剧中得到若干启示和力量。

---

① 洪子诚:《中国当代文学概说》,北京大学出版社2010年版,第101页。

编者按：

《天山雪莲》是一部非常有名的少数民族戏，改编自新疆神话传说。

故事讲述古代有一位年轻的王子帕洛阿特，偶然在一面奇幻的宝镜中发现了一个美丽的姑娘，于是产生了追求爱情和幸福的愿望。他毅然摒弃宫廷生活，奔赴天涯。有一天，帕洛阿特来到一个王国，国王阿不洛斯有一个如花似玉的公主，名叫西林，正遭受另一个强国暴君谢鲁亚的欺凌，要被胁迫成亲。帕洛阿特奋起帮助西林抗击强暴。谢鲁亚恼羞成怒，串通西林的后母亚斯敏和大臣白和热木，以切断该王国的水源和兵临城下等手段相胁迫。但西林正直勇敢，不畏强权，帕洛阿特见义勇为，挺身而出，同御强敌。帕洛阿特最终得知，西林果然就是他镜中之人，两人历经艰险，结成良缘（《中国越剧戏目考》）。

相比《沙漠王子》里身世坎坷、行事谨慎的罗兰，小芳老师在《天山雪莲》中塑造的帕洛阿特这个角色，个性更阳光也更爽直，就像新疆那辽阔的草原、巍峨的山川一般，令人倾心。

侠骨柔情寄夜空
——谈《月夜辞行》的唱腔[①]

张 巍

《天山雪莲》取材于新疆地区的少数民族神话故事《王子与

---

① 原文 2022 年 7 月 23 日首发于"高山流水今相逢"微信公众号。

公主》，由新疆生产建设兵团政治部艺术剧院越剧团首演。1963年由上海越剧院改编演出，改名《天山雪莲》，吕瑞英和陈少春两位艺术家分别饰演西林公主与帕洛阿特。①

1963年，杭州越剧团演员王颐玲在上海越剧院学习归来，将此剧带回杭州，并特邀尹小芳老师担任男主角。杭州越剧团版《天山雪莲》中的《月夜辞行》一段唱是新增的，由小芳老师亲自编写。

虽然很遗憾尚未找到小芳老师《天山雪莲》的全剧录音，但从现有的《月夜辞行》这段唱中，我们已经可以充分领略小芳老师独特的尹派唱腔风格。

《天山雪莲》(1963年)

---

① 参阅孙世基编著：《中国越剧戏目考》，宁波出版社2015年版，第163页。

《天山雪莲》中的王子帕洛阿特是一位英姿飒爽的少年英雄,他路见不平出手相助,与西林公主一起带领人民开山引水,抵御外侮。在此过程中,两人虽然互生爱慕,却出于误会与巧合无法确认彼此的心意。为免引起世俗非议,王子决意功成身退离开公主,趁着迷人月色前来与公主辞行。

《月夜辞行》正是一段英雄辞别爱人前既眷恋又果决的咏叹调。在以低柔委婉著称的尹派唱腔中,小芳老师融入了促音、顿音和切分音等声腔和音乐形式,展现了自己外柔内刚、棱角分明的唱腔特点,近乎完美地诠释了英雄的侠骨柔情。

这段唱可以分为三个层次。第一层从"夜色迷人景如画"到"分别在即待行程",这一层由景起兴,展现了英雄对自己为之奋斗的土地与人民的不舍。它向观众展示的是一幅广角画面,诉说着人物与环境的亲和关系,并为后一层次打下伏笔。这几句唱词采用了一字"顶真"的句式,即上句的末字与下句的首字是同一字,顶真这种修辞形式在越剧唱词中较为少见。在此上下句的文字相扣,有利于展现人物的心绪犹如潮水一般,连绵不绝地翻滚。

由于展示的是广角的大画面,小芳老师在这第一层中采用了较为缓慢的板式,行腔舒展而遒劲,运用轻重与力度的变换,把西域苍茫辽阔的夜景,以及当地刚毅而真挚的民风一步步地推到观众面前。首句中"夜色"二字舒缓而有力,接下来的"迷人"二字则是弱起而强收,"迷"字起音略轻,"人"字则分为两段,前轻而后重。再接下来的"景"字的唱腔曲折上扬,在一个小停顿后,"如"字起音即重,继以小腔转折上行之后突然以促音收住,随后又以渐强的唱法送出首句的尾字"画"。"如"字的促音一方面体现出英雄的果敢性格,另一方面又为后面的"画"字留出空间,令尾字显得更加饱满,为这幅描绘夜色的画卷增添了一份厚重。如此娴熟地运用轻重缓急与力度变化恰恰是小芳老师唱腔最重要的一个特色,这些变化使得观众们一上来就被人物紧紧抓住。

第二句"画出了瑰丽山川神仙境"中最后三个字节奏进一步放缓,并在"仙"字后面加入衬词"呀",进一步将迷人夜色推展到观众面前,令其更加深沉地刻入观众心中。同时,小芳老师在"仙"字上采用了切分音,节奏由此出现跳跃,让原本有些凝重的夜色透出一份灵动。

第三句由景转人,首字"境"比较平缓,第二字"内"的小腔却非常曲折丰富,紧接着"民众"又变得短促而平实。这种音调平与折的交替使用在小芳老师的唱腔中也十分常见,它使得唱腔既得到有效的装饰,又不显得过分累赘。而此处将曲折的小腔集中到"内"字上,进而让"民众"二字得以转平,也正契合此地人民的坚韧和质朴。此句最后三个字"性刚毅"先抑后扬,"毅"字的唱腔平稳而饱满,更让这种坚韧和质朴的民风跃然眼前。下句"毅力感人深厚情"继续以舒缓的节奏、饱满的吐字和平稳的行腔来展示此间民风,其中"毅"字被特意加长,进一步烘托坚韧之感。

这一层的最后两句再由人转情,上句"情真意挚实难分"的"实"字,小芳老师借助略显枯涸的独特嗓音,既增加了唱腔的棱角,更产生了有如哽咽的效果,向观众传递出一丝不忍分别的苦楚之情。下句"分别在即待行程",小芳老师将首字"分"虚化,把重音移到"别"字上,使得上下两句的两个"分"字有所区别。上句的"分"重在写分别的事实,而下句的"分"则重在写分别的心情——事实难以回避,心情则渴望回避,因此,这两个"分"字前实后虚。同时,小芳老师在这一句里再次运用前两字延长,紧接三、四字短促的唱法,衬托离别就在眼前的意味。最后"待行程"三个字都是长音,唱得一字一顿,而且逐字上扬,让观众的心情伴随人物的心情逐步收紧,以此结束第一层次对宏观背景的描绘,进而转入第二层次。

第二层十句唱从对环境的留恋转向对人物的留恋,展现的画面由广角转入特写。在这一层中,小芳老师采用了三字顶真的唱词,即下句的首三字和上句的尾三字重复,由一字顶真变为三字顶真,仿佛将人物延绵不绝的心潮更推向高处。首句的"待行程,难舍西林聪慧性坚贞"是这一层次的核心,其中"西林聪慧"四字唱腔柔和,表现出爱慕之意,并以此与后面的"性坚贞"三字形成对比,此句尾部的这三个字行腔力度渐强,及至最后以颤音收束,向观众们描绘出一位毅力非凡的公主,以及帕洛阿特王子的由衷钦佩。

接下来"性坚贞铁骨铮铮有知音"这句中,"骨"字依字行腔,声调先抑后扬,紧接的"铮铮"则干脆有力,没有多加修饰,将西林公主的坚毅形象树立到观众面前。"有知音风雪凛冽花独妍"这句里,"风雪"两字加重,寓意公主当时面临的危难情势,"花独妍"三字则以婉转的润腔送出,让观众们不禁对傲雪的寒梅心生敬意与爱意。后面"花独妍一派皎洁不染尘"这句进一步烘托这种情绪,再以白雪印银月的纤尘不染来比喻公主的冰清玉洁。

第二层从"不染尘共度艰难两相敬"起,开始描写帕洛阿特与西林公主两个人物的互动,此句结尾"敬"字的曲调婉转悠扬,体现了两人的感情建立在曲折磨难中的互相钦佩这一深厚基础之上。接下来"两相敬我犹疑西林是镜中人"这句,出现了一个情绪的转折。因为帕洛阿特曾经得到与宝镜中人结为姻缘的神谕,所以当与西林公主心生爱意之后,他无疑渴望公主就是宝镜中人。无奈囿于礼俗,公主只能在未来的丈夫面前揭下面纱,因而尽管两人相处多日、并肩作战,却尚未得见公主真容,只能由蛛丝马迹加以推测。

为此,在"犹疑西林"之后,小芳老师加入了一个较长的停顿,这个停顿既表现出帕洛阿特推测思索的过程,又融入了他因为渴望怀疑成真而略显忐忑的心情。此停顿过后一个短促有力的"是"字更是对人物渴望之情的印证,随后"镜中人"三字缓缓吐出,还在"中"字后面衬入一个加长的"啊"字,诉说出渴望的内容,并与前面的剧情照应,让观众们看到此处也禁不住共享帕洛阿特的渴望——西林公主真应该就是神定的仙侣啊!

之后,从"镜中人她不畏强势把婚拒"这句转入清板,节奏略微加快,以突出第二层最后几句要叙述的事件。此句结尾的"拒"的音调没有采用常见的颤音收尾,而是先下滑随后在低音处延长,呈现出一个L形的音乐感觉,与公主宁折不弯的刚毅心性匹配得天衣无缝。后面两句——"把婚拒我欲求揭纱明真影,明真影我正欲倾吐衷肠话"——说的是帕洛阿特下定决心求证怀疑,让渴望最终成真的打算。这两句唱旋律整体比较平实,后一句的"衷肠话"则又使用一字一顿、渐次拉升的唱腔,最后"话"字音调被推到这一小段的最高处,给人一种悬念感,仿佛把观众的心也高高提起。

紧接下来却是一个巨大的转折,第二层的最后一句"却不料她早向伊人暗允婚"没有再使用顶真格,有如人物澎湃的心潮蓦然落下。"却不料"三字略轻,紧接一个轻声短促的衬字"她",很好地表现了这种情绪的转折。后面的"早"字和"人"字都用重音突出,并饰以婉转的润腔,在旋律上与此前两句的平实形成对比,而在语意上则烘托了人物见到此情此景的复杂心绪。

眼看自己心心念念的渴望成为泡影,帕洛阿特无疑是沮丧失望的。然而,想到自己的爱人已找到爱情归宿,他或许又会感到一丝欣慰,无论如何,这位熟悉当地风俗的英雄决意保护自己的爱人免受伤害。此句最后"暗允婚"前轻后重,末字运用了复杂的拖腔,其中加入两处气口,将唱腔分为三段,层层推进,进一步展示人物此刻极为复杂波折的情绪。

这段唱的最后一层六句节奏加快,表现人物在经过心理波折之后做出决断,以辞别来保护爱人的声誉。"雪莲已结并蒂蕊"这句唱腔沉稳昂扬,而毫无缠绵之色,让大英雄的慷慨大气不禁跃入观众眼帘。接下来的"我岂能枝头把节生"这句,小芳老师在"头"字上再次使用切分音,"把"字后面加入小停顿,而"节生"二字则使用了顿音,令整句唱腔富于跳跃感,用以展现人物决心的果断。后面"若再依恋留此境,又怕蜚语辱西林"两句唱一气呵成,没有刻意强调,也没有多做修饰,以求向观众明确交代其选择离别的原因,表现出英雄的义无反顾。

此后"明晨策马离山去"的前四字先抑,后三字逐次上扬,"去"字的气息又先重后轻,在观众面前仿佛出现了一幅王子一骑绝尘的图景。最后一句"趁此月色来辞行"为整段唱点了题,小芳老师为这关键一句设计了气势磅礴的唱腔。她将整句唱的节奏放缓,前四字旋律较平,紧接着的"来"字则使用了先降后升的转音,后面旋即加入一个停顿,再缓缓推出"辞行"二字。其中"辞"后加入一个"啊"字的长拖腔,用一个气口分为前后两段,前段旋律上扬,力度加强,后段旋律阶梯式下行,力度也随之渐弱,再紧接最后一个"行"字,尾音又稍稍扬起,创造出人随声去的意境。

由于人物场景的需要,《月夜辞行》这段唱必须对以缠绵低回著称的尹派做出不小的改变,让唱腔变得刚劲有力,又不失温情,而这恰好契合小芳老师的唱腔特点,她完美地将声腔与文字结合起来。尽管十分遗憾无法看到小芳老师的表演,然而,仅仅听她的唱,仿佛就能让观众逼真地看到帕洛阿特这位侠骨柔情的少年英雄。无论从文学,还是从音乐角度看,这段唱无疑都是尹派艺术中十分独特的瑰宝,值得专业越剧演员和广大戏迷静静欣赏,细细品味。

体贴深情梁玉书
——听尹小芳版《盘妻索妻·赏月》[①]

周 恬

小芳老师的梁玉书太温柔了,尽管只有录音,也能深深感受到她的体贴和深情。

《赏月》这一场紧接着《洞房》,新婚的甜蜜和温暖已经过去,三个月来梁玉书遭遇了谢云霞的冷暴力。这场的基调应该是比较冷的,《赏月》也正是在清冷的秋夜。而小芳老师却将这段演绎得温情款款,春意融融。

刚上场的一段唱,小芳老师的情感表达层次分明。"娘子她怎么还不来呀",在焦急不安的等待中,梁玉书向观众倾诉苦恼,"娘子的为人真古怪,好似庙中观音泥菩萨。任凭我千言万语去劝慰,她对我何曾说过三句话"。前四句就用了比喻、夸张、对比几种手法,烦恼之外又很有喜剧感。然后是不解和疑惑,"难道她另外有隐情,难道我何处得罪了她",仍是对娘子的关切,还担心是自己不好。最后是期待与决心,"若能够解得娘子心中愁,

---

① 原文首发于作者微信朋友圈,标题为编者所加。

就是万苦千难我也愿受下"。只这短短几句,温柔体贴的人物形象就凸显出来了。

当荷香来报大娘随后就到,梁玉书惊喜万分。这段第二句"好似广寒降嫦娥",要搭配水袖的动作,听录音里,这句结尾观众报以了热烈的掌声,可惜没有视频,真想看小芳老师这里是怎样潇洒的身段。

见娘子来了,梁玉书热情款待,都到了殷勤的地步。面对谢云霞的冷淡回应,他也还是宽容理解,耐心讲理。小芳老师的温柔音色更觉真诚,甚至诚惶诚恐。

坐定,梁玉书关切地询问娘子的起居和心情,谢云霞敷衍几句就要走,小芳老师这时是高呼一声"娘子"。小芳老师很少高声说话,这里更显得急切和紧张,但语气依旧是温柔的。她停顿了好一会儿才说下句,正体现出了他们之间相处不自然的尴尬,以及梁玉书的小心翼翼。"就请娘子再坐片刻",这句言辞恳切,小芳老师几乎是恳求的语气。

梁玉书关心娘子,要与她分忧解愁,谢云霞不肯说,接着就是经典对唱"猜心事"。在几个"莫不是"之前,小芳老师低唤一声"娘子",非常温柔。猜测中也透着真诚的关切,一连猜不中,小芳老师还加了声"咦",疑惑的样子特别可爱。最后猜"莫不是你另有隐情别有志,姻缘不愿配玉书",她唱得又轻又低,很低落难过的样子,似乎还有些委屈。

结果谢云霞被激怒,说到"将我云霞来看轻",梁玉书就赶紧解释"不不不",等她说完更是急切地道歉,"娘子,小生一时失言,娘子休要生气",接着又唱"原是我一时失了言,望求娘子来宽恕"。小芳老师本来就温柔,这时几乎是战战兢兢,在唱下句

"这不是那不是，真正难坏我梁玉书"之前，还念叨着"这这这"，紧张得不得了。

猜不着心事，梁玉书还是拖着谢云霞不给她走。"自古来一丝为定拜天地"的深情告白和劝解，特别温柔体贴。听说赵丹看了尹桂芳的《盘妻》之后对她说，如果他是女的就想嫁给她，我听了这段唱也真是想嫁给尹小芳。

谢云霞本来也被感动了，梁玉书欣喜地邀请她欢度中秋。但谢云霞想起深仇大恨，还是悲愤地跑掉了，梁玉书在后面追着喊"娘子，娘子，娘子转来，娘子转来"。小芳老师这句念白特别生动，说得又轻又急，是疑惑不解，还没反应过来的样子。

梁玉书在失望后终于也生气了，叹一口气，唱起腔"世上哪有你这种女子啊"。可能是生气，小芳老师这句尾音唱得很稳很实在，特别好听。梁玉书准备放弃了，"她既无情对玉书，我何必自己寻烦恼。从今后你过你的独木桥，我走我的阳关道"。小芳老师这几句唱虽然干脆利落，却也透着无奈和遗憾。

但生气还不到一分钟，梁玉书又反应过来了，他细心地想起娘子神色不对，决定还是去劝慰她。小芳老师最后这段唱充满了关切，开头念白"不可啊"也温柔不已。最后一个音她收得很快，仿佛急忙忙地就追上前去了。

小芳老师的演绎几乎是我心目中完美的梁玉书形象，而且听说她台风相当迷人，真可惜没有录像。好在还有录音，还有剧照，可以一窥她的风采。

几根弦索绾两心
——我看《张羽煮海·听琴》[1]

王梦鱼

如果让我说出一位最爱的越剧演员的名字,我会毫不犹豫地回答是尹小芳;如果让我说出最爱的戏曲人物,我会毫不犹豫地回答是张羽。三个多月前,我在朋友的推荐下第一次搜索了尹小芳的名字并点开《听琴》,那时我并没有想到,尹小芳和张羽这两个名字将会给我带来怎样的感动和欣喜。

我刚一听到"疏喇喇恰似晚风落万松"时,内心就不禁感叹,此曲只应天上有!从此,我便与尹小芳和她所塑造的张羽这一人物形象结下了不解之缘。如今我已数不清自己听了、看了多少遍《张羽煮海》,但张羽这个人物形象带给我的感动却仍然有增无减、源源不断。今天我终于鼓起勇气写下《听琴》带给我的触动,无奈我的水平有限,只能描述《听琴》妙处的万分之一。我们就从小芳老师的出场说起吧。

一个演员的表演如果能让人们忘了他是在演戏,那他就成

---

[1] 原文2023年2月13日首发于"中国越剧戏迷网"微信公众号。

功了；而一个戏曲演员如果能让人忘了他是在"唱"戏，而让人们觉得是角色在对话，那无疑是一等的境界。在我看来，小芳老师就是在一等境界中的演员。

当小芳老师饰演的张羽出场时，一定有人像我一样忘了站在台上的是越剧演员尹小芳，而觉得就是张羽出现在大家的面前。小芳老师出场亮相的瞬间如果定格下来，那就是一幅传神的古代人物画，观众仿佛能从她的身上读出一种蕴藉在胸中的天真气质，可以说张羽这个无一点尘俗气的人物在出场的一瞬就立住了。只可惜公开出版的录像没有录到小芳老师登台的瞬间动作，我想她一定将太先生那"未迈步先亮靴底"的特色展现得精彩无比。

当喜僮想提醒他有人擅自弹他的绿绮琴的时候，他没有冲上去愤怒地质问弹琴人，而是告诉喜僮不要出声，他要仔细听琴。当他侧耳细听之后，一定是觉得那琴声令人沉醉，所以才唱出了那精彩的"疏喇喇恰似晚风落万松"。这段唱的精彩动人不是语言所能描述的，我想说，小芳老师那细腻的表演和动人的微表情更为这段唱增色不少。张羽笑了，随着听琴的深入，细心的观众一定能从张羽的笑容中品味出新曲蒙续的惊喜和得遇知音的快慰。

接下来是"谈琴"的环节了，小芳老师这里的表演可谓细腻传神、真挚动人。小芳老师把张羽的局促不安、敦厚老实体现得淋漓尽致。虽然以现在的眼光看，张羽是个"直男"，但张羽的可爱和可敬也正体现在这些局促不安里。从这些细节里，观众看到了一个水晶般可爱的张羽，他的心是那样的单纯清澈。当局促的张羽听到小姐是特地寻音而来的时候，他激动地脱口而出："哦？！"而当他意识到自己有些冲动的时候，又有些不好意思，赶紧轻声让自己恢复应有的彬彬有礼:"哦。"小芳老师这个转换可爱又精彩。可纵使百般局促,他还是难掩遇到知音的欣喜和激动,他不想因为局促和礼教失去可以"传心声"的知音,这绝不是张羽轻浮,而是他的心里只有自己钟爱的音乐和可遇不可求的知音。在这些面前,他那清澈赤诚的心怎么能拘泥于礼教呢?否则他就不是那可爱的张羽了。我还想谈一个动人的细节,那就是张羽在听到小姐愿与自己结为文友的时候,不禁欣喜激动,而当他自知冲动时,脸上的表情转换,非常值得反复玩味,小芳老师对人物的心理刻画之深入于此可见一斑。

之后的一段伴唱我十分喜欢,就用这段唱词传递我笔下无法写尽的《听琴》意蕴吧。

昔日里,相如文君传琴心。

今日里,张羽琼莲成知音。

一曲新声鸾凤鸣,几根弦索绾两心。

几度月圆照双星,棋逢敌手显才品。

学有切磋心更近。

张羽是,喜获良友敬若师。

琼莲是,一缕情丝难自禁。

畅舒雅兴寄画笔,常遣豪情把诗吟。

志趣相投千句少,碧海青天夜夜心。

小芳老师塑造的张羽是单纯的、可爱的。他的身上有一股自然天成的真气,这"真"让张羽变得独一无二;这"真"让观众不断与张羽产生共鸣;这"真"让张羽永远熠熠生辉。这是小芳老师独有的魅力,这魅力凝成一股力量,让人们永远记住,有一位越剧演员的名字叫作尹小芳。

附录

一　尹小芳早期报刊戏考资料选摘

尹小芳有希望

我在"皇后"看了三部戏，其中两部是时装，在《礼拜六》中的尹小芳，做工唱工真似其师尹桂芳，尤其是他（她）的时装，好如一个青年，看不出是女人扮的，我现在已迷了尹小芳，这部戏中，尹小芳甚少，难才（在）台上发挥才能，真可惜。（兰）

载于《越剧报》1947年10月26日

天才的小艺人尹小芳

　　自从于少壮剧团演出于"皇后"以后,我们首先发现了一位天才的小艺人:尹小芳,她是越剧老大王尹桂芳的高足,所以她的一举一动,都是大王嫡传,是未来越国的小大王,尤其是唱词,简直与其师没有丝毫分别。在新戏《做人难》中她演一个天真无邪的乡下孩子,演得非常活泼可爱,剧务部给她戏排得很少,不能尽量发挥她的天才。的确现在红伶们纷纷退隐的时候,对越剧的前途有着(无)限的忧虑,所以我们应竭立(力)发掘新人才,去开辟越剧的新道路。尹小芳是日后最有希望的一个,所以也是越国未来的席人翁。(张凤珍)

载于《越剧报》1947年11月30日

后起之秀

近来越坛上的后起之秀，当推皇宫（皇后）的三鼎甲，尹小芳、王爱琴、筱艳芳。

尹小芳，她是越剧界大各（名）鼎鼎的小生尹桂芳的高足。她的一口韵味，唱脱几声，真与老牌尹桂芳所唱无异！像《叹钟点》《沙漠王子》，有她的演技，真是不愧名师出高徒，尹小芳的前途是无限制。

载于《龙宫新越剧》1948年

未来红星：尹小芳、筱水招、郑孝娥

……

伊(尹)小芳,不必介绍,说他(她)已是越剧界后起之秀的新闻人物。小芳今年才十八岁,他(她)一口唱词,完全尹派作风,在无线电中,你许或为(会)把他(她)管作乃师桂芳吧,小芳自重进芳华以后,他(她)所演的戏,已同主角无异,小芳为越坛上未来的红星也。

……

载于《越剧新闻画刊》1948年第1卷第1期

一九四八年后起冠军·从艺至今的尹小芳

尹小芳在她专心艺术,朝夜不断地(的)努力下,总(终)于今日成功了。在后起之秀中展开了新的一页。这是本社编辑部过去所出版之《大王新越剧》中所选举的越剧后起(之秀)冠军。总(终)于在越迷的选举下,小芳以一千另(零)三十六票中选。无可否认,这是小芳从苦心研究中所得来的。小芳她今年还只十八岁,天性的忠厚诚实是值得越伶所模范,同时也值得舆论界的赞美,她在其师尹桂芳退稳(隐)时期中,加入"皇后"少壮派剧团陆锦花演出后,凭其纯粹的艺术与报上的力捧,尹小芳三字就深刻地印入多数越迷的脑海中。(民国)三十七年秋凉后,乃师尹桂芳东山再起,小芳重入芳华怀抱,在兰心大戏院作短期演出,《陆文龙》《浪淘沙》,维(唯)此短短的一时期中,她的成功已产生了,后又跟芳华剧团转入"新光",上演《乱世春秋》《鲁男子》《桃花扇》《碧血丹心》,这几部戏就是尹小芳的成名作。此番新光停演,小芳也暂时退稳(隐)在家,明春等乃师桂芳出山,小芳可能同时登台。……

载于《大王越剧》1948年

一批后起的新星：
尹派滴(嫡)传 小芳得冠军

尹小芳是毋要我来介绍,大概越迷们与她不觉得陌生吧。她是名小生尹桂芳的高足,一口圆转幽软的尹调,是她接受了乃师的衣钵吧。扮相更是美丽。今年她进南市中华大戏院挂二肩小生,相当吃价。去年本社出版《大王新越剧》与《新戏剧报》选举后起冠军,小芳是荣获了冠军。诚然小芳现在得到初步的成功,将来的前途如何,那要看小芳自己的劳力吧!

载于《越剧风光》1949年第1期

第 二 代

……

这一位是尹桂芳的高足尹小芳,你看她的扮相都么(多么)清秀呀!(图尹小芳)

载于《龙宫袖珍越剧》1950年

二 部分尹小芳主演剧目演出说明书

《长相思》

芳华实验剧团

1951.7.13—1951.8.21 日夜演出于九星大戏院

韩义 编剧　　羽军 导演

仲美 舞台设计　　郑传鉴 舞导　　刘如曾 作曲

尹小芳 饰 罗少霖

戴忠桂 饰 红箫　　李金凤 饰 玉琴

袁少珊 饰 罗思浩　　赵雪芳 饰 贾仁

罗姮娟 饰 罗陈氏　　谢小仙 饰 丁氏

《桃花扇》

芳华实验剧团

1951.8.26—1951.9.16　日夜演出于丽都大戏院

吕仲　编剧　　郑传鉴　导演

刘如曾　作曲　　仲美　舞台设计

尹小芳	饰	侯朝宗			
戴忠桂	饰	李香君	袁少珊	饰	苏昆生
李金凤	饰	卞玉京	赵雪芳	饰	柳敬亭
罗姮娟	饰	李贞丽	谢小仙	饰	阮大铖
沈君玉	饰	王将军	尹瑞芳	饰	福王/侯安
李青君	饰	吴次尾/县令	仇桂芳	饰	杨文骢
沈香娟	饰	陈贞慧	尹幼芳	饰	阮升

《红梅阁》

芳华实验剧团

1953.7.18—1953.8.30　日夜演出于丽都大戏院

盛燮、陈曼　编剧　　薛晓、郑传鉴　导演

仲美　设计　　连波　作曲

尹小芳　饰　裴舜卿
戴忠桂　饰　卢昭容　　李金凤　饰　李慧娘
谢小仙　饰　卢夫人　　尹传芳　饰　郑虎臣
茅胜奎　饰　贾似道　　赵雪芳　饰　廖应中
徐小红　饰　沈兰娘　　徐幼红　饰　贾洪

李青君　饰　曹悦　　　俞茵　饰　曹妻
徐怡红　饰　曹小龙　　沈香娟　饰　张明

封面图片为尹小芳与戴忠桂《红梅阁》剧照

《花亭会》

芳华越剧团分团

1955年冬　演出地点不详

陶贤　编剧　　万之　导演　　仲美　设计
金笳　作曲　　传鉴　技导

尹小芳　饰　高文举
许金彩　饰　张英美　　　李青君　饰　张伯成/王朝
袁雪瑾　饰　琴童　　　　陈英鹏　饰　温葛
徐小红　饰　温夫人　　　小天红　饰　温定金
尹幼芳　饰　董福/马汉　　俞茵　　饰　董大娘
茅胜奎　饰　包公　　　　赵雪芳　饰　邱五
朱莉萍　饰　梅香/张龙　　裘月香　饰　赵虎

《珍珠塔》

芳华越剧团

1956.10.20—1956.11.4　日夜演出于丽都大戏院

集体整理　　司徒阳　导演

仲美　设计　　连波　作曲　　郑传鉴　技导

尹小芳　饰　方卿
谢小仙　饰　方母　　　　高菊英　饰　方朵花
戴忠桂　饰　陈彩娥　　　徐天红　饰　陈培德
茅胜奎　饰　邱六桥　　　沈香娟　饰　毕云显
袁少珊　饰　陈宣　　　　李青君　饰　家院
小天红　芙蓉芳　饰　红云　尹维芳　饰　三快
李金凤　袁雪瑾　饰　彩屏　徐小红　俞茵　饰　尼姑
赵雪芳　饰　朝奉　　　　刘世文　饰　中军

《秦楼月》

芳华越剧团

1957.6.1—1957.6.5　日夜演出于丽都大戏院

尹小芳	饰	吕贯			
李金凤	饰	陈素素	谢秀芳	饰	绣烟
许金彩	饰	陈二娘	徐天红	饰	许秀
赵雪芳	饰	陶一凤	茅胜奎	饰	胥大奸
袁少珊	饰	王庆	沈香娟	饰	安童
尹瑞芳	饰	袁晧	沈曼丽	饰	袁忠
李青君	饰	店主	俞茵	饰	袁妻
小天红	饰	玉箫			

《御河桥》

浙江越剧一团

1958.1.13—1958.2.12　演出于上海丽都大戏院

根据四川省川剧院"御河桥"演出本改编

导演：胡汝慧、姚传芗　设计：裘云飞

尹小芳	饰	宣登鳌		
高佩	饰	柯宝珠	屠笑飞　饰　宣母
丁秀花	饰	柯夫人	张茵　饰　二奶奶
筱芳臣	饰	宣学贤	钱鑫培　饰　裴瑞卿
裘大官	饰	柯太傅	王列　饰　宣成

《何文秀》

福建省芳华越剧团

1980年　演出于福建、上海

艺术指导：尹桂芳
剧本整理：陈曼
导演：其方、沈洁
作曲：何占豪
舞美设计：徐海珊
灯光设计：金长烈
服装设计：江立方

尹小芳/张效芳　饰　何文秀
乐晓茵/谢秀芳　饰　王兰英
李青君　饰　老汉
茅胜奎　饰　张堂
叶茉莉　饰　张兴
袁少珊　饰　王德
谢小仙　饰　杨妈妈
李虹　饰　杨定金
裘冰清　饰　童儿

《沙漠王子》

上海市虹口越剧团

1982.1.25 起　演出于上海中国大戏院、群众剧场

特邀艺术顾问：尹桂芳
艺术指导：郑传鉴、徐渠
原作：徐进
改编：陈曼
导演：任广智
作曲：连波
舞美设计：陈必华
服装设计：秦忠明
作曲助理：梁国祥

尹小芳　饰　罗兰
戴忠桂　饰　伊丽
丁育之　饰　逊杰
刘丽明　饰　碧美
刘素素　饰　安达
孙菊琴　饰　沙龙
张蓓丽　饰　乳娘
程心如　饰　斯琴
石林　饰　霍逊
姚其儿　饰　吉玛
钱飞英　饰　桑布
尹美娣　饰　乌日图

《张羽煮海》

上海市虹口越剧团

1983.7.4 起　演出于上海北京影剧院

艺术顾问　尹桂芳　　艺术指导　郑传鉴

编剧　陈曼　　导演　徐为

作曲　连波　　舞美设计　陈必华

尹小芳　饰　张羽

张蓓丽　饰　琼莲　　　程心如　饰　碧莲

刘亚琴　饰　天龙　　　尹美娣　饰　喜僮

李青君　饰　龙王　　　陆苏美　饰　龙母

刘素素　饰　龟丞相　　钱飞英　饰　巡海夜叉

孙菊琴　饰　法云　　　刘丽明　饰　蓬莱仙姑

胡佩华　饰　翠荷

《浪子成龙》

上海市虹口越剧团

1984.2.2起　演出于上海中国剧场

艺术顾问：尹桂芳
艺术指导：叶露茜
编剧：陈曼
导演：杨关兴
作曲：连波
舞美设计：陈必华、张冬健
服装设计：陈必华

尹小芳	饰	韦英
张蓓丽	饰	杨云婉
王美芳	饰	冯玉翠
李青君	饰	冯叟
尹美娣	饰	吴豪
刘素素	饰	韦母
孙菊琴	饰	韦安
王晓莹	饰	吉祥
孙黎莉	饰	如意
钱飞英	饰	吴贵
丁育之	饰	赵士熊
陆苏美	饰	丹桂
刘丽明	饰	芙蓉

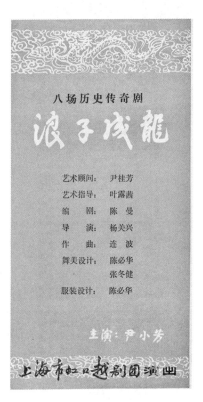

三　尹小芳部分音像出版物

《沙漠王子》磁带

尹小芳、张蓓丽演唱　上海市虹口越剧团乐队伴奏

中国唱片上海公司，1983年（HL—196）

A面：《沙漠王子（上）》(1983年录音)
B面：《沙漠王子（下）》(1983年录音)

《张羽煮海》磁带

尹小芳、张蓓丽等演唱　上海市虹口越剧团乐队伴奏

中国唱片公司上海分公司,1986年

A面：听琴

B面：闯海、煮海

《张羽煮海》薄膜唱片

(见于《越剧尹派唱腔集锦》系列)

尹小芳演唱　上海市虹口越剧团乐队伴奏

中国唱片社宁波唱片厂(BM—30209)

第3面:《张羽煮海·闯海》(1983年录音)
第4面:《张羽煮海·煮海》(1983年录音)

《浪子成龙》薄膜唱片

尹小芳演唱　上海市虹口越剧团乐队伴奏

中国唱片社宁波唱片厂(DB—30291)

第1面:《浪子成龙》(选段)(1984年录音)
第2面:《浪子成龙》(选段)(1984年录音)

《毛遂自荐》磁带

尹小芳　李金凤　演唱　虹口越剧团乐队伴奏

上海有声读物公司,1986年

A面:《毛遂自荐(上)》
B面:《毛遂自荐(下)》

《尹小芳剧目选》磁带

中国唱片上海公司,1998年

A面:《拒读》《雪地》《书房》

B面:《听琴》《闯海》《海难》《求仙》《煮海》

高山流水情无限

《尹小芳名曲精选》CD
中国唱片上海公司,1998 年

《浪荡子·叹钟点》(1979 年实况录音)
《桃花扇·追念》(1980 年录音)
《何文秀·私访》(1980 年录音)
《何文秀·桑园访妻》(1980 年录音)
《沙漠王子·叹月》(1983 年录音)
《沙漠王子·算命》(1983 年录音)
《张羽煮海·闯海》(1983 年录音)
《浪子成龙·雪地》(1984 年录音)
《毛遂自荐·自荐》(1985 年录音)
《毛遂自荐·奇冤》(1985 年录音)

《沙漠王子》VCD(三碟)

浙江音像出版社,1998年

主演:尹小芳、程心如、刘素素

《何文秀》VCD(单碟)

中国唱片上海公司,1999年

尹小芳　饰　何文秀　　乐晓茵　饰　王兰英
谢小仙　饰　杨妈妈　　茅胜奎　饰　张堂

《私访》《哭牌》《算命》《除霸》

《沙漠王子》VCD(两碟)

中国唱片上海公司,1999年

尹小芳　饰　罗兰
程心如　饰　伊丽　　刘素素　饰　安达

《邂逅》《访旧》《送花》《叹月》《算命》

《张羽煮海》VCD(三碟)

中国唱片上海公司,1999 年

尹小芳　饰　张羽

张蓓丽　饰　琼莲　　程心如　饰　碧莲

第一场　抗婚　　第二场　听琴
第三场　闯海　　第四场　闹海
第五场　海难　　第六场　求仙
第七场　煮海

《浪子成龙》VCD(三碟)

中国唱片上海公司,1999年

尹小芳　饰　韦英

张蓓丽　饰　杨云婉　　王美芳　饰　冯玉翠

八场历史传奇剧

《尹小芳名曲精选》CD

上海录像公司，2002年

《盘妻·赏月》

《屈原·天问》

《何文秀·算命》

《沙漠王子·访旧》

《珍珠塔·前见姑》

《张羽煮海·听琴》

《张羽煮海·求仙》

《浪子成龙·书房》

《尹小芳名曲欣赏伴奏》(CD+VCD)

尹小芳演唱,茅威涛、张琳、裘艳配像

浙江音像出版社,2005年

《何文秀·私访》

《桃花扇·追念》

《浪子成龙·雪地》

《浪子成龙·拒读》

《沙漠王子·叹月》

《珍珠塔·前见姑》

《张羽煮海·闯海》

《张羽煮海·煮海》

《尹小芳唱腔艺术精品选》CD

浙江音像出版社,2007年

《盘妻索妻·赏月》(1983年12月实况录音)
《屈原·天问》(1979年9月实况录音)
《沙漠王子·访旧》(1983年实况录音)
《珍珠塔·前见姑》(1996年12月录音)
《张羽煮海·听琴》(1983年录音)
《张羽煮海·求仙》(1983年录音)
《浪子成龙·书房》(1984年录音)
《天山雪莲·劈山引水》(1963年录音)
《天山雪莲·月夜辞行》(1963年录音)
《天山雪莲·辨容定姻》(1963年录音)

《尹小芳艺术集锦》VCD(双碟)

浙江音像出版社,2009年

Disk 1：

《沙漠王子·算命》(2003年录像)

《浪荡子·叹钟点》(1979年录像)

《屈原·天问》(1979年录像)

《何文秀·私访》(1980年录像)

《何文秀·访妻》(1980年录像)

《何文秀·算命》(1980年录像)

《桃花扇·追念》(1980年录音,1981年录像)

《毛遂自荐·送征》(1986 年录像)

《沙漠王子·访旧》(1982 年录像)

《沙漠王子·叹月》(1982 录像)

Disk 2：

《沙漠王子·算命》(1982 年录像)

《张羽煮海·听琴》(1983 年录像)

《张羽煮海·闯海》(1983 年录像)

《张羽煮海·求仙》(1983 年录像)

《张羽煮海·煮海》(1983 年录像)

《浪子成龙·拒读》(1984 年录像)

《浪子成龙·雪地》(1984 年录像)

《浪子成龙·书房》(1984 年录像)

《浪子成龙·明志》(1984 年录像)

《承上启下·一代传人尹小芳尹派艺术专场》(2DVD+1CD)

浙江音像出版社,2009年

"承上启下·一代传人尹小芳尹派艺术专场"实况录像及伴奏音乐CD

艺术指导:尹小芳

领衔主演:茅威涛、赵志刚、王君安

四　尹小芳艺术活动年表

李声凤　修订

1931.10.3　出生于上海。

1943 年冬　入龙门大戏院学戏,开始演艺生涯,跟随旦角花月珍。

1944 年春　随花月珍入同乐戏院。后因病离开。

1946 年春节　随花旦老师陈月娥进入新成立的芳华剧团,取艺名筱月娥。

1946.10.22—1946.11.18　参演《秋海棠》,饰赵四。

1945 年 11 月左右　因在电台演唱尹派唱段受到观众欢迎,得以拜入尹桂芳门下,改艺名为尹小芳。

1946.12.6—1946.12.23　参演《记得时》,饰华竹青(幼年)。

1947 年上半年　在尹桂芳介绍下,进入刘金玉科班学习。

1947 年 8 月至 1948 年 7 月　参加少壮剧团。

1947.8.16—1947.9.1　参演《礼拜六》,饰王家雄。

1947.9.2—1947.9.15　参演《天伦之乐》,饰陈忠全。

1947.9.16—1947.9.28　参演《义》,饰魏公公。

1947.9.30—1947.10.13　参演《女伶受辱记》,饰何家栋。

1947.10.14—1947.10.27　参演《新珍珠塔》,饰毕仆(小福)。

1947.10.29—1947.11.13　参演《国难家仇》,饰雪涛。

1947.11.14—1947.12.1　参演《做人难》,饰小根。

1947.12.2—1947.12.15　参演《笼中鸟》,饰罗锦华(幼年)。

1947.12.16—1947.12.29　参演《青春误》,饰吴小猫。

1947.12.30—1948.1.15　参演《人之初》,饰包小鸥。

1948.1.16—1948.2.1　参演《再相逢》,饰王小二。

1948.2.13—1948.2.23　参演《双喜临门》,饰万小春。

1948.2.24—1948.3.8　参演《双凤求凰》。

1948.3.9—1948.3.22　参演《国魂》,饰鲁鸣歧。

1948.3.23—1948.4.5　参演《隋宫春色》,饰太子勇。

1948.4.6—1948.4.19　参演《雪梅风柳》,饰邵孝馥。

1948.4.20—1948.5.3　参演《胭脂贼》,饰小根。

1948.5.4—1948.5.24　参演《弃妇》,饰周阿毛。

1948.5.25—1948.6.7　参演《乱世江山》,饰萧太子,兼演河间王范庸。

1948.6.8—1948.6.22　参演《逆子》,饰一少年。

1948.6.23—1948.7.4　参演《天涯芳草》,饰童小涯。

1948 年 7 月　回到重新成立的芳华剧团,直至 1948 年 11 月剧团解散。

1948.8.20—1948.8.31　参演《浪淘沙》,饰李仲寓。

1948.9.4—1948.9.27　参演《乱世春秋》,饰楚僮。

1948.9.28—1948.10.21　参演《鲁男子》,饰萧升。

1948.10.22—1948.11.18　参演《桃花扇》，饰侯安。

1948.11.19—1948.11.29　参演《碧血丹心》，饰童子。

1948 年冬　被观众评选为"越剧后起之秀冠军"。

1949 年春节至 9 月　辗转随各团演出于中华、西海、同乐、海光等剧场。①

1949 年春节起　入中华大戏院任二肩小生。

1949.2.1—1949.2.8　参演《事事如意》。

1949.2.9—1949.2.14　参演《欢喜冤家》。

1949.2.16—1949.2.22　参演《喜临门》。

1949.2.23—1949.2.28　参演《不了缘》。

1949.3.1—1949.3.2　参演《泪洒相思地》。

1949.3.3—1949.3.8　参演《雨夜凄声》。

1949.3.9—1949.3.13　参演《左拥右抱》。

1949.3.14　参演《唐伯虎》。

1949.3.15　参演《刀（力）劈华山》。

1949.3.16—1949.3.22　参演《丽人影》。

1949.3.23—1949.3.30　参演《情海绿波》。

1949.3.31—1949.4.5　参演《情海绿波》下本。

1949.4.6　参演《梁祝哀史》。

1949.4.7—1949.4.13　参演《古城风云》。

1949.4.14—1949.4.20　参演《慈心人》。

1949.4.21—1949.4.24　参演《泪洒相思地》。

---

① 因 1949—1950 年的演出说明书留存很少，故这一时期的剧目大多只知剧名及编导人员，无演员表信息。

1949.4.25　参演《螂竹图》。

1949.4.26—1949.5.2　参演《新珍珠塔》。

1949.5.3—1949.5.9　参演《新珍珠塔》续集。

1949.5.10　参演《孟丽君》。

1949.5.11　参演《临江驿》。

1949.5.12　参演《游庵认母》。

1949.5.13　参演《打銮驾》。

1949.5.14　参演《乌龙院》。

1949.5.15—1949.5.20　参演《凤还巢》。

1949.5.21—1949.5.27　参演《镜花水月》。①

1949.6.30—1949.7.5　参演《喜迎春》。

1949.7.6—1949.7.7　参演《梁祝哀史》。

1949.7.8　参演《泪洒相思地》。

1949.7.9—1949.7.14　参演《花落忆良人》。

1949.7.15—1949.7.20　参演下本《花落忆良人》。

1949.7.21—1949.7.23　参演《绿窗遗恨》。

1949.7.24　参演《梁祝哀史》。

1949.7.25　参演《游庵认母》。

1949.7.27—1949.7.30　参演《黑暗过去光明来》。

1949.7.31—1949.8.2　参演《新天河配》。

1949.8.13 起　随少壮越艺社演出于同乐戏院。

1949.8.13—1949.8.21　参演《断肠时》。

1949.8.22—1949.8.29　参演《桃花也不笑春风》。

---

① 自1949年5月27日至6月29日，因上海解放后的报业接管及调整，报纸演出广告出现中断。

1949.9.1 起 参加合众越剧团,担任二肩小生,演出于海光剧院。

1949.9.1—1949.9.10 参演《村潮》。

1949.9.11—1949.9.14 参演《秋燕归来》。

1949.9.15—1949.9.21 参演《贩马记》。

1949.9.22—1949.9.27 参演《新珍珠塔》。

1949.9.28—1949.10.5 参演后集《新珍珠塔》。

1949.10.6—1949.10.10 参演《中秋节》。

1949.10.11 参演《失钗相思》。

1949.10.12—1949.10.18 参演《一念之错》。

1949.10.19—1949.10.26 参演《一念之错》下集。

1949.10.27—1949.11.6 参演《吕布与貂蝉》。

1949.11.7—1949.11.11 参演《桃李争春》。

1949.11.12 参演《三看御妹》。

1949.11.13 参演《好哥哥》。

1949.11.14 参演《秦香莲》。

1949.11.15—1949.11.24 参演《红花果》,饰姚文庆。

1949.11.25—1949.12.1 参演《飞凤山》。

1949.12.2—1949.12.6 参演《歌女泪》。

1949.12.7—1949.12.15 参演《沙漠恨》。

1949.12.16 参演《辕门斩女》。

1949.12.17 参演《叶香盗印》。

1949.12.18 参演《秦香莲》。

1949.12.19—1949.12.27 参演《回家乡》。

1949.12.28—1949.12.30 参演《恩仇记》。

1950.1.1—1950.1.8　参演《新玉堂春》。

1950.1.9—1950.1.14　参演《黄金梦》。

1950.1.15—1950.1.21　参演续集《黄金梦》。

1950.1.22　参演《秦香莲》。

1950.1.23—1950.1.27　参演《丽人影》。

1950.1.28—1950.1.30　参演《狸猫换太子》。

1950.2.1　参演《卖花三娘》。

1950.2.2　参演《点秋香》。

1950.2.3　参演《三剿桃花》。

1950.2.4　参演《梁祝哀史》。

1950.2.5　参演《破肚验花》。

1950.2.6　参演《姊妹登科》。

1950.2.7—1950.2.13　参演《满天红》。

1950年2月至8月　参加新新越剧团,担任二肩小生,演出于同孚大戏院。

1950.2.18—1950.2.25　参演《第二代》。

1950.2.26　参演《碧玉簪》。

1950.2.27　参演《秦香莲》。

1950.2.28　参演《游庵认母》。

1950.3.2—1950.3.10　参演《小城之春》,饰周继先。

1950.3.11—1950.3.18　参演《女儿心》。

1950.3.19—1950.3.26　参演《绿杨村》。

1950.3.27—1950.4.3　参演续集《绿杨村》。

1950.4.4　参演《沉香扇》。

1950.4.5—1950.4.12　参演《夜来风雨声》。

1950.4.13—1950.4.23　参演《两面人》。

1950.4.24—1950.4.30　参演《兰香阁》。

1950 年 5 月　随新新剧团前往杭州巡演,演出于胜利剧院。

参演《小城春晓》(即《小城之春》),饰周继先。

参演《兰香阁》。

参演《蝶恋花》(即《恨海》),饰陈伯英。

参演《新闻春梦》,饰孟刚。

参演《孔雀东南飞》。

参演《剑底鸳鸯》,饰丁伯龙。

1950 年 10 月　芳华二度重建,尹小芳回团担任二肩小生,直至 1957 年春离开。

1950.10.2 起　随芳华剧团演出于金都大戏院(后改名瑞金剧场)。

1950.10.2—1950.10.30　参演《玉蜻蜓》,饰申僮。

1950.11.4—1950.11.27　参演《凤凰楼》,饰演经武。

1950.11.28—1950.12.18　参演《浪荡子》,饰演朱复华(成年)。

1950.12.19—1959.12.20　参演《碧玉簪》。

1950.12.21—1950.12.22　参演《盘夫索夫》。

1950.12.23—1950.12.25　参演《梁祝哀史》。

1950.12.27—1951.1.23　参演《英雄与美人》,饰卡洛王。

1951.2.6—1951.3.18　参演《红花处处开》,饰汤显。

1951 年春节期间　首次为尹桂芳代演,在《红花处处开》中饰王彦。

1951.3.30—1951.5.23 参演《贾宝玉》,饰贾琏。

1951.5.25—1951.6.7 参演《捉鬼传》,饰李二宝。

1951.6.9—1951.6.25 参演《芳华五大名剧菁华》(折子戏专场),在《血洒孤城》中饰华国强,在《沙漠王子·算命》中饰霍逊。

1951.7.13—1951.8.21 在九星大戏院主演《长相思》,饰罗少霖。

1951年秋 芳华剧团移师丽都大戏院。因尹桂芳暂无台柱花旦搭档,由尹小芳上演《桃花扇》作为首演剧目。

1951.8.26—1951.9.16 主演《桃花扇》,饰侯朝宗。

1951.9.21—1951.10.30 参演《伏虎儿女》,饰赵强。

1951.11.1—1952.1.16 参演《相思果》,饰周小春(最后五天反串旦角)。

1952.1.28—1952.2.27 参演《新房子》,饰余兆林。

1952.3.2—1952.3.9 参演《玉蜻蜓》,饰申僮。

1952.3.10—1952.3.30 参演《千军万马》,饰余再洪。

1952.4.4—1952.4.15 参演《芳华五大菁华》(折子戏专场),演出《浪荡子·抢劫—叹钟点》,饰金育青。

1952.4.16—1952.4.29 参演《跟踪追击》,饰人事科小方。

1952.5.1—1952.5.25 参演《江山遗恨》,饰吴广。

1952.5.26—1952.10.5 参演《西厢记》,饰琴童。

1952年夏 率芳华实验剧团演出《荔枝换绛桃》,饰演艾敬郎。

1952.10.18—1953.1.4 参演《梁山伯与祝英台》,饰四九。

1953.1.5—1953.3.6 参演《何文秀》,饰杨文宝。

1953.3.10—1953.5.21 参演《秋江》,饰进安。

1953.5.22—1953.7.12　参演《杨宗保》,饰穆华。

1953.7.18—1953.8.30　主演《红梅阁》,饰裴舜卿。

1953.9.18—1954.1.24　参演《卖油郎》,饰酒保。

1953.11.7—1953.11.14　为尹桂芳临时代演《卖油郎》,饰秦钟。

1954.1.26—1954.1.28　参演《西厢记》,饰琴童。

1954.1.31　参演上海人民广播电台为庆祝春节组织的广播短剧《工农联盟心连心》,与尹桂芳、戚雅仙等18名越剧演员一起在联合电台进行录制。

1954.2.3—1954.4.18　参演《西厢记》,饰琴童。

1954.2.16—1954.2.27　为尹桂芳临时代演,主演《红梅阁》代替《西厢记》。

1954.3.20　以全国人民慰问人民解放军代表团第四总分团第一分团第十一文工团成员的身份,在人民大舞台为解放军战士进行汇报演出,与茅胜奎、沈香娟合作演出越剧《葛麻》,与高菊英、李金凤合作演出越剧《三只鸡》。

1954.4.5　率芳华分团(又称芳华第二团、芳华剧团二团)访问曹杨新村,演出《西厢记》,饰张生。

1954.4.15—1954.4.16　率芳华越剧团分团,在江湾放映站演出《西厢记》,饰张生。

1954.4.16—1954.4.18　率芳华越剧团分团,在静安区工人俱乐部演出《西厢记》,饰张生。

1954.4.20—1954.5.20　参演《杨宗保》(重新修改),饰穆华。

1954.5.22—1954.7.4　参演《屈原》,饰子兰。

1954年7月　参加沪上五个专业文艺团体在各工人俱乐部的

巡回演出,尹桂芳率芳华一团,尹小芳率芳华二团,分团演出《西厢记》(尹小芳主演的场次如下)。

1954.7.5—1954.7.11 率芳华剧团二团,在北站区工人俱乐部演出《西厢记》,饰张生。

1954.7.12—1954.7.15 率芳华剧团二团,在沪南工人俱乐部演出《西厢记》,饰张生。

1954.7.16—1954.7.18 率芳华剧团二团,在海员俱乐部演出《西厢记》,饰张生。

1954.7.20—1954.7.22 率芳华剧团二团,在长宁区办事处(申新一厂)演出《西厢记》,饰张生。

1954.7.23—1954.7.25 率芳华剧团二团,在曹杨新村文化馆演出《西厢记》,饰张生。

1954.7.26—1954.7.31 率芳华剧团二团,在沪西工人俱乐部演出《西厢记》,饰张生。

1954.9.8—1954.10.24 参演《义救孤儿记》,前饰赵朔,后饰程勃(孤儿)。

1954.10.26—1954.11.15 参演《秦香莲》,饰韩琦。

1954.11.16—1954.11.26 参演《屈原》,饰子兰。

1954.11.27—1955.1.16 参演《沉香扇》,饰蔡德庆。

1955.1.24—1955.5.26 参演《宝玉与黛玉》,饰贾环。

1955.5.27—1955.6.28 参演《相思鸟》,饰王春发。

1955年7月至9月 随芳华在北京、天津、济南进行巡回演出,剧目主要为《宝玉与黛玉》,饰贾环。

1955.9.24—1955.10.19 随芳华回到丽都,继续演出《宝玉与黛玉》,饰贾环。

1955.10.20—1955.11.17　参演《忠王李秀成》,饰李世贤。

1955年冬　率芳华分团演出《花亭会》,饰演高文举。

1955.12.22—1955.12.30　参演《西厢记》,饰琴童。

1956年元旦起　芳华转至共舞台演出。

1956.1.1—1956.1.20　参演《西厢记》,饰琴童。

1956.1.21—1956.2.8　参演《宝玉与黛玉》,饰贾环。

1956.2.12(春节)起　芳华回到丽都演出。

1956.2.12—1956.2.28　参演《屈原》,饰子兰。

1956.3.2—1956.4.19　参演《王十朋》,饰周必大。

1956.4.21—1956.5.31　参演《拜月亭》。

1956.6.2—1956.6.27　参演《何文秀》,饰杨文宝。

1956年7月—1956.9.25　随芳华前往杭州、南昌、长沙、汉口等地巡回演出,参演《宝玉与黛玉》《王十朋》《西厢记》等剧。

1956.9.30—1957.1.3　参演《珍珠塔》,饰毕云显。

1956.10.20—1956.11.4　为尹桂芳临时代演《珍珠塔》,饰方卿。

1956.11.21起　芳华所演《珍珠塔》每逢三、六、日,日场由尹小芳主演,饰方卿。

1957.1.31(春节)起　芳华剧团转至群众剧场演出。

1957.1.5—1957.3.10　参演《陈琳与寇承御》,饰太子。演完此戏后离开芳华剧团。

1957年4月　上海越剧院作曲高鸣为编印《尹桂芳唱腔集》来到芳华收集整理尹桂芳的唱腔,为从不同侧面体现尹桂芳唱腔特点,将尹小芳仿唱的《沙漠王子·算命》也做了记谱整理,收入《尹桂芳唱腔集》。该唱腔集于1957年国庆完成,1959年12月出了油印本。

1957.6.1—1957.6.5 应邀回团,为尹桂芳临时代演《秦楼月》,饰吕贯。

1957年6月至8月 参加国家文化部在上海举办的第三届戏曲演员讲习会学习。

1957年10月 调入浙江越剧一团。

1957年12月至1958年1月 随浙越来上海,演出于丽都大戏院。

1958.1.5—1958.1.12 与金宝花、姚桂芳等一同参演除四害活报剧,并作为浙越演出的《断肠红》(即《高机与吴三春》)的加演短剧。

1958.1.13—1958.2.12 应观众要求,临时排演《御河桥》,饰主角宣登鳌。接连满座一个月,演出结束后随团离开上海。

1958年2月至5月 被借调至岱山越剧团,为该剧团传授并导演《御河桥》。

1958年秋 "大跃进"开始,调回浙越,主演《父子恨》(即《团圆之后》),饰施佾生。赴宁波演出。

1959年春节 在杭州红星剧场主演《滚绣球》,自除夕至初五,每日三场,连演连满。

1959年9月 调入浙江省艺校。参与艺校第一届越剧班(1959级)学生的招生及教学。

一年级时为越剧班学生教授折子戏《方卿见姑》(即《珍珠塔·前见姑》)、《何文秀·哭牌算命》,与姚水娟合作教授《盘夫索夫》。

二年级时,为培养学生综合能力的需要,根据田汉京剧本等版本，改编完成全本越剧《白蛇传》剧本，并亲自谱写唱腔，安排表演，设计舞美，担当导演，为学生排演此戏。

1959 年 12 月　越剧班学生去宁波、嵊县、新县等地实习演出，为期 2—3 周，尹小芳陪同前往把场，剧目包括《盘夫索夫》《方卿见姑》等。

1961 年 1 月　越剧班学生前往杭州胜利剧院、工人文化宫剧场演出 18 场，尹小芳陪同前往把场，剧目包括大戏《白蛇传》《盘夫索夫》及折子戏若干，基本场场客满，受到省市领导和观众的赞赏。

1961. 2. 8—1961. 3. 12　省文化局邀请在杭的越剧、婺剧等剧种老艺人演出，尹小芳参加了演出，与姚水娟、刘鹏奎搭档演出《方卿见姑》，饰方卿。

1963 年　借调至杭州越剧团，在杭州胜利剧场演出《天山雪莲》，饰演帕洛阿特。接连满座一个月。

1964—1966 年　编入社会主义教育工作队，下乡至诸暨、义乌等地，参加四清运动。

1966 年　被评选为活学活用毛主席思想积极分子，在浙江省委及义乌等各处做报告。

1966 年 3 月　加入中国共产党。

1979. 9. 24　参加在上海文化广场举办的"越剧尹派演唱会"，演唱《浪荡子·叹钟点》与《屈原·天问》。

1980 年　带领福建省芳华越剧团"回娘家"，先后在福州和上海演出《何文秀》，大受欢迎。

1981. 9. 30　在上海电视台录制《桃花扇·追念》选段。

1982 年春节　受邀加盟上海虹口越剧团。

1982. 1. 25 起 在中国大戏院和群众剧场上演《沙漠王子》,接连满座三个月,仅前60场观众总数已达84 079人次。

1982. 9. 23 参加在共舞台举行的欢庆十二大活动,演唱《盘妻索妻·洞房》。

1983. 3. 19、1983. 3. 21 与尹桂芳一同参加为嵊州越剧之家举办的义演(演出于人民剧场),演唱《何文秀·访妻》。

1983. 4. 27 正式调入虹口越剧团。

1983. 7. 4 起 在上海北京影剧院演出《张羽煮海》。

1983. 8. 19 被任命为虹口越剧团团长。

1983 年 11 月 西泠印社为其拍摄《张羽煮海》剧照,并印制成年画16幅,于1984年6月出版,印数250 000。

1983. 12. 4 参加在大众剧场举行的星期广播演唱会第25期"虹口越剧团专场",演出《盘妻索妻·赏月》。

1983 年年底 与尹桂芳、袁雪芬、范瑞娟、戚雅仙等著名越剧演员一同前往嵊州"越剧之家",并参加了三场在嵊州举办的义演,全部门票收入捐赠给"越剧之家"。

1984 年 1 月 当选为虹口区第八届人大代表。

1984. 2. 2 起 在上海中国剧场演出《浪子成龙》。

1984. 7. 23 参加纳凉晚会,与尹桂芳一同表演《义救孤儿记》选段。

1984 年 8 月 参加上海市第三次文代会。

1984 年 12 月 出席上海市越剧青年演员会演,担任评委。

1985. 2. 17—1985. 2. 18 参加民盟上海市委在上海大舞台为上海市老年人体育协会组织的义演,演唱《何文秀·访妻》。

1985. 3. 22 与尹桂芳一同参加复旦大学举办的座谈会,并受聘为复旦大学戏曲研习会艺术顾问,在会上演唱了《浪荡子》选段。

1985.4.10 浙江人民广播电台文艺部主办的"浙江省首届业余越剧清唱大奖赛"进入最后争夺一、二、三等奖的决赛阶段,尹小芳与尹桂芳、傅全香、范瑞娟等共十位越剧艺术家一同对决赛录音进行了审听评选。

1985年6月 虹口区文化局和福建省莆田市侨友实业总公司为其摄制2集越剧电视剧《毛遂自荐》。

1986.7.2—1986.8.15 中国剧协上海分会和《上海戏剧》编辑部举办著名越剧演员流派唱腔讲座,因尹桂芳身体缘故,尹派唱腔讲座由尹小芳主讲。

1986年8月 出席上海电视台举办的江浙沪越剧青年演员电视汇演大奖赛,担任评委。

1986.8.19 出席剧协上海分会和《上海戏剧》举办的著名越剧演员流派唱腔讲座结业茶话会,在文联大厅举行。

1986.10.18 出席越剧博物馆奠基仪式及全国越剧中青年演员广播大奖赛颁奖大会。

1986年10月 被上海市越剧爱好者协会聘为艺术顾问。

1986.12.19—1986.12.21 参加芳华四十周年团庆活动,在"越剧尹桂芳流派广播电视演唱会"(福州台湾大戏院)上,参演五代王子"算命"和十个何文秀"访妻",并与李金凤合作演出《毛遂自荐·送征》。

1986年年底 《尹桂芳唱腔选集》由海峡文艺出版社出版,因尹桂芳身体缘故,其中《桃花扇·追念》《沙漠王子·算命》两个唱段由尹小芳仿唱,由音乐工作者记录整理后收录。

1987年5月 当选为上海市虹口区七届政协常委。

1987.9.20 受聘为上海市越剧爱好者协会艺术顾问。

1988年9月 受聘为静安区戏剧爱好者协会顾问。

1988.9.10 参加浙江艺术职业学校校庆三十周年庆祝大会。

1988年10月 应邀观摩上海滑稽剧团为12名小小滑稽举办的"88金秋展演"并参加品评会。

1989.5.28 参加庆祝上海解放四十周年暨卢湾区评弹艺术促进会成立两周年活动,演唱蒋调《庵堂认母》选段。

1989.7.17—1989.7.18 参加上海越剧界为筹建嵊州越剧博物馆在人民大舞台举办的联合义演,演唱《张羽煮海·闯海》。

1989.8.20 受聘为中国戏剧家协会上海分会"小花业余越剧培训班"艺术指导。

1989年冬 慰问上海化纤厂工人。

1989.12.28 参加人民大舞台建场80周年纪念演出,演唱《沙漠王子·叹月》与《张羽煮海·煮海》。

1989年12月 受聘为同济大学工会越联分会艺术顾问。

1990.2.10 参加在十六铺客运站举办的元宵慰问演出。

1990.3.16 在大舞台参加上海市文艺界为迎接第十一届亚运会举办的义演,演唱《何文秀·访妻》。

1990.5.20—1990.5.26 参加南京文化局举办的"越剧名家荟萃金陵"活动,演出《沙漠王子·算命》一折。

1990.11.14 与尹桂芳一同赴同济大学,主讲"尹派艺术"。

1991.8.18 参加为长江中下游地区特大水灾在上海万人体育馆举办的千人赈灾义演。

1991.8.27—1991.8.28 应邀赴皖,到受灾最严重的肥西县三河镇慰问灾民,并参加在安徽合肥举办的"情系灾区,共建家园"

赈灾义演。

1991.10.18 与上海越剧界众多知名演员一同赴浙江新昌，参加在当地揭幕的石城艺术节，并参加上海著名演员"回娘家"演出。

1992.11.26—1992.11.28 出席"上海越剧改革50周年学术研讨会"。

1993.4.18—1993.4.21 参加在尹桂芳故乡新昌举办的"一代风流尹桂芳"系列活动，在新昌文化中心主办，上海越剧院、上海静安越剧团协办的"一代风流尹桂芳——尹派艺术展演"中担任艺术指导。

1994.9.20 出席小百花越剧节活动，并接受国家文化部艺术局颁发的"突出贡献艺术家"荣誉证书。

1995.4.7 出席在上海逸夫舞台举行的《一代风流尹桂芳》新书首发式，尹桂芳为其亲笔题写"小芳爱徒，承上启下"的题词。

1995.5.3 与尹桂芳一同参加在上海市工人文化宫举办的《一代风流尹桂芳》签名售书活动。

1996年9月 出席嵊州举办的越剧诞生90周年暨全国越剧青年演员大奖赛决赛。

1997.7.2 参加上海越剧联谊会组织的"庆香港回归越苑大联欢"活动。

1997.7.12 与袁雪芬、范瑞娟等知名越剧演员一同受邀出席由沪港越剧爱好者在中国大戏院举行的"越友大联欢"专场演出，与广大越剧迷联欢。

1997年 前往虹口区老年大学越剧班与越剧爱好者联欢。

1998.6.6 出席《尹桂芳舞台生活写照》画册的首发式暨签名

售书活动。

1998年7月 《尹小芳名曲精选》CD和录音带由中唱上海分公司出版发行。

1998.7.18 在美琪大戏院举行了艺术资料展示和《尹小芳名曲精选》CD及录音带的签名首发仪式。

1998年 前往杨浦区长白老年大学与越剧爱好者联欢。

1999年4月 领衔主演的《何文秀》《沙漠王子》《张羽煮海》《浪子成龙》四部戏由中唱上海分公司出版发行VCD光盘,4月24日举行了签名售带活动。

1999.8.18 受聘为杨浦区老年大学长白分校艺术顾问。

1999.9.27 受聘为复旦大学越剧团艺术顾问。

1999年 参加长白新村街道庆祝上海第十二个敬老日的活动。

2001.3.17 出席由浙江电台主办的纪念尹桂芳逝世一周年活动。

2002.12.15—2002.12.16 参加"情缘未了"演唱会,与筱月英合作演出《沙漠王子·算命》片段。

2003年2月至3月 参加在新昌、嘉兴及上海三地举行的纪念尹桂芳逝世三周年的活动。

2003年 参加《百姓戏台》节目录制,与越剧戏迷及票友联欢。

2003.8.10 受聘为上海市川沙少年宫戏曲爱好者俱乐部高级指导。

2005年1月 出席浙江小百花越剧团20周年团庆活动。

2006.3.27 出席在浙江省人民大会堂召开的"中国越剧诞辰100周年纪念大会"。

2006.10.2　出席芳华建团 60 周年活动。

2006.10.7　出席"越女争锋"颁奖晚会并为获奖演员颁奖。

2007 年 1 月　出席纪念尹桂芳的"桂子飘香"系列演出活动。

2007 年　《尹小芳唱腔艺术精品选》由浙江音像出版社出版，除收录了一些经典唱段外，还推出了新近在电台发现的尹小芳 20 世纪 60 年代《天山雪莲》演出录音。

2007 年 12 月至 2008 年 1 月　"承上启下——一代传人尹小芳艺术专场"（浙江省文化厅主办，浙江小百花越剧团与上海文广传媒集团承办）在上海、杭州两地隆重举办，尹小芳率众多尹派传人登台献演，受到广大观众的热烈欢迎。

2008.5.23　抱病参加上海越剧界为四川地震灾区举办的"爱心点亮希望"联合义演。

2008.11.12　出席张学芬主演的新编现代戏《西天的云彩》在上海逸夫舞台的首演。

2008 年 12 月　《尹小芳艺术人生》画册由中国戏剧出版社出版。以大量图片资料对其数十年艺术生涯进行了总结。

2009 年　"承上启下——一代传人尹小芳艺术专场"演出实况 DVD 及伴奏音乐 CD 由浙江音像出版社出版。

2009 年　《高山流水·知音同乐：尹小芳艺术集锦》VCD 由浙江音像出版社出版，汇集了尹小芳演出录像中最经典的片段。

2010.11.24　出席"问君安"王君安尹派越剧专场上海场。

2011 年 6 月　受邀前往浙江艺校指导学生。

2011 年 11 月　出席常州为纪念尹桂芳倡导越剧"摇篮工程" 35 周年举办的演出活动并致辞。

2012 年 11 月　为"尹韵画中来"《尹桂芳珍贵越剧摄影连环

画》再版首发仪式致辞(视频)。

2012 年 12 月 为复旦越剧团成立二十周年庆祝活动致辞(文字)。

2013.6.15—2013.6.20 受邀参加上海越剧艺术传习所(上海越剧院)为纪念越剧改革 70 周年推出的明星版大型舞台越剧《舞台姐妹情》演出,饰演魏师伯。此剧在天蟾逸夫舞台连演 6 场,因汇聚众多名家而受到观众追捧,开票仅 17 小时即告售罄。

2015 年 7 月 国家艺术基金 2014 年度资助项目"越剧尹派青年人才培养"培训班在福建省芳华越剧团正式开班,来自全国 17 家专业院团的 37 名学生在榕、沪两地接受培训。培训班在上海期间,尹小芳亲临现场,为学员授课并赠送图书及音像资料。

2016.3.27 越剧诞辰 110 周年之际,由浙江省委宣传部、中国华侨国际文化交流促进会、浙江省文化厅、省新广局、省侨联等主办的中国越剧诞辰 110 周年暨"越看越来电"2016 首届中国越剧电影展开幕式在浙江小百花越剧团九五剧场举行。尹小芳为开幕式专门录制了祝福视频,在祝贺电影节开幕的同时,表达了她对越剧长久传承的祝福与期望:"世上有一种爱,它叫传承,越剧也好,中华文化也罢,只有传承才见根脉,只有传承才有未来。我比越剧没有年轻多少,但这并不意味我和越剧都已老了,我们的戏曲将永葆青春。"

2019.1.1 为嵊州"越剧小镇"开园演出致辞(录音)。

2019.10.11 出席尹派弟子周丽萍领衔主演的越剧电影《何文秀》在上海纽约大学的首映礼。

2019.12.1 为"回家——纪念尹桂芳诞辰 100 周年暨福建芳华越剧院入闽 60 周年"演出活动致辞(文字)。

2020年1月 受邀担任北京大学学生越剧协会艺术顾问。

2020年2月 新冠疫情期间,尹小芳以《毛遂自荐·送征》唱腔为基础,策划越剧公益短片《抗疫·送征》并担任艺术指导。真实再现医护人员驰援武汉前送别的感人瞬间,为"抗疫斗士"画像,为"可爱的人"留声。该短片由青年演员黄剑勋、马誉嘉演唱,浙江音像出版社陈超宇制作后,发布在微信公众号、腾讯视频、喜马拉雅等网络平台上,得到了广泛关注,几天之内,点击量就达到数万,之后入选"学习强国"。

2020年加东时间12月12日19:30,北京时间12月13日8:30 "高山流水 知尹同乐——贺越剧表演艺术家尹小芳先生九十华诞海外越剧专场"以直播形式在线上举行。该活动由加拿大孟伟越剧社及加拿大京剧魁北克主办,中国上海中外文化艺术交流协会、赵氏工坊北京站、美国海外越剧联盟、美国洛杉矶越剧之家协办,活动得到了中华人民共和国驻加拿大大使馆的支持,由赵氏工坊、顾学风文艺工作室担任指导单位。中国驻加拿大使馆一等秘书王明清代表使馆为活动致辞。陈书君、茅威涛、赵志刚、王君安等多名嘉宾以致辞或参演的方式支持了此次庆祝活动。尹小芳在活动末尾以视频形式出场向各方致谢。

2020.12.29 被上海市文化旅游局认定为非物质文化遗产"越剧"项目上海市代表性传承人,并正式公布。

2021年6月 指导弟子茅威涛学唱尹派经典《江姐》片段,于建党百年之际在网上播出。《钱江晚报》对此做了详细报道。

推动浙江小百花越剧团将《江姐》片段纳入该团的越剧党课《飞入寻常百姓家》,由尹派传人蔡浙飞演唱,促进了越剧在社区层面的普及推广。

组织北大越协会员在建党百年之际学唱尹派经典《江姐》片段。北大越协的学唱视频在公众号及视频号上发布后获得良好反响。

2021年7月　荣获"光荣在党五十年"纪念章。

2022年6月　对上海越剧院和上海戏曲广播联合举办的"全球越剧戏迷网络大赛"表示支持,特地撰写了"祝贺信"由"上海戏曲广播"公众号予以发布,对参赛的选手给予了热情的鼓励。

编后记

李声凤

　　本书诞生的直接契机虽然只是去年9月间我和张巍的一次谈话，但事实上，为小芳老师出版一本文集，整理她的艺术资料，回顾她的艺术人生，总结她的艺术成就，是许许多多人长久以来的期待。在漫长的从艺生涯中，尹小芳老师不仅在演出实践层面为尹派艺术的继承与发展、丰富与提升创造了辉煌的成绩，更在教学层面为尹派艺术的整理与总结、传承与传播做出了重大的贡献。她所取得的成就，所付出的心血与精力，对越剧小生流派中举足轻重的尹派一脉起到了至关重要的作用。不论是作为一个越剧研究者，还是作为一个倾慕和追随她多年的青年学子，为她做这件事，都是我心心念念的愿望和无可推卸的责任。

　　我从2007年起为她做"高山流水今相逢"网站和论坛，2021年起做"高山流水今相逢"微信公众号和视频号，一方面是为了借助网络，让更多的朋友有机会看到小芳老师的资料，欣赏到她的艺术，另一方面也是在做一种资料上的整理和积累。2021年，当我遇到身在海外、但同样热爱小芳老师艺术多年的张巍时，许多想法不谋而合。我们两人加上另外两位喜欢小芳老师多年的朋友,组成最初的编委会,共同出资,做书这件事就这样自然而顺畅地从构想走向了现实。

小芳老师开始学戏的时间,此前有1943年与1944年两种记述。经与小芳老师核实,她回忆起最初入龙门戏院学戏时,尹桂芳所演的两个剧目是《家花哪有野花香》和《狗咬吕洞宾》。我们根据这一信息,查核当年的报纸演出广告,确认应当是在1943年冬。因此,到今年年底,小芳老师从艺就满八十个年头了。可想而知,在她这漫长的从艺生涯中,涉及的观众群体不仅为数众多,而且年龄跨度巨大。因此,本书的文章作者也从与小芳老师同辈的"二〇后"(如1926年出生的叶涛)、"三〇后"(如1933年出生的杜秀珍),一直延伸到了最新一代的年轻观众,"九五后"的周恬和"〇〇后"的王梦鱼。时光流转,而她的艺术作品不仅没有随之褪色,反而不断在一代又一代的观众那里激起心灵的涟漪。在我看来,这种作者之间的年龄跨度,本身就是小芳老师艺术魅力的最佳证明。

我和发起此次文集出版的最初三位编委会成员张巍、宋思聪、楼佳维,分别毕业于北京大学、复旦大学、北京语言大学和南京大学四所高校,年龄均在三四十岁。所以,本书的选文或许也相对凸显了"七〇后""八〇后"观众,尤其是"高校系"观众的审美趣味。在我看来,这也恰是小芳老师的观众群里非常有特色的一个组成部分。因为小芳老师的作品一个比较突出的特点就是既高雅脱俗,又清新活泼。这两方面都非常契合"学生党"的口味。事实上,早在小芳老师年轻时,就拥有过很多学生粉丝;而四位发起出版此书的观众,也都是从学生时代起就爱上了小芳老师的艺术,倾心多年。此次出版此书,也是大家长久以来梦想的实现。

本书的正标题"高山流水情无限"是张巍所拟，七个字均出自小芳老师的代表作《张羽煮海》的唱词，前一半来自《听琴》中的"高山流水今相逢"，后一半来自《求仙》中的"临行赠帕情无限"。"高山流水情无限"这七个字，一方面是对小芳老师既清新脱俗又感情深厚的舞台艺术风格的勾勒，另一方面也是对小芳老师多年来和观众彼此知音相得、情深意厚的描绘。封面题字承蒙裘盛戎先生学生、上海戏剧学院附属戏曲学校客座教授，现年85岁的书法家胡宗孝老先生倾情撰写（他夫人也是尹派艺术的忠实爱好者），在此致以衷心的感谢！

在推进此书出版的过程中，我们有幸得到了来自各方的热情支持。资深越迷、越剧资料收藏者张勇，为我们积极出谋划策，提供资料，牵线搭桥，提供了非常多的帮助。中国戏剧家协会理论研究处副处长吴乃顾听闻此事后，非常赞许，认为"整理老艺术家的珍贵资料很有意义，我们剧协研究处应尽一份力"，主动协助联络，并亲自致电上海戏剧家协会、上海戏剧学院等多家单位，帮助我们联系了多位入选文章的作者，为解决本书的版权问题提供了重要帮助。浙江音像出版社编辑陈超宇，不仅提供了他采访王颐玲老师的录音供我们整理成文，还根据我们的要求，就许多细节问题与王老师反复核实，并确认最终文稿；之后还应我们的要求，多次尝试联系高佩老师。浙江省戏剧家协会越艺委委员、浙江尹派艺术联谊会会长顾学风导演，得知此事后也非常支持，积极参与到了此书的筹划和后续推进工作中来。为感谢这些朋友给予的支持和帮助，我们将他们补入编委会名单，作为大家曾为小芳老师此书一同并肩工作的纪念。年过九旬的越剧老艺术家筱月英老师听说我们要为小芳老师编撰此书，在女儿的陪同下，于2023年3月1日在病房中接受了采访，回忆她与小芳老师的往事。在等待本书付梓的过程中，筱月英老师竟于3月22日突然故去，没想到我们的采访竟成了她对小芳老师最后的话语，在此谨向她和她的家人致以诚挚的谢意。

此外，上海戏剧学院宫宝荣教授、中央新闻纪录电影制片厂（即"中央新影"）赵晓亮导演、上海戏曲艺术研究中心曹凌燕老师、原上海东方广播电台副总编辑王历来老师、上海译文出版社副总编辑朱凌云老师、上海越剧院艺术研究和档案室胡红萍主任、浙江艺术职业学院钱丽文老师等，均为我们联系作者和稿件提供了帮助；上海图书馆历史文献中心阅览部副主任徐锦华、上海社会科学院马军教授等均为我们查阅相关资料提供了便利，在此一并致谢。

文集的编撰对我本人而言，其实也是一次新的学习历程，虽然我和小芳老师相识已有二十年，有关她的资料搜集得很多，也听她讲过许许多多往事，但是这次在整理资料和找寻作者的过程中，又有了许多新的收获，了解到了许多从前未曾留意的情况。比如以前我看芳华20世纪50年代的戏单，偶尔发现某张里没有小芳老师的名字就会很困惑，这次为了把小芳老师的艺术活动年表进一步细化，我花费了相当多的时间一天天去翻查当年的报纸广告，再与现存的演出说明书等资料相比对。期间发现，1950—1957年小芳老师在芳华的这段时间，但凡说明书上没有她的名字时，绝大多数是因为同一时间她正率芳华分团在外演出，解答了我此前的疑惑。再如"艺韵篇"中《喜见尹派有传人》一文，详细分析了小芳老师的多个经典唱段，我很早就读过此文，但一直不知作者是何许人，这次承蒙尹小芳老师提供线索，又经上海戏曲艺术研究中心曹凌燕老师帮忙详细询问单位里的老同志，才得知这位作者此前供职于上海人艺，后调任至上海艺术研究所话剧室，难怪文章写得这么到位，只是他去世较早，笔者无缘得见，也是一件憾事。此外，以往笔者查阅演出广告时多使用《新民报晚刊》（后改名《新民晚报》）、《解放日报》、《文汇报》，但这几份报纸某些时段刊登的越剧广告非常少。这次偶然发现《新闻日报》上有大量越剧广告，且内容丰富，意外找到了小芳老师早期参演的许多剧目，令我喜出望外。

  文集中一部分文章曾在纸质报纸期刊上正式发表过，有若干篇不止一个版本，收录时均取了其中内容较为详尽的一版，文字上除做了一些格式统一及少量错字病句修正外，均未做更动，以尽量保持文章原貌；另一部分曾在网站、论坛、微博、微信公众号等网络媒体上发布，因网上文字随意性相对较大，所以略有文字编辑，删去一些重复累赘之处，对个别字句做了通顺。以上两部分文章均在标题下出注，说明此前刊发的情况。未加注说明的文章都是作者为此次文集出版最新撰写或整理的，尚未在别处发表过。

  本书末尾的《尹小芳艺术活动年表》是笔者在《尹小芳艺术人生》中编订的《尹小芳大事年表》基础上，根据多方资料丰富充实而成。因小芳老师从艺长达八十年，期间参与大大小小艺术活动难以计数，本书《年表》缺漏之处，日后会继续增补，敬请谅解。

  我以前虽然也出过几本书，但从未请人写过序。考虑到作为一本纪念文集，有一篇序会更郑重一些，反复思量，最后决定邀请中国文艺评论家协会副主席傅谨老师担当此任。傅老师非常爽快地接受了,为增加对小芳老师的了解,写之前还特地向我要了文集的初稿来阅读。他从小芳老师的贡献和经历,谈到当下戏曲艺术评价体系存在的欠缺,他说"我们亟须重新建构一个衡量与评价戏曲演员之成就和优劣的新坐标,这个坐标上是可以充分体现尹小芳的历史地位和艺术贡献的,这样才对得起尹小芳和戏曲史上无数像她一样的传承者",体现出一个学者的理论自觉,给了我非常多的启示。

此次为出版本书,我先后与多家出版社的编辑沟通,最后确定在复旦大学出版社出版,我们大家都非常高兴。因为小芳老师与复旦的渊源很深,早在1985年,她就曾与尹桂芳先生一同受邀去复旦做讲座,并受聘为复旦大学戏曲研习会艺术顾问;1999年她又受聘为复旦大学越剧团艺术顾问。多年来,她与复旦的师生保持着愉快的交流,复旦给她留下了非常美好的回忆。能在复旦大学出版社出版她从艺八十周年的文集,也是她与复旦缘分的延续。在此要特别感谢复旦大学邹振环教授为我们推荐了他自己的责任编辑,也要感谢史立丽和赵楚月两位编辑为本书出版提供的各种意见建议,以及对书稿细心周到的审阅工作。

我们虽尽力将一切都做到圆满,但毕竟一本这样的纪念文集牵涉千头万绪,难免会有这样那样的遗憾和不足,如有不到之处,还请各位方家不吝赐教。

2023 年 3 月 24 日于沪上

图书在版编目(CIP)数据

高山流水情无限：尹小芳从艺八十周年纪念文集/李声凤主编. —上海：复旦大学出版社，2023.4
ISBN 978-7-309-16712-2

Ⅰ.①高… Ⅱ.①李… Ⅲ.①尹小芳-纪念文集 Ⅳ.①K825.76-53

中国国家版本馆 CIP 数据核字(2023)第 027030 号

高山流水情无限：尹小芳从艺八十周年纪念文集
李声凤　主编
责任编辑/赵楚月

复旦大学出版社有限公司出版发行
上海市国权路 579 号　邮编：200433
网址：fupnet@fudanpress.com　http://www.fudanpress.com
门市零售：86-21-65102580　团体订购：86-21-65104505
出版部电话：86-21-65642845
上海盛通时代印刷有限公司

开本 890×1240　1/32　印张 11.75　字数 254 千
2023 年 4 月第 1 版
2023 年 4 月第 1 版第 1 次印刷

ISBN 978-7-309-16712-2/K·809
定价：68.00 元

如有印装质量问题，请向复旦大学出版社有限公司出版部调换。
版权所有　侵权必究